klubschule

business

MIGROS

Rechtskunde (Toolbox)

Kurztheorie, Aufgabensammlung mit
Lösungen und Fachwörterverzeichnis

Lucien Gehrig und Thomas Hirt

D1727593

Rechtskunde (Toolbox)
Kurztheorie, Aufgabensammlung mit kommentierten Lösungen und Fachwörterverzeichnis
Lucien Gehrig und Thomas Hirt

Grafisches Konzept: dezember und juli, Wernetshausen
Satz und Layout: Mediengestaltung, Compendio Bildungsmedien AG, Zürich
Druck: Edubook AG, Merenschwand

Redaktion und didaktische Bearbeitung: Thomas Hirt

Artikelnummer: 5553
Auflage: 3. Auflage 2007 Klubschule Business (basiert auf Artikel 4007, 1. Auflage 2002)
Ausgabe: U0077
Sprache: DE
Code: CUS 086

Inhaltsverzeichnis

Vorwort

Liebe Studierende
Liebe Unterrichtende

Ganz herzlich willkommen in unserer Lernwelt «W&G». Wir möchten Sie gerne bei Ihrer Lern- und Lehrarbeit im Fach Wirtschaft und Gesellschaft (W&G) unterstützen.

An wen richtet sich die Lernwelt «W&G»?

Die Lernwelt «W&G» orientiert sich am Reformlehrplan der kaufmännischen Grundausbildung (RKG). Vorkenntnisse sind nicht vorausgesetzt. Wir richten uns deshalb an Studierende und Unterrichtende

- der kaufmännischen Berufs- und Berufsmaturitätsschulen,
- der Handelsschulen,
- der Maturitätsschulen im Fach Wirtschaft und Recht,
- der höheren Berufsbildung,
- von Ausbildungsgängen in der Erwachsenenbildung.

Dank zahlreicher Beispiele, Grafiken, Abbildungen und Übungen mit ausführlich kommentierten Lösungen eignet sich die Lernwelt «W&G» auch für das Selbststudium.

Was ist die Lernwelt «W&G»?

Wir möchten Ihnen die Arbeit möglichst erleichtern. Auf den ersten Blick geschieht dies ganz konventionell durch Lehrmittel und Übungsbücher zu betriebswirtschaftlichen, volkswirtschaftlichen und juristischen Fragen.

Die Lernwelt «W&G» ist aber viel mehr, nämlich ein Netzwerk von Lehr- und Lerninstrumenten aus drei Komponenten:

- Das **Lehrbuch «Grundlagen»** befasst sich mit der Vermittlung des Grundlagenwissens und ist deshalb die optimale Ergänzung zum Unterricht. Die Texte sind in einfacher Sprache gehalten, wichtige Zusammenhänge sind sorgfältig erklärt, zahlreiche Grafiken, Beispiele und Übungen mit ausführlich kommentierten Lösungen ermöglichen eigenständiges Arbeiten und eine zielgerichtete Vor- und Nachbereitung des Unterrichts.
- Die **Toolbox** ist der Werkzeugkasten für die Studierenden, insbesondere für die Prüfungsvorbereitung. Sie enthält eine Kurztheorie, weitere Übungen mit ausführlich kommentierten Lösungen sowie ein Fachwörterverzeichnis, in dem die wichtigen Fachbegriffe erklärt sind. Sie kann ergänzend zum Lehrbuch eingesetzt werden, leistet aber auch allein nützliche Dienste, z. B. als Auffrischung und Kurzrepetition vor dem Einstieg in höhere Berufsbildungen und als Quelle von zusätzlichem Übungsmaterial.
- Der Lehr- und Lernserver www.compendio.ch ist in eine Abteilung für Studierende und für Unterrichtende unterteilt.

Studierende finden darauf unentgeltlich weitere Lernhilfen und Informationen.

Unterrichtende erhalten Zugriff auf Unterrichtsmaterialien (z. B. Folien) und auf ausgearbeitete Vorschläge für Gruppenarbeiten, Lernaufgaben und Puzzles, die alle auf die Inhalte des Lehrbuchs abgestimmt sind. Diese Ausarbeitungen können heruntergeladen und je nach individuellen Bedürfnissen bearbeitet werden. Zusätzlich enthält der Server Vorschläge und Material für die Erarbeitung von Fragen mit Aktualitätsbezug im Unterricht.

Wer steht hinter der Lernwelt «Wirtschaft & Gesellschaft»?

Die erfahrenen Lehrmittelentwickler von Compendio Bildungsmedien haben die Lernwelt «W&G» zusammen mit ausgewiesenen Fachleuten und Kennern der kaufmännischen Berufsbildung konzipiert und realisiert.

Dank gebührt allen, die mit Rat und Tat am Konzept und an der Ausarbeitung mitgewirkt haben. Ganz speziell möchten wir uns bedanken bei Dieter Notter, Urs Schifferle, Thomas Altorfer von der Wirtschaftsschule KV Baden-Zurzach, die uns ihre Erfahrungen und ihr beeindruckendes Unterrichtsmaterial aus dem Pilotversuch RKG zur Verfügung gestellt und uns bei der Ausarbeitung des Materials tatkräftig unterstützt haben. Unser Dank geht auch an Claudia Zürcher, Mitglied der operativen Projektleitung RKG von der Frey Akademie, für die aufmerksame Begleitung des Projekts aus methodisch-didaktischer Sicht.

Zürich, im März 2002

Andreas Ebner, Unternehmensleiter
Thomas Hirt, Verantwortlicher «Entwicklung»

Teil A   Kurztheorie

Hinweise

Diese Kurztheorie fasst die wesentlichen Punkte des Stoffs in knapper Form zusammen. Ihr Aufbau entspricht der Stofffolge im Lehrbuch.

Dadurch erfüllt die Kurztheorie folgende Servicefunktion:

- Sie verdichtet den Lerntext auf die wesentlichen Fakten und Zusammenhänge, die Sie für eine Repetition oder für eine Prüfungsvorbereitung benötigen.
- Umgekehrt bietet sie einen gezielten Zugang auf den Lerntext, falls Ihnen beim Repetieren die Kurzdarstellung nicht ausreicht.

Ausserdem eröffnet Ihnen die Kurztheorie unterschiedliche Lernpfade. Je nach Bedarf und Vorkenntnissen sind neben der traditionellen Arbeitsfolge «Theorie lernen, dann üben» auch möglich:

- Sprung vom Glossar aus ins Lehrbuch bzw. in die Kurztheorie. Im Lehrbuch finden Sie die Stelle, an der der Begriff eingeführt und erklärt wird. Die Kurztheorie zeigt Ihnen den Zusammenhang, in dem der Begriff mit dem Stoff steht.
- Sprung vom Üben in die Theorie. Den Stoff zur Übung können Sie in knapper Form in der Kurztheorie nachschlagen oder bei Bedarf im Lehrbuch.

Was ist Recht und wie ist unsere Rechtsordnung aufgebaut? (Lehrbuch Teil A)

1 Was ist Recht und wozu dient das Recht?

Das Zusammenleben von Menschen muss durch **Verhaltensregeln** geregelt werden. Ohne Verhaltensregeln käme es ständig zu **Konflikten** mit der Gefahr, dass diese **eskalieren** und der Friede in der Gesellschaft gebrochen wird. Es gibt verschiedene Quellen für Verhaltensregeln:

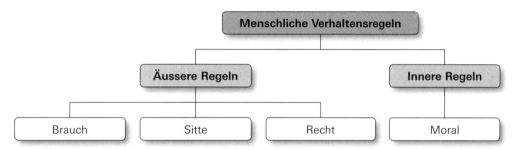

Das Besondere an den Verhaltensregeln des **Rechts** ist, dass der Staat sie aufstellt und für ihre **Einhaltung** sorgt, um den **Frieden** zu sichern. Recht soll aber auch **gerecht** sein, indem es die Grundregeln der Ethik (Moral) in durchsetzbare Verhaltensregeln umsetzt. Die Erfahrung zeigt, dass es trotz der unzähligen Verhaltensregeln zu Konflikten kommt. Um sie zu lösen, kann man das **Gespräch** suchen, einen aussen stehenden **Mediator** beiziehen und – wenn es zu keiner Einigung kommt – die **Gerichte** anrufen.

2 Vom Aufbau unserer Rechtsordnung

Unsere Rechtsordnung ist klar strukturiert. Man kann sie nach verschiedenen Kriterien einteilen.

2.1 Verfassung, Gesetz, Verordnung – Die Einteilung nach dem Rang der Normen

Die **Verfassung** ist unser oberstes Gesetz. Sie regelt den Aufbau des Staates und seine Aufgabe, die Machtverteilung im Staat und das Verhältnis zwischen Bürger und Behörden. Die Verfassungsartikel setzen die **Leitlinien.**

Der Inhalt der Verfassung wird immer vom Volk mitgetragen, weil über jede Verfassungsänderung abgestimmt werden muss. Eine Verfassungsänderung ist angenommen, wenn die Mehrheit der Stimmenden (Volksmehr) und die Mehrheit der Kantone (Ständemehr) ihr zustimmen. Ausserdem kann das Volk mit einer Volksinitiative (100 000 Unterschriften) verlangen, dass eine Verfassungsänderung zur Abstimmung gebracht wird.

Die **Gesetze** sind aus der Verfassung abgeleitet. Sie konkretisieren die Leitlinien der Verfassung. Erlassen werden sie auf Bundesebene durch das Parlament (National- und Ständerat), wobei in der Praxis meist der Bundesrat (Exekutive) einen Entwurf ausarbeitet. Zur Volksabstimmung kommt es bei einem durch das Parlament beschlossenen Gesetz nur, wenn 50 000 Schweizer das innert 100 Tagen mit ihrer Unterschrift verlangen (fakultatives Referendum). Für die Annahme des Gesetzes genügt das Volksmehr.

Verordnungen konkretisieren die Gesetze. Sie werden auf Bundesebene durch den Bundesrat erlassen. Zu einer Abstimmung im Parlament oder im Volk kommt es nicht. Der Bundesrat darf aber eine Verordnung nur erlassen, wenn er im Gesetz dazu ermächtigt wird.

2.2 Öffentliches Recht und Privatrecht – Die Einteilung nach der Natur der Normen

Das **öffentliche Recht** regelt die Rechtsbeziehungen unter Behörden und zwischen Behörden und Bürgern. Die Behörden handeln mit Befehlsgewalt und sind deshalb den Bürgern übergeordnet. Öffentliches Recht wird von sich aus angewendet.

Das **Privatrecht** regelt die Rechtsbeziehungen zwischen Bürgern, die sich rechtlich gesehen **gleichgestellt** sind. Privatrecht wird nicht automatisch angewendet, sondern nur dann, wenn ein Bürger dies im Streitfall verlangt.

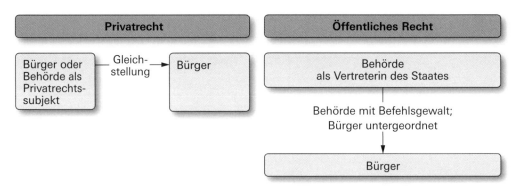

2.3 Die wichtigsten Bereiche des öffentlichen Rechts im Überblick

Das öffentliche Recht wird üblicherweise in folgende Bereiche unterteilt:

- Verfassungsrecht
- Strafrecht
- Verwaltungsrecht (Steuerrecht, Strassenverkehrsrecht usw.)
- Verfahrensrecht (Verwaltungsverfahren, Strafverfahren, Zivilverfahren)

2.4 Die wichtigsten Bereiche des Privatrechts im Überblick

Hauptaufgabe des Privatrechts sind das ZGB und das OR, wobei Letzteres der 5. Teil des ZGB ist.

Das **ZGB** enthält abgesehen von allgemeinen Grundsätzen (Einleitungsartikel), die für das ganze Privatrecht gelten, vier Teile: **Personenrecht** (ZGB 11–89bis), **Familienrecht** (ZGB 90–456), **Erbrecht** (ZGB 457–640) und **Sachenrecht** (ZGB 641–977).

Das **OR** befasst sich mit Rechten und Pflichten, die zwischen Personen aus geschäftlichem Verkehr bestehen. Die wichtigsten Stichworte sind: Vertrag, unerlaubte Handlung, ungerechtfertigte Bereicherung und Gesellschaft.

Neben dem OR und dem ZGB gibt es eine Reihe von Nebengesetzen, so z. B. das Produktehaftpflichtgesetz (PrHG), das Versicherungsvertragsgesetz (VVG) oder die Gesetze des Immaterialgüterrechts (v. a. Urheberrechtsgesetz), Patentgesetz, Markenschutzgesetz).

Kartellrecht

Gesetz gegen den
unlauteren Wettbewerb

Steuerrecht

Immaterial-
güterrecht

Internationales
Privatrecht

Weitere Gebiete

Strafrecht

Versicherungs-
vertragsrecht

Verwaltungsrecht

Nebengesetze

Obligationenrecht

Zivilgesetzbuch

Verfahrensrecht

**Öffentliches
Recht**

Privatrecht

Verfassung

2.5 Drei Rechtsgrundsätze, die im ganzen Privatrecht gelten

Das **Privatrecht** kennt einige **Rechtsgrundsätze,** die in ZGB 1–10 geregelt sind. Wichtig sind:

Gebot, sich nach **Treu und Glauben** zu verhalten	**Verbot des Rechtsmissbrauchs**	**Beweisregel**
ZGB 2 I Fairness bei der Ausübung von Rechten und Pflichten.	ZGB 2 II Verbot der nutzlosen Rechtsausübung.	ZGB 8 Wer vor Gericht etwas will, muss es beweisen können.

2.6 Dispositives und zwingendes Recht

Im Privatrecht gibt es **zwingende Rechtsnormen und dispositive Rechtsnormen.** Zwingende Rechtsnormen müssen eingehalten werden. Die beteiligten Personen dürfen sie nicht abändern. Dispositive Rechtsnormen dürfen dagegen abgeändert werden, wenn alle Beteiligten einverstanden sind. Dispositives Recht gilt deshalb nur, wenn die Beteiligten nichts anderes abgemacht haben.

2.7 Von der Arbeit mit Gesetzen

Wer rechtliche Fragen beantwortet, sollte den Gesetzesartikel angeben, auf den er seine Antwort abstützt! Wir verwenden in diesem Buch die Gesetzesartikel wie folgt:

Abkürzung für das Gesetzbuch	Nummer des Gesetzesartikels	Absatznummer des Gesetzesartikels	Ziffer oder Litera
OR	24	I	Ziff. 1
OR	40e	II	lit. a

Abkürzungen, die Sie kennen sollten:

OR = Obligationenrecht
ZGB = Zivilgesetzbuch
Abs. = Absatz
Art. = Artikel
Ziff. = Ziffer
lit. = Litera (Buchstabe)
f. = der genannte Artikel und der folgende Artikel
ff. = der genannte Artikel und die nachfolgenden Artikel

Vertrag, unerlaubte Handlung und ungerechtfertigte Bereicherung lassen Obligationen entstehen (Lehrbuch Teil B)

3 Wie entstehen Obligationen?

3.1 Was ist eine Obligation?

Eine **Obligation** ist die Rechtsbeziehung zwischen einem Gläubiger und einem Schuldner. Der **Gläubiger** hat eine **Forderung** gegen den Schuldner, der **Schuldner** hat umgekehrt eine **Schuld** gegenüber dem Gläubiger.

3.2 Die drei Entstehungsgründe für Obligationen

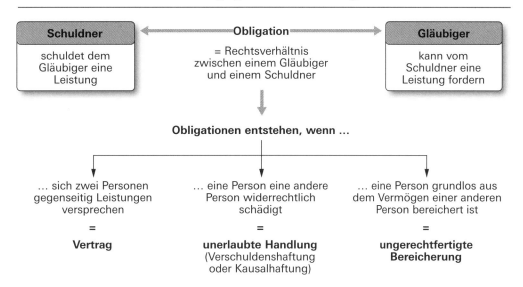

Der Vertrag – Obligationen entstehen aus gegenseitigem Versprechen von Leistungen

Mit dem **Abschluss eines Vertrags** versprechen sich zwei Personen bestimmte Leistungen (OR 1). Sie sind fortan gebunden und zur Leistung verpflichtet. Meistens beeinhaltet ein solches Versprechen eine Leistung und eine Gegenleistung also zwei (oder mehr) Obligationen.

Die unerlaubte Handlung – Obligation entsteht aus widerrechtlicher Schädigung eines anderen

Fügt eine Person einer anderen Person unerlaubt einen finanziellen Schaden zu, entsteht eine Obligation aus unerlaubter Handlung (OR 41). Der Geschädigte erhält das Recht, vom Schädiger Ersatz des angerichteten Schadens zu verlangen.

Unter welchen vier Voraussetzungen entsteht eine Obligation aus unerlaubter Handlung?

Neben der allgemeinen Haftungsnorm von OR 41 gibt es eine Reihe von Spezialnormen, die eine verschärfte Haftung vorsehen. Sie heissen **Kausalhaftungen,** weil der Haftpflichtige auch haftet, wenn ihn kein Verschulden trifft. Die wichtigsten Kausalhaftungen sind: die Geschäftsherrenhaftung (OR 55), die Tierhalterhaftung (OR 56), die Werkeigentümerhaftung (OR 58), die Haftung der Eltern für ihre Kinder (ZGB 333), die Haftung des Motorfahrzeughalters (SVG 58/59) und die Produktehaftpflicht (nach PrHG). Bei den meisten Kausalhaftungen hat der Haftpflichtige aber die Möglichkeit zu beweisen, dass er keinerlei Verantwortung für den Schaden trägt, und kann so die Haftung abwenden.

Die ungerechtfertigte Bereicherung – Obligation entsteht aus grundloser Bereicherung aus fremdem Vermögen

Bei der Obligation aus ungerechtfertigter Bereicherung geht es darum, dass oftmals aus Irrtum, aus einem Vertragsverhältnis, das niemals in Kraft getreten ist bzw. rückgängig gemacht wurde, Vermögensverschiebungen (Geld- oder Sachleistungen) erfolgen. Dies geschieht jedoch **ohne «gültigen Rechtsgrund».** Derjenige, der die Leistung erhalten hat, ist aus dem Vermögen des anderen grundlos – eben ungerechtfertigt – bereichert. Somit ist eine Obligation aus ungerechtfertigter Bereicherung entstanden und der Bereicherte (Schuldner) muss den erlangten Vermögensteil dem Entreicherten (Gläubiger) zurückgeben (OR 62).

Alles, was der Bereicherte ungerechtfertigt erhalten hat, muss er grundsätzlich wieder herausgeben. Eine Ausnahme macht OR 64: Wer gutgläubig war, braucht nur noch das zurückzugeben, um was er noch bereichert ist zu dem Zeitpunkt, wo der andere die Rückerstattung verlangt.

Die Entstehung von Verträgen (Lehrbuch Teil C)

4   Wie entstehen Obligationen aus einem Vertrag?

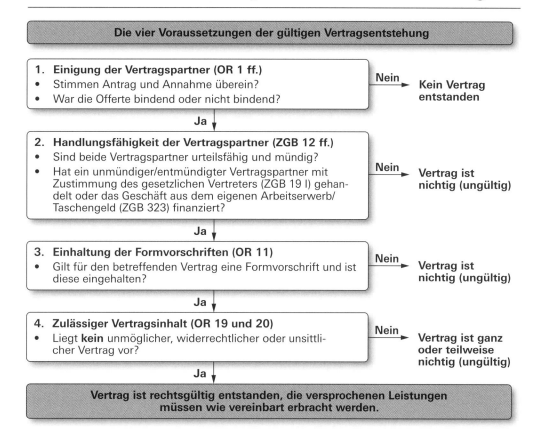

Die vier Voraussetzungen der gültigen Vertragsentstehung

1. Einigung der Vertragspartner (OR 1 ff.)
- Stimmen Antrag und Annahme überein?
- War die Offerte bindend oder nicht bindend?

Nein → **Kein Vertrag entstanden**

Ja ↓

2. Handlungsfähigkeit der Vertragspartner (ZGB 12 ff.)
- Sind beide Vertragspartner urteilsfähig und mündig?
- Hat ein unmündiger/entmündigter Vertragspartner mit Zustimmung des gesetzlichen Vertreters (ZGB 19 I) gehandelt oder das Geschäft aus dem eigenen Arbeitserwerb/Taschengeld (ZGB 323) finanziert?

Nein → **Vertrag ist nichtig (ungültig)**

Ja ↓

3. Einhaltung der Formvorschriften (OR 11)
- Gilt für den betreffenden Vertrag eine Formvorschrift und ist diese eingehalten?

Nein → **Vertrag ist nichtig (ungültig)**

Ja ↓

4. Zulässiger Vertragsinhalt (OR 19 und 20)
- Liegt **kein** unmöglicher, widerrechtlicher oder unsittlicher Vertrag vor?

Nein → **Vertrag ist ganz oder teilweise nichtig (ungültig)**

Ja ↓

Vertrag ist rechtsgültig entstanden, die versprochenen Leistungen müssen wie vereinbart erbracht werden.

Zur ersten Voraussetzung: Einigung der Vertragspartner (OR 1–9). Einigung bedeutet gegenseitige **übereinstimmende Willensäusserung** zu einem bestimmten Vertragsinhalt. Der eine Vertragspartner macht eine **verbindliche Offerte** (Antrag), die der andere innert der **Gültigkeitsdauer annimmt**. Mit der Annahme ist der Vertrag entstanden.

- Eine **verbindliche Offerte** liegt dann vor, wenn einer der Verhandlungspartner einen ganz konkreten, ernst gemeinten Vorschlag unterbreitet, d. h., er will zu den genannten Bedingungen einen Vertrag abschliessen. Dies kann ausdrücklich geschehen oder stillschweigend. Damit eine Offerte als verbindlich angesehen werden kann, muss sie als **minimalen Inhalt** die **Hauptpunkte** eines Vertrags umfassen. Das sind z. B. beim Kaufvertrag der Kaufpreis und der Kaufgegenstand, beim Mietvertrag das Mietobjekt und der Mietzins und beim Arbeitsvertrag die Arbeitsleistung und der Arbeitslohn. Alle anderen Vertragspunkte – Lieferfristen, Zahlungsmodalitäten, Garantieleistungen – sind nach OR Nebenpunkte und die Vertragsparteien sind frei, sich darüber zu einigen oder nicht. Fehlt es an solchen Abmachungen, hält das OR Regeln bereit, die dann gelten.
- **Sonderfälle** von verbindlichen bzw. unverbindlichen Offerten:

  OR 6a: Die **Zusendung unbestellter Waren** ist keine Offerte. Man kann die Ware gebrauchen, aufbewahren oder fortwerfen. Den Kaufpreis muss man trotzdem nicht bezahlen.

  OR 7 I: Mit den **Zusätzen** «unverbindlich», «freibleibend», «Änderungen vorbehalten» usw. verliert eine Offerte ihre Bindungskraft.

  OR 7 II: **Werbeprospekte, Preislisten, Inserate** in Zeitungen, im Internet usw. sind keine verbindlichen Offerten, da der Offerent bei Massenwerbung gar nicht in der Lage wäre, alle Ansprechpartner zu beliefern.

  OR 7 III: **Schaufensterauslagen mit Preisangabe** sind verbindliche Offerten.

TEIL A KURZTHEORIE

- **Gültigkeitsdauer von Offerten.** Wer eine verbindliche Offerte abgibt, bleibt für eine bestimmte Zeit gebunden. Diese Dauer kann der Offertsteller selbst bestimmen, indem er die Offerte befristet (z. B. Offerte gültig bis am 12. Januar). Unterbleibt eine zeitliche Befristung, dann gelten OR 4 und 5.

  OR 4 regelt den Fall, dass die beiden Vertragspartner direkt miteinander verhandeln, d. h. **von Angesicht zu Angesicht** (am gleichen Ort) oder per Telefon. Hier ist die Offerte nur so lange bindend, wie das Gespräch über das Geschäft dauert.

  OR 5 regelt den Fall unter «**Abwesenden**», d. h., wenn die Parteien schriftlich miteinander kommunizieren. Die Offerte ist dann so lange gültig wie ein Briefwechsel im Normalfall dauert. Gerichte gehen von fünf Tagen aus, je zwei für die Post und ein Tag für die Entscheidung. Ähnliches gilt für die Kommunikation per Fax oder E-Mail. Hier dauert die Entscheidungsfrist allerdings nur einen bis höchstens zwei Tage.

- **Allgemeine Geschäftsbedingungen** (AGB) sind von einer Partei vorformulierte Vertragsbedingungen über Nebenpunkte (Kleingedrucktes). Gültig sind AGB nur, wenn die andere Partei zustimmt. Das kann «blind» geschehen, die zustimmende Partei muss aber die Möglichkeit gehabt haben, die AGB einzusehen. Sonst gelten an Stelle der AGB die Bestimmungen des OR.

- **Widerruf von Antrag und Annahme** (OR 9). Eine Offerte oder eine Annahme kann nur widerrufen werden, wenn der Widerruf dem Empfänger vor der Offerte bzw. vor der Annahme zur Kenntnis gelangt.

Zur zweiten Voraussetzung: Handlungsfähigkeit der Vertragspartner (ZGB 12–19). Die Handlungsfähigkeit bestimmt, wer gültige Rechtshandlungen vornehmen kann. Im Zusammenhang mit Verträgen bezeichnet man sie auch als Geschäfts- oder Vertragsfähigkeit. Das ZGB unterscheidet drei Stufen der Handlungsfähigkeit:

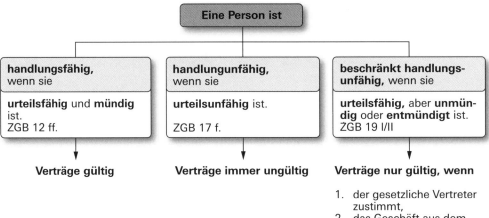

Zur dritten Voraussetzung: Einhaltung von Formvorschriften (OR 11). Die Parteien sind grundsätzlich frei, in welcher Form sie ihren Vertrag schliessen wollen (auch mündliche und sogar stillschweigende Verträge haben Gültigkeit). Das Gesetz verlangt nur für besonders wichtige und folgenschwere Geschäfte, dass Formvorschriften eingehalten werden. Es will die Vertragspartner damit vor übereilten Geschäften schützen (Warnfunktion der Formvorschrift) und gleichzeitig sichere Verhältnisse schaffen («schwarz auf weiss», Beweisfunktion der Formvorschrift). Das OR kennt drei Arten von Schriftlichkeit:

- **Einfache Schriftlichkeit:** Der Vertrag muss schriftlich abgefasst und eigenhändig unterschrieben sein von allen Personen, die durch ihn verpflichtet werden (OR 13 f.), z. B. Konkurrenzverbot im Arbeitsvertrag (OR 340 I), Schenkungsversprechen (OR 243 I). Der eigenhändigen Unterschrift gleichgestellt ist die elektronische Signatur, die auf einem qualifizierten Zertifikat eines behördlich anerkannten Zertifizierungsdienstes beruht (OR 14 IIbis). Das Bundesgesetz über die elektronische Signatur ZertES regelt die Zulassung der elektronischen Signatur. Wer mit elektronischer Signatur ein Dokument «unterzeichnen» will, gelangt an einen Zertifizierungsdienst. Mit einem persönlichen Signaturschlüssel wird die elektronische Unterschrift an das Dokument angebracht. Der Empfänger des Schreibens kann mittels eines öffentlich zugänglichen Schlüssels die Signatur identifizieren und überprüfen.
- **Qualifizierte Schriftlichkeit:** Es gelten die Bestimmungen der einfachen Schriftlichkeit und zusätzlich müssen gewisse Vertragspunkte unbedingt enthalten oder von Hand geschrieben sein, z. B. Lehrvertrag (OR 344a II), Bürgschaftsvertrag, wenn der Bürge eine natürliche Person ist und die Bürgschaftssumme weniger als Fr. 2 000.– beträgt (OR 493 I und II).
- **Öffentliche Beurkundung:** Auch hier gelten die Bestimmungen der einfachen Schriftlichkeit. Zusätzlich wird aber verlangt, dass eine Urkundsperson (Notar) den Vertrag mitunterschreibt, z. B. Grundstückkauf (OR 216 I), Bürgschaftsvertrag, wenn der Bürge eine natürliche Person ist und die Bürgschaftssumme mehr als Fr. 2 000.– beträgt (OR 493 II).

Falls sich die Vertragsparteien nicht an die (gesetzlich) vorgeschriebenen Formvorschriften halten, ist das ganze Geschäft nichtig, d. h., der Vertrag ist unwirksam bzw. ungültig. Ausnahme: In bestimmten Fällen verlangt das Gesetz nicht für den ganzen Vertrag die Schriftform, sondern nur für einzelne besondere Klauseln. Will man sie vereinbaren, muss man das in der verlangten Form tun. Ist die Form nicht eingehalten, dann ist nicht der ganze Vertrag ungültig, sondern nur die formbedürftige Klausel (OR 20 II).

Zur vierten Voraussetzung: zulässiger Vertragsinhalt (OR 19 und 20). Auch hier gilt im Prinzip Vertragsfreiheit. Unzulässig sind aber Verträge, die einen unmöglichen oder widerrechtlichen Inhalt oder gegen die guten Sitten verstossenden Inhalt haben.

- **Unmöglicher Vertragsinhalt:** Dies ist immer der Fall, wenn schon bei Vertragsabschluss feststeht, dass es eine der versprochenen Leistungen überhaupt nicht gibt und sie deshalb auch niemand erbringen könnte. Keine Unmöglichkeit liegt dagegen vor, wenn eine Person etwas verspricht, das sie persönlich nicht halten kann, denn blosses Unvermögen macht einen Vertrag nicht unmöglich.
- **Widerrechtlich sind Verträge,** wenn sie gegen zwingende Vorschriften des Privatrechts oder des öffentlichen Rechts verstossen. Einzig von den dispositiven Bestimmungen des Privatrechts dürfen die Parteien abweichen.
- **Unsittlich sind Verträge,** wenn sie krass gegen die herrschende Moral, d. h. das allgemeine Anstandsgefühl oder die ethischen Vorstellungen der Allgemeinheit verstossen.

Die Folgen bei unmöglichen, widerrechtlichen oder sittenwidrigen Inhalten ist wiederum die **Nichtigkeit** (OR 20 I). Ein nichtiger Vertrag erzeugt keinerlei rechtliche Wirkung. Sind nur einzelne Teile des Vertrags unzulässig, so kann der Richter auf **Teilnichtigkeit** entscheiden (OR 20 II).

5 Kann man gültig zustande gekommene Verträge wieder auflösen?

Verträge müssen erfüllt werden. Wer anderen eine Leistung vertraglich versprochen hat, muss diese auch erbringen. Doch es gibt vier Ausnahmen, in denen gültig abgeschlossene Verträge wieder aufgehoben werden können:

- **Aufhebungsvertrag:** Die Parteien können vereinbaren, dass ein Vertrag wieder aufgelöst wird. Formvorschriften sind dabei keine zu berücksichtigen, und zwar selbst dann nicht, wenn für den aufgehobenen Vertrag eine Formvorschrift galt (OR 115).
- **Kündigung von Dauerverträgen:** Bei Verträgen, die «auf unbegrenzte Zeit» abgeschlossen» werden (Mietvertrag, Arbeitsvertrag), sind die Parteien zu einer Dauerleistung verpflichtet. Da aber nichts ewig dauern kann, müssen diese unbegrenzten Verträge beendet werden können. Das Mittel dazu ist die Kündigung. Die Kündigung eines Dauervertrags kann einseitig und ohne Zustimmung des Vertragspartners erfolgen. Kündigen kann man nur Dauerverträge wie Miet- und Arbeitsvertrag, nicht aber andere Verträge wie den Kaufvertrag.
- **Rücktritt vom Vertrag:** Bei wichtigen Verträgen vereinbaren die Parteien manchmal ein Rücktrittsrecht, das ihnen ermöglicht, während einer vereinbarten Frist vom Vertrag zurückzutreten, ohne die Zustimmung des Partners einholen zu müssen. Dabei wird meistens auch eine Entschädigung vereinbart (OR 158 III). Beim Abzahlungsvertrag (Konsumkreditgesetz KKG 10 und 9) und bei den Haustürgeschäften (OR 40a–f) ist das Rücktrittsrecht gesetzlich vorgeschrieben.
- **Anfechtung eines Vertrags:** Unter bestimmten Voraussetzungen ist es auch möglich, einen gültig abgeschlossenen Vertrag anzufechten und damit gegen den Willen des Vertragspartners wieder aufzulösen. Anfechtungsgründe können sein:
  - **Erklärungsirrtum** (OR 24 I Ziff. 1–3): Ein Vertragspartner sagt etwas anderes, als er will.
  - **Grundlagenirrtum** (OR 24 I Ziff. 4): Ein Vertragspartner macht sich über objektiv wesentliche Geschäftsgrundlagen falsche Vorstellungen. Grundlagenirrtümer sind sehr selten (z. B. Kauf eines unechten Gemäldes in der Annahme, es sei echt). Meistens handelt es sich um einfache Motivirrtümer, die nicht zur Vertragsanfechtung berechtigen (z. B. Kauf von Aktien in der Annahme, dass die Kurse steigen).
  - **Absichtliche Täuschung** (OR 28): Ein Vertragspartner wird durch Täuschung zum Vertragsabschluss verleitet.
  - **Furchterregung** (OR 29 f.): Ein Vertragspartner wird bedroht und unterschreibt so einen Vertrag, den er gar nicht will.
  - **Übervorteilung** (OR 21): Ein Vertragspartner wird wegen Notlage, Unerfahrenheit oder Leichtsinns dazu gebracht, einen Vertrag mit offensichtlichem Missverhältnis von Leistung und Gegenleistung zu unterschreiben.

Die vier möglichen Auflösungsgründe eines gültigen Vertrags

Aufhebungsvertrag	Kündigung	Rücktrittsrecht	Anfechtung
Vereinbarung mit dem Vertragspartner	Einseitige Auflösung • bei Mietverträgen und • bei Arbeitsverträgen	Recht, einen Vertrag einseitig aufzulösen • im Vertrag vereinbart • gesetzlich vorgesehen bei Haustürgeschäften und Abzahlungsvertrag	Recht, einen Vertrag einseitig aufzulösen • Irrtum • Täuschung • Furchterregung • Übervorteilung

Die Erfüllung von Verträgen (Lehrbuch Teil D)

6   Die richtige Erfüllung des Vertrags

In der Erfüllungsphase eines Vertrags lösen die Vertragspartner ihre Versprechen ein. Es geht also um die korrekte Erbringung von Leistung und Gegenleistung. Da sich die Vertragspartner oft nur über die Leistungen einigen und nicht über die Erfüllungsmodalitäten, hat das Gesetz in den Artikeln OR 68–90 dispositive Regeln aufgestellt, die gelten, wenn nichts abgemacht wurde.

Die richtige Erfüllung von Verträgen – Wer muss was, wann, in welcher Reihenfolge leisten?

Die Vertragspartner können in ihrem Vertrag die Erfüllungsmodalitäten grundsätzlich frei regeln. Sie können dies aber auch unterlassen. Dann gelten die dispositiven Bestimmungen von OR 68–90.

Wer? (OR 68)	Der Schuldner muss nur persönlich erfüllen, wenn es so abgemacht ist oder wenn es bei der Leistung gerade auf seine Persönlichkeit ankommt.
Was? (OR 69 ff.) «Gegenstand der Leistung»	Man unterscheidet Dienstleistungen und Sachleistungen, wobei Sachleistungen wieder unterteilt werden in **Gattungssachen** (im Vertrag nur der Art nach bestimmt) und **Speziessachen** (im Vertrag individuell bestimmt). Bei Gattungssachen darf der Schuldner die Ware aussuchen, muss aber mittlere Qualität liefern (OR 71).
	Der Schuldner darf vom Gläubiger eine **Quittung** (Lieferschein, Rapport) verlangen, wenn er seine Leistung erbracht hat. Beweis der Leistung! (OR 88)
	Geldschulden **sind bar und in Schweizer Franken** zu bezahlen, sofern nichts anderes abgemacht ist (OR 84). Die Angabe einer Bankverbindung gilt als stillschweigendes Einverständnis für bargeldlose Zahlung.
In welcher Reihenfolge? (OR 82)	Sofern nichts anderes abgemacht ist, müssen die Vertragspartner **gleichzeitig** (Zug-um-Zug) erfüllen. Wer die Leistung des anderen will, muss seine Leistung anbieten.
	Häufig wird die **Vorleistungspflicht** eines Vertragspartners vereinbart. Dieser muss dann zuerst leisten und darf seine Forderung erst geltend machen, wenn er geleistet hat.
Wann? (OR 75–81) «Erfüllungszeit»	Ist nichts anderes abgemacht, dann werden Forderungen sofort nach Vertragsabschluss fällig (OR 75). Es handelt sich um ein **Mahngeschäft.**
	Vereinbaren die Vertragspartner einen Erfüllungszeitpunkt, handelt es sich um ein **Verfalltagsgeschäft**. Die Leistung muss bis zum vereinbarten Tag erbracht werden. Beim **Fixgeschäft** vereinbaren die Vertragspartner, dass die Leistung genau zu einer bestimmten oder bis zu einer bestimmten Zeit erfolgen soll (vgl. OR 81 und 108 Ziff. 3).
Wo? (OR 74) «Erfüllungsort»	**Gattungsschulden sind Holschulden.** Ohne andere Abmachung muss der Gläubiger die Leistung am Sitz des Schuldners abholen.
	Speziesschulden sind Holschulden. Ohne andere Abmachung muss der Gläubiger die Leistung dort abholen, wo sie zur Zeit des Vertragsabschlusses war.
	Geldschulden sind Bringschulden. Der Schuldner muss am Sitz des Gläubigers zahlen.

7   Fehler bei der Erfüllung eines Vertrags

Die Juristen unterscheiden zwei Arten von Erfüllungsfehlern: die **Nichterfüllung** und die **Schlechterfüllung.** Bei der Nichterfüllung – Schuldnerverzug – bleibt die vereinbarte Leistung des Schuldners überhaupt aus (er verspätet sich, ist nicht in der Lage die Leistung zu erbringen oder es liegt eine nachträgliche objektive Unmöglichkeit vor, d. h., die versprochene Leistung wird zwischen Vertragsabschluss und Vertragserfüllung unerfüllbar).

Bei der **Schlechterfüllung** erbringt der Schuldner zwar die vereinbarte Leistung, aber er tut dies mangelhaft. Die Leistung weist in irgendeiner Form Fehler auf. Die Folgen hängen hier stark von der Art der geschuldeten Leistung ab, weshalb das OR für die Schlechterfüllung jeweils spezielle Regeln vorsieht.

Der Schuldnerverzug – Regelfall der Nichterfüllung

Das Vorgehen des Gläubigers hängt davon ab, ob es sich um ein Mahngeschäft oder um ein Verfalltagsgeschäft handelt.

- Beim **Mahngeschäft** wird die Forderung **mit dem Vertragsabschluss fällig** (OR 75). Der Gläubiger muss den Schuldner nun auffordern, die versprochene Leistung zu erbringen. Mit dieser Aufforderung kommt der Schuldner in **Verzug** (OR 102 I). Diese Leistungsaufforderung bezeichnet man als **Mahnung.**
- Beim **Verfalltagsgeschäft** haben die Vertragspartner einen **bestimmten Erfüllungstermin** vereinbart. Die Forderung ist am vereinbarten Erfüllungstermin fällig. Der Schuldner kommt automatisch in **Verzug,** wenn er den Erfüllungstermin verpasst (OR 102 II).

Sobald der Schuldner in **Verzug** ist, haftet er für den **Schaden,** der dem Gläubiger aus der Verspätung entsteht und für den **zufälligen Untergang** der geschuldeten Leistung (OR 103 I), sofern er nicht beweisen kann, dass ihn keinerlei Verschulden an der Verspätung trifft (OR 103 II). Bei Geldschulden muss er, unabhängig vom Verschulden, Verzugszinsen bezahlen. Die Verzugszinsen betragen in der Regel 5 % (OR 104).

Sobald der Schuldner im Verzug ist, muss ihm der Gläubiger **eine angemessene Nachfrist zur nachträglichen Erfüllung** ansetzen. Dies gilt für das **Mahngeschäft** und für das «gewöhnliche» **Verfalltagsgeschäft** (OR 107 I). Beim **Fixgeschäft** ist diese Nachfrist dagegen unnötig. Hier haben die Vertragspartner ausdrücklich oder stillschweigend abgemacht, dass der Gläubiger die Leistung weder vor noch nach dem vereinbarten Erfüllungszeitpunkt oder Zeitraum haben wollte (OR 108 Ziff. 3).

Verstreicht die Nachfrist ungenützt (Mahngeschäft und Verfalltagsgeschäft) oder war sie gar nicht nötig (Fixgeschäft), kann der Gläubiger eines der drei ihm zustehenden **Wahlrechte** ausüben. Welches Wahlrechte er wählt, kann er dem Schuldner schon mit der Mahnung bzw. mit der Nachfristansetzung mitteilen.

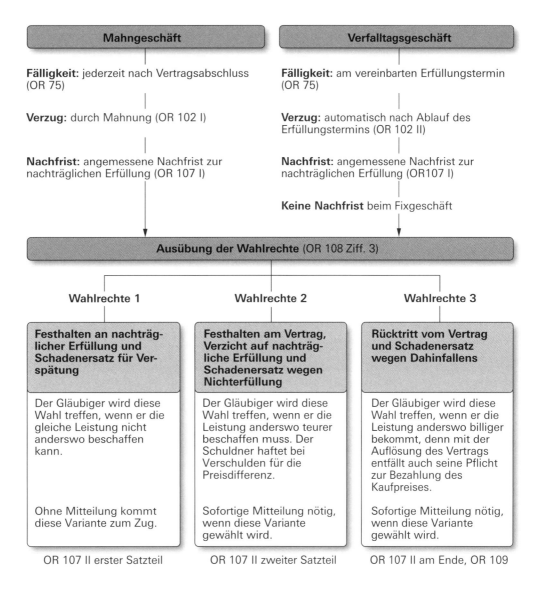

Mahngeschäft	Verfalltagsgeschäft
Fälligkeit: jederzeit nach Vertragsabschluss (OR 75)	**Fälligkeit:** am vereinbarten Erfüllungstermin (OR 75)
Verzug: durch Mahnung (OR 102 I)	**Verzug:** automatisch nach Ablauf des Erfüllungstermins (OR 102 II)
Nachfrist: angemessene Nachfrist zur nachträglichen Erfüllung (OR 107 I)	**Nachfrist:** angemessene Nachfrist zur nachträglichen Erfüllung (OR107 I)
	Keine Nachfrist beim Fixgeschäft

Ausübung der Wahlrechte (OR 108 Ziff. 3)

Wahlrechte 1	Wahlrechte 2	Wahlrechte 3
Festhalten an nachträglicher Erfüllung und Schadenersatz für Verspätung	**Festhalten am Vertrag, Verzicht auf nachträgliche Erfüllung und Schadenersatz wegen Nichterfüllung**	**Rücktritt vom Vertrag und Schadenersatz wegen Dahinfallens**
Der Gläubiger wird diese Wahl treffen, wenn er die gleiche Leistung nicht anderswo beschaffen kann.	Der Gläubiger wird diese Wahl treffen, wenn er die Leistung anderswo teurer beschaffen muss. Der Schuldner haftet bei Verschulden für die Preisdifferenz.	Der Gläubiger wird diese Wahl treffen, wenn er die Leistung anderswo billiger bekommt, denn mit der Auflösung des Vertrags entfällt auch seine Pflicht zur Bezahlung des Kaufpreises.
Ohne Mitteilung kommt diese Variante zum Zug.	Sofortige Mitteilung nötig, wenn diese Variante gewählt wird.	Sofortige Mitteilung nötig, wenn diese Variante gewählt wird.
OR 107 II erster Satzteil	OR 107 II zweiter Satzteil	OR 107 II am Ende, OR 109

Die nachträgliche objektive Unmöglichkeit – ein seltener Fall der Nichterfüllung

Bei der nachträglichen objektiven Unmöglichkeit wird die Erbringung der geschuldeten Leistung unmöglich. Unmöglich heisst hier, dass sie weder vom Schuldner noch von einer anderen Person erbracht werden könnte. Blosses Unvermögen des Schuldners ist deshalb kein Fall der Unmöglichkeit. Nach OR 119 I und II fällt der Vertrag bei nachträglicher objektiver Unmöglichkeit dahin. Eine allenfalls schon erbrachte Gegenleistung muss zurückerstattet werden. Hat der Schuldner die Unmöglichkeit verschuldet, wird er dem Gläubiger schadenersatzpflichtig.

Eine Sonderregel gilt für den Kaufvertrag, weil OR 185 das Risiko für den Kaufgegenstand schon vor dessen Übergabe an den Käufer übergehen lässt. Daher bleibt der Vertrag bestehen, der Käufer muss den Kaufpreis bezahlen, obwohl er den Kaufgegenstand nicht erhält. Etwas anderes gilt nur, wenn der Verkäufer den Untergang des Kaufsache verschuldet hat.

Der Gläubigerverzug (Annahmeverzug)

Beim Gläubigerverzug (Annahmeverzug) verweigert der Gläubiger die Annahme der richtig angebotenen Leistung. Der Schuldner kann dann die Ware hinterlegen (Lagerhaus) oder die Ware verkaufen und den Erlös hinterlegen. Dazu ist in der Regel die Bewilligung eines Richters notwendig (OR 91 ff.).

TEIL A KURZTHEORIE

Weitere Fragen der Erfüllung

Im Zusammenhang mit der Vertragserfüllung sind zwei weitere «Punkte» von Bedeutung: die Verjährung(-sfristen) und die gegenseitige Verrechnung von Forderungen.

Die Verjährung. Eine **verjährte** Forderung ist nicht untergegangen, sie kann aber nicht mehr gegen den Willen des Schuldners eingetrieben werden (Einrede der Verjährung). In OR 127 und 128 finden sich die beiden Verjährungsfristen von 10 Jahren (Normalfall) und 5 Jahren (für namentlich genannte Fälle). Daneben existieren für Vertragsforderungen eine Reihe von besonderen **Verjährungsfristen** im Besonderen Teil des OR (z. B. für den Kaufvertrag OR 210). Besondere Verjährungsfristen von einem Jahr gelten auch für die unerlaubte Handlung (OR 60) und die ungerechtfertigte Bereicherung (OR 67).

Verrechnung (OR 120–126) ist die Aufrechnung von gleichartigen gegenseitigen Forderungen (meistens Geld) zweier Geschäftspartner. Für bestimmte Forderungen gilt ein Verrechnungsverbot (OR 125).

Der Allgemeine und der Besondere Teil des OR – Ein Überblick (Lehrbuch Teil E)

8 Der Zusammenhang zwischen dem Allgemeinen und dem Besonderen Teil des OR

Der Besondere Teil des OR (OR 184–551) befasst sich mit besonders wichtigen Vertragsverhältnissen und stellt für diese zum Teil Bestimmungen auf, die vom Allgemeinen Teil des OR (OR 1–183) abweichen.

Im Besonderen Teil des OR sind aber nicht alle Verträge geregelt, die im Wirtschaftsleben von Bedeutung sind. Da im schweizerischen Privatrecht der Grundsatz der Vertragsfreiheit gilt, können die Vertragspartner in den Schranken der Rechtsordnung Verträge mit beliebigem Inhalt abschliessen. Solche Verträge nennt man Innominatverträge, weil sie nicht speziell geregelt sind. Wichtige Innominatverträge sind: der **Franchisingvertrag** und der **Factoringvertrag.**

Die Aufteilung zwischen dem Allgemeinen und dem Besonderen Teil des OR hat Konsequenzen für die praktische Arbeit mit dem Gesetz. Der massgebliche Gesetzesartikel für ein vertragsrechtliches Problem kann sich nämlich im Besonderen oder im Allgemeinen Teil des OR befinden. Im Besonderen Teil wird man fündig, wenn es sich um eine der besonderen Vertragsarten handelt und wenn die betreffende Frage in den Bestimmungen zu dieser Vertragsart geregelt ist. Im Allgemeinen Teil wird man fündig, wenn die Spezialregeln zu einer bestimmten Vertragsart nichts Besonderes vorsehen.

Die einzelnen Vertragstypen des Besonderen Teils des OR im Überblick

Eigentumsübertragungsverträge (OR 184–252)	
Kaufvertrag	**Ware gegen Geld.**
Tauschvertrag	Ware gegen Ware.
Schenkungsvertrag	Ware ohne Gegenleistung.

Gebrauchsüberlassungsverträge (OR 253–318)	
Mietvertrag	**Überlassung der Mietsache zum Gebrauch gegen Zins. Rückgabe derselben Sache nach Ablauf der Mietdauer.**
Pachtvertrag	Überlassung der Pachtsache zum Gebrauch und Bezug der Erträge. Rückgabe derselben Sache, entgeltlich.
Gebrauchsleihe	Überlassung der ausgeliehenen Sache zum Gebrauch. Rückgabe derselben Sache, unentgeltlich.
Darlehen	Übergabe einer Sache zu Eigentum und Bezug der Erträge und Rückgabe nach Vertragsende (gleich viel von der gleichen Art und Qualität, oft auch Zahlung von Zins).

Arbeitsleistungsverträge (OR 319–457)	
Arbeitsvertrag	**Arbeitskraft im Dienste des Arbeitgebers gegen Lohn. Der Arbeitnehmer schuldet keinen Arbeitserfolg und ist unselbständig.**
Werkvertrag	Herstellung eines Werks gegen Werklohn. Werkunternehmer schuldet **Arbeitserfolg** und ist **selbständig.**
Auftrag	Besorgung von Dienstleistungen. Entschädigung, wenn vereinbart oder üblich. Beauftragter schuldet keinen Arbeitserfolg und ist selbständig.

TEIL A KURZTHEORIE

Der Kaufvertrag (Lehrbuch Teil F)

9 Was ist ein Kaufvertrag und wie entsteht er?

Wie alle Verträge zeichnet sich der Kaufvertrag aus durch die Art der versprochenen Leistungen: Der Verkäufer verspricht die **Übergabe des vereinbarten Kaufgegenstandes zum Eigentum** und der Käufer verspricht die **Bezahlung des vereinbarten Kaufpreises** (OR 184). Das Gesetz unterscheidet bewegliche Sachen (Mobilien oder Fahrnis) und unbewegliche Sachen (Immobilien wie Grundstücke, Bauten oder Eigentumswohnungen), die in OR 216–221 besonders geregelt sind.

Damit ein gültiger Kaufvertrag zustande kommt, müssen die Vertragspartner die vier (bekannten) Voraussetzungen der Vertragsentstehung erfüllen.

Entstehung des Kaufvertrags

1. Einigung über Hauptpunkte	• **Kaufgegenstand:** Bewegliche Sache oder Grundstück. • **Kaufpreis:** Der Kaufpreis ist im Vertrag festgeschrieben oder mindestens bestimmbar z.B. über Marktpreis. (Abmachungen über Nebenpunkte freiwillig)
+	
2. Handlungsfähigkeit	• Voll vertragsfähig sind **urteilsfähige Mündige.** • **Urteilsfähige Unmündige/Entmündigte** mit Zustimmung des gesetzlichen Vertreters oder aus dem eigenen Arbeitserwerb/Taschengeld.
+	
3. Richtige Form	• **Abzahlungsvertrag: qualifizierte Schriftform** (schriftlich, Mindestinhalt) • **Grundstückkauf: öffentliche Beurkundung** • Alle **anderen Kaufverträge** kommen auch mündlich zustande.
=	
4. Zulässiger Inhalt	Kein widerrechtlicher, unsittlicher, unmöglicher Inhalt

Gültiger Kaufvertrag entstanden – Auflösung des Kaufvertrags nur durch

Auflösungsvertrag	**Rücktritt**	**Anfechtung**
Übereinkunft (OR 115)	Gesetzlich (bei Haustürgeschäft und Abzahlungsvertrag) oder vertraglich (OR 40e, KKG 16)	Irrtum (OR 23ff.), Täuschung (OR 28), Furchterregung (OR 29), Übervorteilung (OR 21)

10 Welche Rechte und Pflichten haben die Vertragsparteien beim Kaufvertrag?

Die Pflichten im Kaufvertrag

Verkäufer

Hauptpflicht

Übergabe des Kaufgegenstands ins Eigentum des Käufers

- Bei **beweglichen Sachen durch Übergabe**
- Bei **Grundstücken durch Grundbucheintrag**

Nebenpflichten

- Verkäufer trägt Übergabekosten, sofern nichts anderes vereinbart.
- Ist ein Versendungskauf vereinbart, muss der Verkäufer den Gegenstand auf Kosten des Käufers liefern.

Käufer

Hauptpflicht

Bezahlung des Kaufpreises

Pflicht zur Barzahlung. Heute regelmässig bargeldlose Zahlung vereinbart. Käufer ist verantwortlich, dass Zahlung bei Bank des Verkäufers ankommt.

Nebenpflichten

Käufer trägt Übernahmekosten, sofern nichts anderes vereinbart. Daher gehen beim Versendungskauf die Transportkosten zulasten des Käufers, wenn nichts abgemacht ist.

Hauptpflicht des Verkäufers – Übergabe der Kaufsache zu Eigentum

Der Verkäufer ist verpflichtet, dem Käufer den Kaufgegenstand zu übergeben und ihm das **Eigentum** daran zu verschaffen (OR 184).

Eigentum ist das umfassende **Herrschafts- und Verfügungsrecht** über eine Sache (ZGB 641 I). Wer Eigentümer ist, kann in den Schranken der Rechtsordnung nach Belieben über seine Sache verfügen (sie z. B. vermieten oder verkaufen usw.). Eigentum ist klar von **Besitz** zu unterscheiden. Besitz ist die **tatsächliche Herrschaft** über eine Sache. Besitzer ist, wer eine Sache hat (ZGB 919). So ist z. B. der Mieter Besitzer einer Sache, aber nicht Eigentümer.

Damit das Eigentum vom Verkäufer auf den Käufer übertragen wird, muss Folgendes geschehen:

Hauptpflicht des Käufers – Bezahlung des Kaufpreises

Die Hauptpflicht des Käufers ist die Bezahlung des Kaufpreises. Hier gelten die Bestimmungen des Allgemeinen Teils des OR (vgl. OR 84).

Die Kostenaufteilung (Nebenpflichten von Verkäufer und Käufer)

Der **Verkäufer** hat **die Übergabekosten** und der **Käufer die Übernahmekosten** zu tragen (OR 188 f).

Zu den Übergabekosten gehören alle Kosten für die Bereitstellung des Kaufgegenstandes (Aussonderung, Überführung vom Lager zum Verkaufsort, handelsübliche Verpackung). Übernahmekosten sind Kosten, die anfallen, wenn der Käufer den Kaufgegenstand beim Verkäufer übernehmen will (beim Grundstückkauf die Kosten für die öffentliche Beurkundung und den Grundbucheintrag, beim Fahrniskauf die Tranportkosten).

Vereinbaren die Vertragspartner, dass der Verkäufer die Ware an den Käufer zu versenden hat, spricht man vom **Versendungs- oder Distanzkauf.** Nach OR 189 muss sich der Verkäufer zwar um den Versand der Ware kümmern, die Kosten für Transport, Versicherung und allenfalls Zölle gehen aber zu Lasten des Käufers. Die Vertragspartner können aber eine andere Kostenverteilung vorsehen, was im nationalen und internationalen Handel häufig geschieht. Dabei haben sich Abkürzungen eingebürgert, die kurz und klar definieren, wie die Kosten zwischen den Vertragspartnern aufgeteilt werden. OR 189 III nennt die Frankolieferung und die Zollfreilieferung. Im internationalen Warenhandel haben die Incoterms (international commercial terms) eine wichtige Bedeutung.

11 Fehler bei der Erfüllung des Kaufvertrags

Verkäufer und Käufer können je zwei Arten von Fehlern begehen:

Der Lieferverzug (= Schuldnerverzug des Verkäufers; OR 102 ff. und OR 190/191)

Wenn der Verkäufer nicht zum vereinbarten Zeitpunkt (Verfalltagsgeschäft) liefert, so gerät er automatisch in Lieferverzug. Beim Mahngeschäft gerät er erst mit der Mahnung durch den Käufer in Verzug (OR 102). Das weitere Vorgehen des Käufers hängt davon ab, ob es sich um ein «kaufmännisches oder nichtkaufmännisches Geschäft» handelt. Kaufmännischer Verkehr ist Kauf zum Weiterverkauf oder zur Weiterverarbeitung.

Bei Lieferverzug des Verkäufers im nichtkaufmännischen Verkehr gelten die Verzugsregeln von OR 102 ff. Der Käufer kann wie folgt vorgehen:

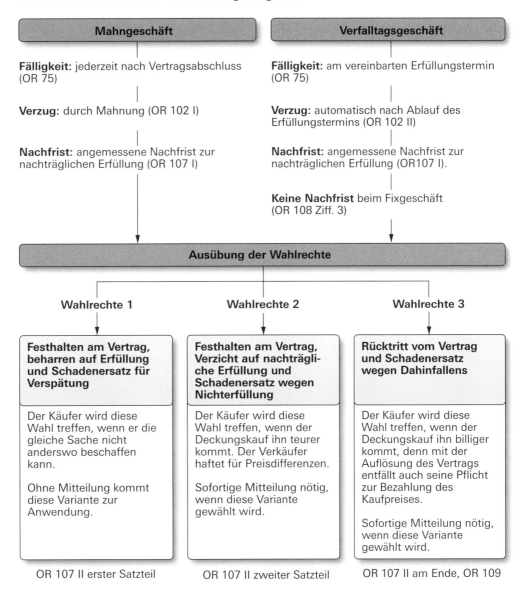

Mahngeschäft	**Verfalltagsgeschäft**
Fälligkeit: jederzeit nach Vertragsabschluss (OR 75)	**Fälligkeit:** am vereinbarten Erfüllungstermin (OR 75)
Verzug: durch Mahnung (OR 102 I)	**Verzug:** automatisch nach Ablauf des Erfüllungstermins (OR 102 II)
Nachfrist: angemessene Nachfrist zur nachträglichen Erfüllung (OR 107 I)	**Nachfrist:** angemessene Nachfrist zur nachträglichen Erfüllung (OR107 I).
	Keine Nachfrist beim Fixgeschäft (OR 108 Ziff. 3)

Ausübung der Wahlrechte

Wahlrechte 1	Wahlrechte 2	Wahlrechte 3
Festhalten am Vertrag, beharren auf Erfüllung und Schadenersatz für Verspätung	**Festhalten am Vertrag, Verzicht auf nachträgliche Erfüllung und Schadenersatz wegen Nichterfüllung**	**Rücktritt vom Vertrag und Schadenersatz wegen Dahinfallens**
Der Käufer wird diese Wahl treffen, wenn er die gleiche Sache nicht anderswo beschaffen kann. Ohne Mitteilung kommt diese Variante zur Anwendung.	Der Käufer wird diese Wahl treffen, wenn der Deckungskauf ihn teurer kommt. Der Verkäufer haftet für Preisdifferenzen. Sofortige Mitteilung nötig, wenn diese Variante gewählt wird.	Der Käufer wird diese Wahl treffen, wenn der Deckungskauf ihn billiger kommt, denn mit der Auflösung des Vertrags entfällt auch seine Pflicht zur Bezahlung des Kaufpreises. Sofortige Mitteilung nötig, wenn diese Variante gewählt wird.
OR 107 II erster Satzteil	OR 107 II zweiter Satzteil	OR 107 II am Ende, OR 109

Sondervorschriften von OR 190 und 191 zum Lieferverzug im kaufmännischen Verkehr:

- Ist ein **Verfalltag** (Liefertermin) abgemacht, geht das Gesetz automatisch von einem **Fixgeschäft** (vgl. auch OR 108 Ziff. 3) aus. Der Käufer braucht keine Nachfrist zu setzen, sondern kann sofort gegen den säumigen Verkäufer vorgehen und von seinem Wahlrecht Gebrauch machen.
- Das OR vermutet, dass der **Käufer einen Deckungskauf** tätigt (Wahlrecht 2), d. h., der Käufer verzichtet auf die nachträgliche Lieferung und verlangt stattdessen Schadenersatz wegen Nichterfüllung (OR 190 und 191 II). Will er auf der vereinbarten Leistung beharren oder vom Vertrag zurücktreten, muss er dies dem Verkäufer sofort nach Ablauf des Verfalltags mitteilen (OR 190 II und Bundesgerichtsentscheid).

Haftung des Verkäufers für Mängel der Kaufsache (OR 197–210)

Liefert der Verkäufer einen mangelhaften Kaufgegenstand, hat er dafür einzustehen. Das Gesetz spricht von **Sachgewährleistung** bzw. Sachmängelhaftung (OR 197–210). Ein Sachmangel liegt vor, wenn eine vom Verkäufer zugesicherte Eigenschaft fehlt, die Sache nicht ihrem Zweck entsprechend verwendet werden kann oder einen körperlichen oder rechtlichen Mangel hat (OR 197).

TEIL A KURZTHEORIE

Will der Käufer gegen einen Sachmangel vorgehen, muss er zweimal schnell sein: Er muss die Kaufsache bei der Übernahme auf offene, d. h. erkennbare Mängel **prüfen** und, falls er Mängel entdeckt, sofort **Mängelrüge** erheben, sonst verliert er seine Sachgewährleistungsansprüche (OR 201 II). Versteckte Mängel, die er bei der Übernahmeprüfung nicht feststellen kann, muss er sofort rügen, sobald er sie entdeckt.

Bei der Haftung des Verkäufers für versteckte Mängel unterscheidet das OR zwei Fristen: Bei beweglichen Sachen dauert sie ein Jahr seit Ablieferung der Kaufsache (OR 210 I), bei Grundstücken maximal fünf Jahre seit dem Eigentumserwerb (OR 219 III). Später auftretende Mängel gehen zu Lasten des Käufers.

Beanstandet ein Käufer einen Sachmangel rechtzeitig, kann er aus drei Möglichkeiten auswählen (OR 205 I, 206 I): Er kann **Wandelung** verlangen (Vertragsauflösung), er kann **Minderung** (Reduktion des Kaufpreises) verlangen und bei Gattungssachen (nicht bei Speziessachen) fehlerfreie **Ersatzlieferung.**

Die Regeln zur Sachgewährleistung (OR 197–210) sind **dispositives** Recht, können also geändert werden. So kann der Verkäufer seine Haftung einschränken oder ganz ausschliessen. Der Verkäufer haftet dann nur, wenn er einen Mangel arglistig verschwiegen hat (OR 199).

Verursacht ein Produkt wegen eines Mangels Folgeschäden (Schäden an Personen oder an Drittsachen), können diese gestützt auf die **Produktehaftpflicht** nach dem Produktehaftpflichtgesetz (PrHG) auf alle an der Herstellung und am Vertrieb Beteiligten abgewälzt werden. Die Produktehaftpflicht ist eine Kausalhaftung.

- **Wer haftet?** Alle am Produktions- und Absatzprozess Beteiligten können vom Geschädigten in Anspruch genommen werden. Das sind Hersteller, Importeur und sogar Verkäufer des Produkts (PrHG 2).
- **Wofür wird gehaftet?** Produkte im Sinne des PrHG sind bewegliche Sachen, nicht aber Dienstleistungen (PrHG 1).
  - Personenschäden. Der Hersteller haftet für den Schaden, wenn sein fehlerhaftes Produkt dazu führt, dass eine Person getötet oder verletzt wird, das heisst für sämtliche Arzt- und Spitalkosten, Verdienstausfall usw. (PrHG 1 I ilt.a).
  - Sachschäden bei Konsumenten. Der Hersteller haftet auch für den Schaden, wenn sein fehlerhaftes Produkt dazu führt, dass eine Sache beschädigt oder zerstört wird, die nach ihrer Art gewöhnlich zum privaten Gebrauch bestimmt und vom Geschädigten hauptsächlich privat verwendet worden ist (PrHG 1 I lit. b). Der Hersteller haftet aber gemäss Produktehaftpflichtgesetz nicht für den Schaden am fehlenden Produkt (PrHG 1 II). Für diese Schäden kann der Geschädigte jedoch eine Schadenersatzpflich aufgrund unerlaubter Handlung prüfen (OR 41).
    - Selbstbehalt bei Sachschäden. Der Geschädigte muss Sachschäden bis zur Höhe von 900 Franken selber tragen (PrHG 6).
- **Wie lange wird gehaftet?** Der geschädigte Konsument hat eine Frist von **drei Jahren,** um seinen Anspruch auf Schadenersatz gegen den Hersteller geltend zu machen. Diese Frist beginnt mit dem Tag zu laufen, an dem der Geschädigte den Schaden, den Fehler am Produkt und den Hersteller kennt. Auf jeden Fall erlischt jedoch die Haftung des Herstellers nach Ablauf von zehn Jahren ab dem Tag, an dem der Hersteller das fehlerhafte Erzeugnis in den Verkehr gebracht hat (PrHG 9f.).

Der Zahlungsverzug des Käufers (= Schuldnerverzug des Käufers)

Der häufigste Fehler des Käufers ist der Zahlungsverzug. Entscheidend ist dabei, ob der Verkäufer den Kaufgegenstand noch hat, wenn er den Kaufpreis einfordert. Deshalb unterscheidet das Kaufrecht zwei Varianten: einerseits den **Kreditkauf** (Vorleistungspflicht des Verkäufers) und andererseits den **Barkauf** bzw. den **Vorauszahlungskauf.**

Beim **Kreditkauf gelten im Prinzip die Regeln des Schuldnerverzugs.** Nur sind hier die Wahlrechte des Verkäufers eingeschränkt. Er kann nur auf Erfüllung beharren. Vom Vertrag zurücktreten und die bereits gelieferte Sache zurückverlangen kann er nur, wenn ein Rücktrittsvorbehalt oder ein Eigentumsvorbehalt vereinbart ist (OR 214 III).

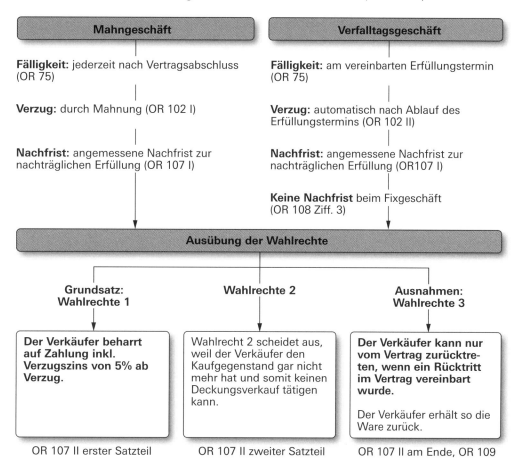

Mahngeschäft	**Verfalltagsgeschäft**
Fälligkeit: jederzeit nach Vertragsabschluss (OR 75)	**Fälligkeit:** am vereinbarten Erfüllungstermin (OR 75)
Verzug: durch Mahnung (OR 102 I)	**Verzug:** automatisch nach Ablauf des Erfüllungstermins (OR 102 II)
Nachfrist: angemessene Nachfrist zur nachträglichen Erfüllung (OR 107 I)	**Nachfrist:** angemessene Nachfrist zur nachträglichen Erfüllung (OR107 I)
	Keine Nachfrist beim Fixgeschäft (OR 108 Ziff. 3)

Ausübung der Wahlrechte

Grundsatz: Wahlrechte 1	Wahlrechte 2	Ausnahmen: Wahlrechte 3
Der Verkäufer beharrt auf Zahlung inkl. Verzugszins von 5% ab Verzug.	Wahlrecht 2 scheidet aus, weil der Verkäufer den Kaufgegenstand gar nicht mehr hat und somit keinen Deckungsverkauf tätigen kann.	Der Verkäufer kann nur vom Vertrag zurücktreten, wenn ein Rücktritt im Vertrag vereinbart wurde. Der Verkäufer erhält so die Ware zurück.
OR 107 II erster Satzteil	OR 107 II zweiter Satzteil	OR 107 II am Ende, OR 109

Beim **Vorauszahlungs- oder Barkauf** ist der Verkäufer bis zur Bezahlung des Kaufpreises im Besitz des Kaufgegenstandes. Das ist ein Vorteil für den Verkäufer. Wenn der Käufer nicht bezahlt, kann er **ohne Nachfrist vom Vertrag zurücktreten** (OR 214 I). Will er am Vertrag festhalten oder einen Deckungsverkauf tätigen und dann dem Käufer den tieferen Preis verrechnen, muss er aber eine Nachfrist setzen (Schadenersatz nach OR 215). Hat der Kaufgegenstand einen Markt- oder Börsenpreis, muss der Verkäufer die Ware nicht einmal tatsächlich verkaufen, sondern kann den Marktpreis einsetzen, den er bei einem Deckungsverkauf erzielt hätte (OR 215 II).

Der Eigentumsvorbehalt

Für bewegliche Sachen können die Vertragsparteien einen Eigentumsvorbehalt vereinbaren. Dadurch wird der Käufer erst Eigentümer, wenn er den Kaufpreis bezahlt hat. Allerdings ist der Eigentumsvorbehalt nur wirksam, wenn er am Wohnsitz des Käufers im Eigentumsvorbehaltsregister eingetragen wird (ZGB 715 I). Der Eigentumsvorbehalt ist von zweifacher Bedeutung:

- Selbst wenn er nicht im Eigentumsvorbehaltsregister eingetragen wurde, wirkt er doch als Rücktrittsvorbehalt im Sinne von OR 214 III.
- In einem allfälligen Schuldbetreibungsverfahren kann der Verkäufer die Sache herausverlangen, da sie ja immer noch ihm gehört. Das bedingt aber, dass der Eigentumsvorbehalt tatsächlich eingetragen ist.

Der Mietvertrag (Lehrbuch Teil G)

12 Was ist ein Mietvertrag und wie entsteht er?

Beim Mietvertrag verspricht der Vermieter, ein Mietobjekt in gebrauchstauglichem Zustand zu überlassen und zu erhalten. Der Mieter verspricht als Gegenleistung die Zahlung des vereinbarten Mietzinses und die Rückgabe der Sache nach Ende der Mietdauer.

Wichtig sind folgende Unterscheidungen:

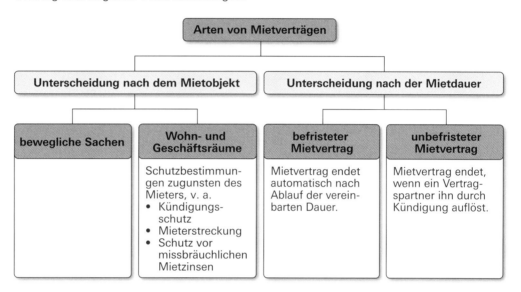

Für die **Entstehung** des Mietvertrags stellt das OR keine besonderen Bestimmungen auf. Der Mietvertrag kann deshalb auch mündlich abgeschlossen werden (OR 11). Freiwillige Schriftlichkeit ist aber die Regel. Da das Gesetz den schwächeren Vertragspartner schützen will, gibt es zahlreiche zwingende Bestimmungen zugunsten des Mieters.

Ein Mietvertrag **endet** meist durch Ablauf der vereinbarten Mietdauer (befristeter Mietvertrag) oder durch Kündigung einer Vertragspartei im unbefristeten Mietverhältnis (Kündigungsfristen und -termine). Es ist aber möglich, einen Mietvertrag durch Aufhebungsvertrag aufzulösen oder wegen Willensmängeln anzufechten. Ein gesetzliches Rücktrittsrecht gibt es nicht.

13   Welche Rechte und Pflichten haben die Vertragsparteien beim Mietvertrag?

Die Vertragsparteien haben folgende Haupt- und Nebenpflichten.

Die Pflichten der Vertragspartner im Mietvertrag	
Pflichten des Vermieters	**Pflichten des Mieters**
Zwei Hauptpflichten	**Zwei Hauptpflichten**
• **Übergabe** der Mietsache in gebrauchstauglichem Zustand (OR 256/258) • **Instandhaltung** der Mietsache (OR 259a ff.)	• **Bezahlung** des Mietzinses (OR 257) und, sofern vereinbart, der Nebenkosten (OR 257a) • **Rückgabe** der Mietsache und deren Reinigung nach Gebrauch (geht aus OR 253 hervor)
Drei Nebenpflichten	**Fünf Nebenpflichten**
• **Bekanntgabe des Mietzinses** des Vormieters (OR 256a II) • **Einsicht in das Rückgabeprotokoll** des Vormieters (OR 256a I) • **Tragung von Lasten und Abgaben** (OR 256b)	• **Sorgfaltspflicht** im Umgang mit der Mietsache (OR 257f I) • **Rücksichtnahme** auf Mitmieter (OR 257f II) • **Meldepflicht** für mittlere/schwere Mängel (OR 257g) • **Reinigung/Behebung von leichten Mängeln** auf eigene Kosten (OR 259) • **Duldung von Reparaturen sowie der Besichtigung** der Mietsache (OR 257h)

Zu den Pflichten des Vermieters

Bei Mietantritt darf der Mieter eine vollkommen mängelfreie Mietsache verlangen (Rückgabeprotokoll, OR 256a I). Das Mietrecht unterscheidet schwere, mittlere und leichte Mängel. Der Vermieter muss während der Mietdauer nur schwere und mittlere Mängel beheben, leichte Mängel dagegen der Mieter auf eigene Kosten (OR 259).

Zu den Pflichten des Mieters

Erste Hauptpflicht des Mieters ist die **Zahlung des Mietzinses,** nach OR auf Ende Monat (OR 257c, dispositiv). Die Nebenkosten sind Kosten, die direkt mit der Benutzung der Mietsache durch den Mieter zusammenhängen (OR 257b). Sie dürfen auf den Mieter abgewälzt werden, wenn es vertraglich vereinbart wurde (OR 257a II). Andernfalls gelten sie als im Mietzins inbegriffen.

Bei unbefristeten Mietverträgen darf der Vermieter den Mietzins jeweils auf den nächsten Kündigungstermin erhöhen (OR 269d). Bei befristeten Mietverhältnissen ist dies nicht möglich, ausser es sei Indexmiete (OR 269b) oder Staffelmiete (OR 269c) vereinbart (v. a. bei Geschäftsräumen).

Die zweite Hauptpflicht des Mieters besteht in der **Rückgabe des Mietgegenstands bei Vertragsende** (OR 253). Für Erneuerungen oder Änderungen an der Mietsache braucht der Mieter die schriftliche Zustimmung des Vermieters. Andernfalls muss er beim Auszug den ursprünglichen Zustand wieder herstellen, wenn dies der Vermieter verlangt (OR 260a). Auch für Schäden, die aus übermässiger Abnutzung oder Gebrauch hervorgehen, muss er aufkommen.

Darüber hinaus gelten folgende Grundsätze:

- **Untervermietung** (OR 262) ist mit Zustimmung des Vermieters zulässig. Der Vermieter darf die Zustimmung nur verweigern, wenn er gute Gründe dafür anbringen kann.
- Eine **Mieterkaution** (OR 257e) ist nur geschuldet, wenn es im Vertrag ausdrücklich abgemacht ist (maximal 3 Monatszinse, Einzahlung auf ein Sperrkonto, das auf den Mieter lautet).
- Beim **Verkauf des Mietobjekts** geht der Mietvertrag unverändert auf den Käufer über (OR 261).

14 Die Verletzung des Mietvertrags

Die wichtigsten Erfüllungsfehler von Mieter und Vermieter und ihre Folgen:

Vorgehen des Mieters bei Fehlern des Vermieters	
Verspätete Übergabe:	Nach OR 258 gelten die Regeln des Schuldnerverzugs (OR 107–109).
Mängel bei der Übergabe:	**Schwere Mängel** (OR 258): Der Mieter kann die Annahme verweigern und nach den Regeln des Schuldnerverzugs vorgehen, oder die Mietsache annehmen und nach den Regeln von OR 259–259i Behebung der Mängel verlangen.
	Mittlere und leichte Mängel (OR 258 II und III). Der Mieter muss die Sache annehmen und nach den Regeln von OR 259a–259i Behebung verlangen.
Mängel während Miete:	Schwere und mittlere Mängel (OR 259a–259i): fristlos kündigen oder Behebung der Mängel verlangen.
Vorgehen des Vermieters bei Fehlern des Mieters	
Zahlungsrückstand des Mieters:	Der Vermieter kann den Mieter betreiben. Er kann zudem die gesetzlich vorgesehene Nachfrist ansetzen und eine Kündigung androhen. Falls die Nachfrist ungenutzt verstreicht, kann der Vermieter dem Mieter ausserordentliche kündigen (OR 257d).
Verstoss gegen Sorgfalts- bzw. Rücksichtnahmepflicht:	Schriftliche Aufforderung des Vermieters, die Verletzungen in Zukunft zu unterlassen. Bei erneutem Verstoss ist eine ausserordentliche Kündigung zulässig (OR 257f).

15 Die Kündigung des Mietverhältnisses

Das Mietrecht unterscheidet drei Arten von Kündigungen:

- **Ordentliche Kündigung** des unbefristeten Mietverhältnisses durch Mieter/Vermieter
- **Ausserterminliche Kündigung** durch den Mieter
- **Ausserordentliche Kündigung** des Mieters oder Vermieters wegen Pflichtverletzungen der anderen Partei

Bei der **ordentlichen Kündigung** muss der Kündigende die gesetzlich vorgesehenen Kündigungsfristen und -termine einhalten, um das Mietverhältnis beenden zu können. Das Gesetz stellt unterschiedliche Fristen für die verschiedenen Mietgegenstände auf (OR 266a–266f). Der Kündigungstermin ist der Tag, auf den die Kündigung wirksam wird, d.h. an dem die Mietsache zurückgegeben werden muss. Bei Wohn- und Geschäftsräumen richtet sich der Kündigungstermin nach dem Ortsgebrauch.

TEIL A KURZTHEORIE

Mietsache	Kündigungsfrist	Kündigungstermin
• **Geschäftsräume** (OR 266d)	6 Monate	Ortsüblicher Termin*
• **Wohnungen** (OR 266c)	3 Monate	Ortsüblicher Termin*
• **Bewegliche Sachen** (OR 266f)	3 Tage	Beliebiger Termin

* Die ortsüblichen Termine sind recht unterschiedlich, z.B.: in BL und LU 31.3., 30.6. und 30.9.; in der Stadt Zürich 31.3. und 30.9.

Die Form der Kündigung bei beweglichen Sachen ist frei. Aus Beweisgründen empfiehlt sich jedoch immer schriftlich mit eingeschriebenem Brief zu kündigen (ZGB 8). Bei Wohn- und Geschäftsräumen muss der Vermieter schriftlich kündigen mit einem vom Kanton anerkannten speziellen Formular und bei Familienwohnungen muss die Kündigung getrennt an jeden Ehepartner erfolgen (OR 266l und n). Auch der Mieter von Wohn- und Geschäftsräumen muss schriftlich kündigen (OR 266l I). Bei der ehelichen Wohnung muss der Ehepartner der Kündigung zudem ausdrücklich zustimmen (OR 266m).

• Will ein Mieter den Mietvertrag unter Umgehung der ordentlichen Kündigungsfrist bzw. vor Ablauf der vereinbarten Vertragsdauer auflösen, kann er **ausserterminlich kündigen.** Er wird von der Bezahlung des Mietzinses befreit, wenn er dem Vermieter einen zahlungsfähigen und zumutbaren Nachmieter nennt, der bereit ist, den Vertrag zu den gleichen Bedingungen zu übernehmen (OR 264).

• **Ausserordentlich kündigen** können der Mieter und der Vermieter, wenn die Gegenpartei ihre Pflichten verletzt bzw. wenn sonst ein wichtiger Grund vorliegt, der die Fortführung des Mieterverhältnisses als unzumutbar erscheinen lässt (OR 266g). Pflichtverletzungen können sein: Zahlungsrückstand des Mieters (OR 257d), Verletzung der Sorgfalts- und Rücksichtnahmepflicht (OR 257f III) und Mängel der Mietsache (OR 259b).

16 Schutz vor missbräuchlichen Mietzinsen und Kündigungsschutz bei Wohn-/Geschäftsräumen

Der **Mieterschutz** hat in der Schweiz drei Komponenten:

1. Schutz vor missbräuchlichen Mietzinsen (OR 269 ff.)

Gründe: Anfechtung eines überhöhten Anfangsmietzinses, Anfechtung ausbleibender Mietzinssenkungen, Anfechtung von Mietzinserhöhungen.

Vorgehen: 1. Sofort beim Vermieter protestieren und Reduktion verlangen; 2. Einen abschlägigen Bescheid des Vermieters innert 30 Tagen bei der Schlichtungsbehörde anfechten.

2. Schutz vor missbräuchlichen Kündigungen (OR 271 ff. und 273)

Gründe: Der Mieter kann eine Kündigung anfechten, wenn der Vermieter keinen achtenswerten Grund für die Kündigung hat (Verstoss gegen Treu und Glauben).

Vorgehen: Sofort nach Eingang der Kündigung beim Vermieter protestieren, eine Begründung verlangen und innert 30 Tagen bei der Schlichtungsbehörde die Kündigung anfechten.

3. Mieterstreckung (OR 272 ff.)

Gründe: Der Mieter kann eine Erstreckung des Mietvertrags beantragen, wenn die Kündigung für ihn eine Härte bedeutet. Bei der Vertragsverlängerung wägt die Schlichtungsbehörde die Interessen des Mieters und des Vermieters gegeneinander ab. Die maximale Erstreckungsdauer beträgt 4 Jahre für Wohnungen und 6 Jahre für Geschäftsräume.

Vorgehen: Der Mieter muss innert 30 Tagen seit Erhalt der Kündigung bei der Schlichtungsbehörde Mieterstreckung verlangen. Die Schlichtungsbehörde fällt einen Entscheid, den der Mieter oder der Vermieter ans Gericht weiterziehen kann.
Eine Mieterstreckung ist auch bei befristeten Mietverhältnissen möglich. Der Mieter muss in diesem Fall 60 Tage vor Ablauf der Vertragsdauer bei der Schlichtungsbehörde die Mieterstreckung verlangen (OR 273 II).

Der Arbeitsvertrag (Lehrbuch Teil H)

17 Was ist ein Arbeitsvertrag und wie entsteht er?

Definition des Arbeitsvertrags (OR 319)

Beim Arbeitsvertrag verpflichtet sich der **Arbeitnehmer** zur **Leistung von Arbeit im Dienst des Arbeitgebers.** Der Arbeitnehmer schuldet keinen Arbeitserfolg, sondern bloss ein Tätigwerden während der vereinbarten Arbeitszeit. Er ist dem Arbeitgeber untergeordnet und hat dessen Weisungen zu befolgen. Als Gegenleistung schuldet der **Arbeitgeber Lohn.** Der Arbeitsvertrag ist immer entgeltlich.

Der Arbeitsvertrag kann befristet oder unbefristet sein. Auch Teilzeitverhältnisse sind Arbeitsverhältnisse.

Die wichtigsten Rechtsnormen, die im Arbeitsrecht eine Rolle spielen

Das Arbeitsrecht besteht aus einem komplexen Geflecht von Rechtsnormen. Die Gestaltungsfreiheit der Vertragsparteien wird beim Einzelarbeitsvertrag zum Schutz der Arbeitnehmenden eingeschränkt durch zwingende Gesetzesbestimmungen und durch Mindestarbeitsbestimmungen von Gesamtarbeitsverträgen (GAV).

Da Arbeitsrecht in erster Linie Arbeitsschutzrecht ist, sind viele Bestimmungen zwingend. Im Arbeitsvertragsrecht des OR unterscheidet man relativ zwingende Bestimmungen, die nur zugunsten des Arbeitnehmers abgeändert werden dürfen (vgl. Liste von OR 362), und absolut zwingende Bestimmungen, die überhaupt nicht abgeändert werden dürfen (vgl. Liste von OR 361).

Mindestbestimmungen des GAV — Sonstige zwingende Gesetzesbestimmungen (z. B. Strafrecht)

Der **Inhalt des Arbeitsvertrags** wird durch die Parteien frei bestimmt, soweit nicht zwingende Vorschriften die Vertragsfreiheit einengen.

Zwingende Bestimmungen des Arbeitsvertragsrechts (OR 361 und 362) — Zwingende Bestimmungen des öffentlichen Arbeitsrechts (ArG, BBG, GlG u. a.)

Wie entsteht ein gültiger Arbeitsvertrag?

Für den Abschluss des Arbeitsvertrags gelten die allgemeinen Voraussetzungen der Vertragsentstehung: Einigung, Handlungsfähigkeit, Form und zulässiger Vertragsinhalt.

Der Arbeitsvertrag kann in beliebiger Form abgeschlossen werden. Etwas anderes gilt nur für den Lehrvertrag (OR 344a I) und für den Handelsreisendenvertrag (OR 347a I), die beide schriftlich abgeschlossen werden müssen. Schriftform gilt ausserdem für einzelne Vertragsabreden, so etwa für die Vereinbarung eines Konkurrenzverbots (OR 340) und eine vom Gesetz abweichende Regelung der Überstundenvergütung (OR 321c III).

TEIL A KURZTHEORIE

18   Welche Rechte und Pflichten haben die Vertragsparteien im Arbeitsvertrag?

Der Arbeitnehmer hat folgende Haupt- und Nebenpflichten:

Eine Hauptpflicht: Arbeitsleistungspflicht

- Der **Inhalt** der Arbeitsleistung wird definiert durch Einzelarbeitsvertrag EAV (job description). Im **Zweifelsfall** hat der Arbeitnehmer diejenigen Arbeiten zu verrichten, die **üblich** sind (OR 321). Innerhalb des Arbeitsbereichs kann der Arbeitgeber mit **Weisungen** festlegen, welche Arbeiten wann und wie zu erledigen sind (OR 321e).
- Der Arbeitnehmer schuldet **keinen Arbeitserfolg.** Er muss aber sorgfältig arbeiten. Als Massstab für die Sorgfaltspflicht gelten Kriterien wie notwendige Fachkenntnisse, Berufsrisiko und dem Arbeitgeber bekannte Eigenschaften des Arbeitnehmers.
- Die **wöchentliche Arbeitsdauer** wird im EAV vereinbart. Das ArG kennt Höchstarbeitszeiten von 45 bzw. 50 Wochenstunden je nach Berufszweig sowie Schranken bezüglich Nachtarbeit und Sonntagsarbeit (ArG 9, 13 und 16 ff.).

Ein Bündel von Nebenpflichten: Die Treuepflichten (Solidarität und Loyalität)

- **Überstunden:** Eine Pflicht zur Leistung von Überstunden besteht, wenn es **betriebsnotwendig** ist, der Arbeitnehmer sie zu **leisten vermag** und soweit es ihm **zumutbar** ist (OR 321c). Untersteht der Arbeitnehmer dem ArG, gelten zusätzlich die Bestimmungen für **Überzeitarbeit.**
- **Nebenbeschäftigung:** Der Arbeitnehmer darf keine treuewidrige Nebenbeschäftigung leisten; v. a. Verbot der **Schwarzarbeit** (OR 321a III).
- **Geheimhaltung:** Der Arbeitnehmer darf keine Geschäftsgeheimnisse verraten oder selbst verwenden (OR 321a IV).
- **Rechenschaft und Herausgabe:** Der Arbeitnehmer muss abrechnen und abliefern, was er von Dritten für den Arbeitgeber empfangen hat (OR 321b).

Der Arbeitgeber hat folgende Haupt- und Nebenpflichten:

Eine Hauptpflicht: Lohnzahlungspflicht (OR 322 ff.)

- Im Zweifelsfall ist der Lohn Ende Monat auszuzahlen (OR 323 I). Eine detaillierte **Lohnabrechnung** ist obligatorisch (OR 323b I).
- Eine **Gratifikation** wird freiwillig geleistet, während der **13. Monatslohn** ein vereinbarter Lohnbestandteil in der Höhe eines Monatslohns ist, der Ende Jahr ausbezahlt wird (OR 322d). Der Arbeitgeber hat die Pflicht, Spesen voll zu decken (OR 327a–c).
- Bei unverschuldeter Verhinderung an der Arbeitsleistung hat der Arbeitnehmer Anspruch auf **Lohnfortzahlung** für eine beschränkte Zeit (OR 324a, abhängig vom Dienstalter und gemäss kantonalen Gerichtsskalen).

Ein Bündel von Nebenpflichten: Die Fürsorgepflichten
(Verantwortung gegenüber Arbeitnehmenden)

- **Schutz der Persönlichkeit des Arbeitnehmers:** Schutz von Leben, Gesundheit, persönlicher, beruflicher Ehre, Privatsphäre, Gleichbehandlungsgrundsatz (OR 328).
- **Freizeit:** Einräumung der normalen Freizeit (nach OR mind. einen freien Tag pro Woche; nach ArG eineinhalb), ausserordentliche Freizeit zur Erledigung dringender Angelegenheiten wie Arztbesuch etc. (OR 329).
- **Ferien:** Ferienanspruch auf mind. vier Wochen (Arbeitnehmer über 20 Jahre) bzw. fünf Wochen (Arbeitnehmer unter 20 Jahren) pro Jahr bei voller Bezahlung (OR 329a).
- **Mutterschaftsurlaub:** Nach der Niederkunft hat die Arbeitnehmerin Anspruch auf einen bezahlten Mutterschaftsurlaub von mindestens 14 Wochen (OR 329f und Erwerbsersatzordnungsgesetz EOG Kob ff.)
- **Arbeitszeugnis:** Der Arbeitnehmer hat Anspruch auf ein Zwischen- und auch auf ein Schlusszeugnis. Er kann ein einfaches Zeugnis (Arbeitsbestätigung) oder ein Vollzeugnis verlangen (OR 330a).

19 Die Verletzung des Arbeitsvertrags

Was geschieht, wenn der Arbeitnehmer seine Vertragspflichten verletzt?

Nichterfüllung = Verletzung der Arbeitspflicht
Der Arbeitnehmer arbeitet nicht oder zu wenig lang

• Der Arbeitnehmer **tritt seine** neue **Stelle** gar nicht erst **an** (OR 337d); • **erscheint grundlos nicht zur Arbeit;** • arbeitet weniger Stunden, als er müsste.	• **Anspruch auf richtige Erfüllung:** Der Arbeitgeber kann das Erscheinen am Arbeitsplatz verlangen. • **Lohnfortfall:** kein Lohn für die fehlende Arbeitszeit. • **Schadenersatz:** für den finanziellen Schaden, der aus Nichterfüllung entstanden ist (OR 97, 321e I und 337d). • **Kündigung:** im Normalfall nur ordentliche Kündigung (OR 335ff.); fristlos nur bei wiederholter Nichterfüllung trotz mehrmaliger Ermahnung (OR 337ff.).

Schlechterfüllung = Jede andere Pflichtverletzung
Der Arbeitnehmer erfüllt zwar seine Arbeitspflicht,
er begeht aber eine andere Pflichtverletzung

1. **Mangelhafte Arbeitsleistung** (unsorgfältige Arbeit, Nichtbefolgung von Weisungen, zu langsames Arbeiten) 2. **Verletzung** der **Treuepflichten** (OR 321aff.)	• **Anspruch auf richtige Erfüllung** • **Schadenersatz:** Ersatz des finanziellen Schadens, v. a. bei Verletzungen der Sorgfaltspflicht (OR 321e). • **Kündigung:** im Normalfall nur ordentliche Kündigung (OR 335ff.); fristlos nur, wenn die Fortführung des Arbeitsverhältnisses unzumutbar ist (OR 337ff.).

TEIL A KURZTHEORIE

Was geschieht, wenn der Arbeitgeber seine Vertragspflichten verletzt?

Nichterfüllung = Verletzung der Lohnzahlungspflicht. **Der Arbeitgeber erfüllt den Arbeitsvertrag überhaupt nicht**

- Der Arbeitgeber zahlt den Lohn überhaupt nicht,
- er zahlt zu wenig Lohn,
- er zahlt den Lohn verspätet.

- **Anspruch auf richtige Erfüllung:** Betreibung.
- **Verweigerung der Arbeitsleistung**
- **Schadenersatz:** Der Arbeitgeber muss auf jeden Fall Verzugszins von 5 % des Lohns bezahlen (OR 104).
- **Kündigung:** im Normalfall nur ordentliche Kündigung (OR 335 ff.); fristlose Kündigung nur möglich, wenn die Lohnzahlung trotz Mahnung wiederholt ausgeblieben ist (OR 33 ff.).

Schlechterfüllung = Jede andere Pflichtverletzung **Der Arbeitgeber verletzt seine Fürsorgepflichten**

- Er verletzt die **Persönlichkeit** des Arbeitnehmers, indem er dessen Privatsphäre oder Sicherheits- und Gesundheitsvorschriften missachtet (OR 328).
- Er gewährt die gesetzlich vorgeschriebene **Freizeit, Ferien** oder **Mutterschaftsurlaub** nicht (OR 329 ff.).
- Er weigert sich, dem Arbeitnehmer ein **Arbeitszeugnis** auszustellen, oder stellt dieses erst Monate nach Beendigung des Arbeitsverhältnisses aus (OR 330a).

- **Anspruch auf Erfüllung:** Der Arbeitnehmer kann verlangen, dass der Arbeitgeber seine Fürsorgepflichten erfüllt bzw. ein ihnen widersprechendes Verhalten aufgibt.
- **Schadenersatz** (OR 97 ff.)
- **Kündigung:** normalerweise nur ordentliche Kündigung (OR 335 ff.); fristlose Kündigung nur ganz ausnahmsweise bei schwerer Pflichtverletzung (OR 337 ff.).
- **Einstellen der Arbeit:** Der Arbeitnehmer darf die Arbeit nur niederlegen, wenn die Arbeitsleistung **nicht mehr möglich** bzw. objektiv **unzumutbar** ist.

20 Die Beendigung des Arbeitsverhältnisses

Befristete und unbefristete Arbeitsverhältnisse können wie folgt enden:

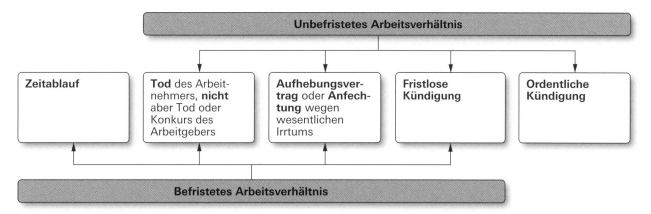

- Die **ordentliche Kündigung.** Nach Ablauf der Probezeit muss der Kündigende die in OR 335c genannten **Kündigungsfristen** und **Kündigungstermine** einhalten.
  Die Kündigung muss **sachlich gerechtfertigt** sein. Gegen eine **missbräuchliche** Kündigung kann sich der Gekündigte zur Wehr setzen und vor Gericht maximal 6 Monatslöhne erstreiten. Die Beendigung des Arbeitsverhältnisses kann er aber in der Regel nicht verhindern.
  Unzulässig ist eine Kündigung auch, wenn sie zur **Unzeit** erfolgt. So darf der Arbeitgeber bei Militärdienst, Krankheit/Unfall und Schwangerschaft für eine bestimmte Zeitdauer nicht kündigen (Details siehe OR 336c) und der Arbeitnehmer, wenn er seinen Vorgesetzten während eines Militärdienstes vertreten muss (OR 336d). Eine Kündigung zur Unzeit ist nichtig. Tritt der Grund für das Kündigungsverbot während einer laufenden Kündigungsfrist ein, so steht die Kündigungsfrist still.
- Die **fristlose Kündigung** darf ausgesprochen werden, wenn dem kündigenden Vertragspartner die Fortführung des Arbeitsverhältnisses objektiv nicht mehr zugemutet werden kann. Dies ist nur bei krassen Pflichtverletzungen der Fall. Wird dem Arbeitnehmer ungerechtfertigt fristlos gekündigt, endet das Arbeitsverhältnis trotzdem. Der gekündigte Arbeitnehmer kann aber bei Gericht den Lohn bis zum ordentlichen Ende des Arbeitsverhältnisses und eine Entschädigung von maximal 6 Monatslöhnen erstreiten (OR 337c).

21 Der Lehrvertrag

Der Lehrvertrag ist ein besonderer Einzelarbeitsvertrag. Sein Ziel ist, die Ausbildung des Lehrlings (OR 344–346a). Der Lehrvertrag muss schriftlich abgeschlossen werden, das Lehrverhältnis kann nur aus wichtigen Gründen (Pflichtverletzungen) oder in gegenseitigem Einverständnis aufgelöst werden. Eine ordentliche Kündigung gibt es nicht.

Das Unternehmens- und das Gesellschaftsrecht (Lehrbuch Teil I)

22 Die Unternehmensformen

Wer ein Unternehmen betreiben will, kann dies allein als Einzelunternehmer tun oder mit anderen zusammen als Gesellschaft.

Einzelunternehmung und Gesellschaft

Die **Einzelunternehmung** ist sehr einfach zu gründen. Es genügt, die unternehmerische Tätigkeit aufzunehmen. Erzielt ein Unternehmen mehr als Fr. 100 000.– Bruttoumsatz, ist es zum Eintrag ins Handelsregister verpflichtet. Für Einzelunternehmen mit kleinerem Umsatz ist der Eintrag freiwillig.

Der Einzelunternehmer haftet für Geschäftsverbindlichkeiten mit seinem **ganzen Vermögen.** Seine Ressourcen sind ebenso beschränkt wie seine Finanzierungsmöglichkeiten.

Mit einer Gesellschaft vereinigen mehrere Personen ihre **Fähigkeiten und ihre Kreditwürdigkeit** und sie **verteilen die Haftung** auf mehrere Gesellschafter. Das Wachstumspotenzial einer Gesellschaft ist im Allgemeinen grösser als das einer Einzelunternehmung.

Das schweizerische Recht kennt **acht Gesellschaften.** Davon werden aber in der Praxis nur die **Kollektivgesellschaft,** die **GmbH** und die **AG** für gewinnstrebige Unternehmen verwendet. Die anderen Gesellschaften sind entweder für andere Zwecke konzipiert oder in der Praxis von geringer Bedeutung.

Gemeinsamkeiten und Unterschiede der Kollektivgesellschaft, der AG und der GmbH

- **Haftung:** Bei der AG und der GmbH ist die **Haftung auf das Gesellschaftsvermögen** beschränkt. Die Gesellschafter riskieren also höchstens das Kapital, das sie als Eigenkapital in die Gesellschaft eingebracht haben. Bei der Kollektivgesellschaft haftet dagegen nicht nur das Gesellschaftsvermögen, sondern auch die Gesellschafter mit ihrem ganzen **Privatvermögen.**
- **Juristische Rechtspersönlichkeit:** AG und GmbH sind juristische Personen und damit rechtsfähig wie Menschen aus Fleisch und Blut. **Handlungsfähig** sind sie durch ihre Organe. Das sind bei der AG die Generalversammlung, der Verwaltungsrat (VR) und die Revisionsstelle; bei der GmbH die Gesellschafterversammlung und die Geschäftsführung. Die Kollektivgesellschaft ist **keine juristische Person.** Deshalb braucht sie auch keine Organe.
- **Rolle der Gesellschafter:**
  - Bei der **Kollektivgesellschaft** steht die Arbeitsleistung der Gesellschafter im Zentrum. Sie vereinigen ihre Fähigkeiten, um gemeinsam mehr zu erreichen. Daneben steuern sie auch noch das nötige Kapital bei. Weil die Personen im Zentrum stehen, gilt in der Kollektivgesellschaft das **Kopfprinzip.** Arbeit, Kapitaleinsatz, Gewinn- und Machtverteilung ist für alle gleich, wobei im Gesellschaftsvertrag von diesem Prinzip abgewichen werden kann.
  - Bei der **AG** steht dagegen der Kapitaleinsatz der Gesellschafter (Aktionäre) im Zentrum. Daher gilt das **Kapitalprinzip.** Wer mehr Kapital beisteuert, hat mehr Mitspracherecht und Anteil am Gewinn. Eine aktive Mitarbeit der Aktionäre ist nicht vorgesehen. Die Aktionäre sind nur in der Generalversammlung (Beschlussorgan) automatisch vertreten. Der Verwaltungsrat (Exekutivorgan) wird von ihnen gewählt.

- Die **GmbH** ist eine **Mischform.** Mit der Kollektivgesellschaft teilt sie das Prinzip, dass die Gesellschafter aktiv in der Gesellschaft arbeiten. Die Gesellschafter sind deshalb automatisch in der Geschäftsführung (Exekutivorgan) und in der Gesellschafterversammlung (Beschlussorgan) vertreten. Andere Regelungen sind möglich. Mit der AG hat die GmbH gemein, dass die Macht- und Gewinnverteilung in der GmbH nach dem **Kapitalprinzip** verteilt ist.

23 Kollektivgesellschaft, AG und GmbH unter der Lupe

23.1 Die Kollektivgesellschaft

Was ist eine Kollektivgesellschaft?

Die Kollektivgesellschaft ist die vertragliche Verbindung von **Personen** zum Zweck, unter einer gemeinsamen **Firma** (Geschäftsname) ein Unternehmen zu betreiben.

- Das Gesetz verlangt **mindestens zwei Gesellschafter** und diese müssen natürliche Personen sein. Eine AG oder eine GmbH können also nicht Mitglied einer Kollektivgesellschaft werden.
- Die **Firma** muss so gewählt sein, dass die Gesellschaft für Dritte als Kollektivgesellschaft erkennbar ist. Dafür gibt es zwei Möglichkeiten: Die Firma enthält **die Namen aller Gesellschafter** oder sie nennt nur einen Gesellschafter bzw. einzelne Gesellschafter und macht das Gesellschaftsverhältnis durch einen **Zusatz** wie «+Cie.» erkennbar (OR 947).

Wie entsteht eine Kollektivgesellschaft?

Die Gründung einer Kollektivgesellschaft ist denkbar einfach. Es genügt, dass die Gesellschafter den **Gesellschaftsvertrag** abschliessen, d. h. sich darauf einigen, gemeinsam ein Unternehmen zu betreiben. Meistens wird der Gesellschaftsvertrag schriftlich abgefasst, nach OR genügt aber auch eine mündliche, ja sogar eine stillschweigende Einigung. Der **Handelsregistereintrag** ist gesetzlich vorgeschrieben, die wirtschaftlich tätige Kollektivgesellschaft **entsteht aber auch ohne den Eintrag** (OR 552 f.).

Eine Kollektivgesellschaft zu gründen, ist also kaum aufwändiger als ein Einzelunternehmen zu starten.

Welche Bedeutung hat die Kollektivgesellschaft im heutigen Wirtschaftsleben?

Die Kollektivgesellschaft kommt dann zum Zug, wenn sich eine **kleine Zahl** von Gesellschaftern zusammenschliesst, um in **enger Zusammenarbeit** ein Unternehmen zu betreiben. Alle Gesellschafter stellen ihre Arbeitskraft, ihr Kapital und ihren Kredit in den Dienst des gemeinsamen Unternehmens. Von den ca. 400 000 wirtschaftlichen Gesellschaften sind knapp 15 000 als Kollektivgesellschaft organisiert.

23.2   Die Aktiengesellschaft[1]

Was ist eine Aktiengesellschaft?

Die Aktiengesellschaft ist eine Verbindung von **Personen** zur Verfolgung eines gemeinsamen Zwecks. Die Einmann-AG ist möglich

- **Mitglieder** können natürliche oder juristische Personen und auch Personengesellschaften sein.
- Im Unterschied zur Kollektivgesellschaft ist die AG eine **juristische Person.** Der Beitrag der Gesellschafter (= Aktionäre) besteht einzig darin, der Gesellschaft Kapital zur Verfügung zu stellen. Das geschieht durch Übernahme der Aktien und durch Einzahlung des entsprechenden Betrags an die Gesellschaft.
- Das Aktienkapital ist **zum Voraus bestimmt** und muss mindestens **Fr. 100 000.–** betragen (OR 620 und 621). Es ist in feste Teilsummen (Aktien) von mindestens einem Rappen Nennwert zerlegt (OR 622 IV). Für die Gesellschaftsschulden haftet nur das Gesellschaftsvermögen (OR 620 I). Die Aktiengesellschaft wird im deutschen Sprachraum kurz mit AG bezeichnet, im französischen und italienischen mit SA (société anonyme) und im englischen mit Ltd. (limited company).
- Die AG ist in ihrer **Firmenwahl** weitgehend frei. Sie kann Personennamen, Sachnamen oder Phantasienamen verwenden. Die Rechtsform muss angegeben werden (OR 950).

Wie entsteht eine Aktiengesellschaft? – Die Gründung

Die Gründung einer AG ist wesentlich komplizierter als bei der Kollektivgesellschaft. Das hängt damit zusammen, dass eine juristische Person «geboren» wird.

Die vier Gründungsschritte:

- **Der erste Schritt: Aufstellen der Statuten.** Die Gründer stellen die Statuten auf. Die Statuten sind der Gesellschaftsvertrag der AG. Sie regeln die wesentlichen Grundfragen wie Zweck, Aktienkapital, Organisation usw. (OR 626ff.).
- **Der zweite Schritt: Kapital aufbringen.** Die Aktionäre übernehmen das in den Statuten vorgesehene Aktienkapital, indem sie die Aktien **zeichnen** und anschliessend **liberieren.** Zeichnen heisst: sich zur Übernahme einer bestimmten Anzahl von Aktien einer AG verpflichten; liberieren heisst: Bezahlen der übernommenen Aktien.
  Benötigt eine Unternehmung nicht sofort alles Aktienkapital, dann kann sie eine **Beschränkung der Liberierungspflicht** vorsehen. Das heisst: Die Aktionäre müssen nicht sofort den ganzen Betrag einzahlen, sondern bloss einen Teil davon. Dieser Teil **muss pro Aktie mindestens 20 %** ausmachen, und insgesamt muss **das tatsächlich einbezahlte Aktienkapital mindestens Fr. 50 000.– betragen.** Sobald die AG das nicht einbezahlte Kapital benötigt, kann sie die Aktionäre auffordern, dieses nachzuzahlen (OR 632, 634a und 683).
  Die Einzahlung des Aktienkapitals erfolgt auf ein Sperrkonto. Die AG kann erst über das Kapital verfügen, wenn die Gründung abgeschlossen ist (OR 633).
- **Der dritte Schritt: Die öffentliche Gründungsurkunde.** Die Gründungsurkunde ist die Erklärung der Aktionäre, dass die AG nun gegründet werden soll und dass alle gesetzlich vorgeschriebenen Massnahmen getroffen worden sind. Die Gründungsurkunde muss von einem Notar öffentlich beurkundet werden (OR 629).
- **Der vierte Schritt: Handelsregistereintrag.** Die Gründung ist erst mit dem Handelsregistereintrag bzw. mit der Veröffentlichung im Schweizerischen Handelsamtsblatt (SHAB) abgeschlossen. In diesem Moment entsteht die AG als juristische Person (OR 643).

[1] Im Verlauf von 2008 werden im Aktienrecht einige geänderte Gesetzesartikel in Kraft treten. Diese Änderungen sind hier bereits berücksichtigt.

Bis jetzt sind wir davon ausgegangen, dass die Gründer die Aktien mit Geld liberieren. Das muss aber nicht so sein. Unter Umständen ist es für die Gesellschaft nützlicher, wenn die Gründer stattdessen Sachwerte einbringen (Maschinen, Fahrzeuge, Arbeitsmaterial, eine Liegenschaft usw.).

Nun besteht aber die Gefahr, dass die Gründer solche Sachwerte für einen Preis an die Gesellschaft übertragen, den sie nicht wert sind. Um dies zu verhindern, müssen die Gründer einen **Gründerbericht** aufstellen, der genau Auskunft gibt über die eingebrachten Sachen und ihre Bewertung. Dieser Gründungsbericht muss von der Revisionsstelle geprüft werden. Und ausserdem wird die Tatsache der Sacheinlage im **Handelsregister** erwähnt. So können sich Gläubiger der AG informieren und die entsprechenden Vorkehrungen treffen (OR 634 und 635 f.).

Welche Bedeutung hat die Aktiengesellschaft im heutigen Wirtschaftsleben?

Vom Grundgedanken her ist die AG die Rechtsform **für sehr grosse Unternehmen mit hohem Kapitalbedarf.** Die Aktionäre sollen Kapitalgeber sein und im Erfolgsfall an den Gewinnen der AG teilhaben. Ein Aktionär, der nicht mehr Mitglied der Gesellschaft sein will, soll seine Mitgliedschaft so leicht wie irgendmöglich an einen neuen Kapitalgeber weitergeben können. Bei ganz grossen Unternehmen geschieht dieser Handel der Mitgliedschaft an der Börse. Tatsächlich sind fast alle bedeutenden Unternehmen der Schweiz als Aktiengesellschaften organisiert.

Allerdings wird die AG nicht nur von grossen Unternehmen gewählt, sondern auch von zahlreichen kleinen und mittleren Unternehmungen. Von den gut 400 000 im schweizerischen Handelsregister eingetragenen wirtschaftlichen Unternehmen, sind etwa 175 000 Aktiengesellschaften. Der allergrösste Teil von ihnen sind **kleine und mittlere Unternehmen.** Möglich ist das, weil unser Aktienrecht ein minimales **Aktienkapital von bloss Fr. 100 000.–** verlangt. Da dieses nur zur Hälfte liberiert (einbezahlt) sein muss, kann man schon mit Fr. 50 000.– an Geld- oder Sachwerten eine AG gründen.

23.3 Die Gesellschaft mit beschränkter Haftung

Was ist eine Gesellschaft mit beschränkter Haftung?

Die GmbH ist eine Verbindung von **mindestens zwei Personen** zur Verfolgung eines wirtschaftlichen Zwecks unter einer gemeinsamen **Firma.**

- Die **Mitglieder** können natürliche Personen, juristische Personen oder Handelsgesellschaften sein.
- Die GmbH ist wie die AG eine **juristische Person** mit einem zum Voraus bestimmten Kapital. Es heisst **Stammkapital** und ist in feste Teilsummen (= Stammeinlagen) zu mindestens Fr. 100.– oder einem Vielfachen davon unterteilt. Das Stammkapital beträgt **mindestens Fr. 20 000.– und muss voll liberiert sein** (OR 773 und 774). Für die Gesellschaftsschulden haftet nur das Gesellschaftsvermögen.
- Die GmbH kann in ihrer **Firma** Personennamen, Sachnamen oder Phantasienamen verwenden. Damit sie von einer AG unterschieden werden kann, muss der **Zusatz «GmbH»** immer erscheinen (OR 950).

Wie entsteht eine Gesellschaft mit beschränkter Haftung? – Die Gründung

Die Gründung einer GmbH verläuft wie die Gründung einer AG:

- **Der erste Schritt: Aufstellen der Statuten.** Die Gründer stellen die Statuten auf. Die Statuten sind der Gesellschaftsvertrag der GmbH. Sie regeln die wesentlichen Grundfragen wie Zweck, Stammkapital, Organisation usw. (OR 776–778).
- **Der zweite Schritt: Kapital aufbringen.** Die Gesellschafter übernehmen das in den Statuten vorgesehene Stammkapital und **liberieren** es anschliessend (OR 774). Anstelle von Geld können die Gesellschafter auch Sachwerte einbringen, die für die künftige Tätigkeit nützlich sind (z. B. Maschinen, Liegenschaften u. a.).
- **Der dritte Schritt: Die öffentliche Gründungsurkunde.** Die Gründungsurkunde ist die Erklärung der Gesellschafter, dass die GmbH nun gegründet werden soll und dass alle gesetzlich vorgeschriebenen Massnahmen getroffen worden sind. Die Gründungsurkunde muss von einem Notar öffentlich beurkundet werden (OR 777).
- **Der vierte Schritt: Handelsregistereintrag.** Die Gründung ist erst mit dem Handelsregistereintrag bzw. mit der Veröffentlichung im Schweizerischen Handelsamtsblatt (SHAB) abgeschlossen. In diesem Moment entsteht die GmbH als juristische Person (OR 778ff.).

Welche Bedeutung hat die GmbH im heutigen Wirtschaftsleben?

Die GmbH ist konzipiert für kleinere und mittlere Unternehmen, die sich nicht in der Form der Kollektivgesellschaft organisieren wollen, weil sie die unbeschränkte Haftung scheuen.

23.4 Die Wahl der Gesellschaftsform anhand sechs wichtiger Kriterien

	Kollektiv-gesellschaft	GmbH	AG
1. Minimaler Kapitaleinsatz	Keine Vorschrift	Fr. 20 000.–	Fr. 100 000.–
2. Rolle und Gewicht der Gesellschafter	Aktive Mitarbeit im Zentrum • Geschäftsführung/ Vertretung durch Gesellschafter • Macht- und Gewinnverteilung nach dem Kopfprinzip	Aktive Mitarbeit im Zentrum • Geschäftsführung/ Vertretung durch Gesellschafter • Macht- und Gewinnverteilung nach dem Kapitalprinzip	Kapital im Zentrum • Geschäftsführung/ Vertretung durch VR • Macht- und Gewinnverteilung nach dem Kapitalprinzip
3. Organisation	Einfach – keine Vorschrift	Einfach Organe automatisch durch Gesellschafter besetzt, Revisions-stelle freiwillig	Komplizierter VR, GV und Revisions-stelle, die unabhängig und fachlich geeignet sein muss (Treuhänder-kosten!)
4. Risiko der Gesellschafter	Haftung mit Gesell-schaftsvermögen und Privatvermögen	Haftung nur Gesell-schaftsvermögen, daher Risiko nur eingesetztes Kapital	Haftung nur Gesell-schaftsvermögen, daher Risiko nur eingesetztes Kapital
5. Kreditwürdig-keit der Gesellschaft	Ein neu gegründetes Unternehmen ist für eine Bank so kreditwürdig, wie es die Gesellschafter persönlich sind. In der Regel verlangen Banken Sicherheiten (z.B. Bürgschaft oder Pfand)		
6. Vergrösserung der Eigenkapi-talbasis	Sehr begrenzt (Kapitalgeber haftet voll)	Möglich durch Kapitalerhöhung, Obergrenze 2 Mio. Fr.	Möglich durch Kapitalerhöhung, keine Obergrenze

24 Das Handelsregister

Das Handelsregister (HR) ist ein öffentliches, staatliches Register über die in der Schweiz tätigen Unternehmen und Unternehmer (OR 927–943).

Eingetragen sind unter anderem:

- **alle AG und GmbH** (weil diese beiden Gesellschaften erst mit den Eintrag entstehen),
- **fast alle Kollektivgesellschaften sowie Einzelunternehmen** mit einem Bruttoum-satz von mehr als Fr. 100 000.– (sie sind zum Eintrag verpflichtet, entstehen aber auch ohne Eintrag),
- viele **Einzelunternehmen mit einem Bruttoumsatz von weniger als Fr. 100 000.–** (sie können sich freiwillig eintragen lassen).

Das HR gibt **Auskunft** über Firma, Sitz, Rechtsform, Zweck, Haftung sowie Vertre-tungsverhältnisse (Vertretungsberechtigte Gesellschafter, Direktoren, Prokuristen und Art ihrer Vertretung (Einzel- oder Kollektivunterschrift).

Das HR hat **Publizitätswirkung.** Was im HR steht, gilt für Dritte als wahr; was nicht im HR steht, existiert für Dritte nicht (OR 933).

TEIL A KURZTHEORIE

Recht haben und Recht bekommen – Das Verfahrensrecht (Lehrbuch Teil J)

25 Das Verfahrensrecht

Materielles Recht und Verfahrensrecht

Das **materielle Recht** gibt Auskunft über die **Rechte und Pflichten** und die Folgen von Pflichtverletzungen (Zivilrecht wie OR und ZBG haben weitgehend materielles Recht zum Inhalt). Das **Verfahrensrecht** gibt Auskunft, wie materielles Recht angewendet und nötigenfalls mit Zwang vollstreckt wird.

Verwaltungsverfahrensrecht

Die Anwendung von **materiellem Verwaltungsrecht** wird durch das **Verwaltungsverfahrensrecht** geregelt. Das Instrument der Behörden ist die **Verfügung.** Mit ihr wenden sie das Recht im Einzelfall an. Wer von einer Verfügung betroffen ist, kann sich dagegen innert der vorgesehenen Frist wehren. Fristen und Rechtsmittel sind in der Rechtsmittelbelehrung genannt. Typische Abwehrinstrumente gegen eine Verfügung sind **Einsprache** bei der verfügenden Behörde und danach bei der vorgesetzten Behörde; darauf Beschwerde beim **Verwaltungsgericht** und danach eventuell beim **Bundesgericht.** Sobald eine Verfügung **rechtskräftig** geworden ist, kann sie **vollstreckt** werden.

Strafverfahrensrecht

Die Anwendung von **materiellem Strafrecht** erfolgt nach den Regeln des Strafverfahrensrechts (Strafprozessrecht und Strafvollzug). Ein Strafverfahren verläuft typischerweise in folgenden Schritten: Einleitung, Untersuchung, Gericht erster Instanz, Gericht zweiter Instanz, Bundesgericht. Sobald ein Gerichtsurteil **rechtskräftig** geworden ist, kann es **vollstreckt** werden (Strafvollzug).

Zivilverfahrensrecht

Die Anwendung von **materiellem Privatrecht** erfolgt nach den Regeln des Zivilverfahrensrechts (Zivilprozess und Zwangsvollstreckung).

Dabei gelten drei eidgenössische Grundsätze: **Gerichtsstand** ist der Wohnsitz des Beklagten (des Schuldners), **Wo kein Kläger, da kein Richter** (im Unterschied zum Straf- und Verwaltungsverfahren werden Behörden im Zivilverfahrensrecht nur tätig, wenn eine Partei es von ihnen verlangt) und die **Beweisregel** (wer aus einer behaupteten Tatsache ein Recht ableitet, muss diese Tatsache beweisen, ZGB 8).

Im Zivilprozess geht es darum, rechtsverbindlich **festzustellen,** ob Rechte und Pflichten zwischen **zwei Prozessparteien** bestehen. Typischerweise verläuft ein Zivilprozess in folgenden Schritten: **Sühneverfahren, Gericht erster Instanz, Gericht zweiter Instanz, Bundesgericht.** Sobald ein Urteil rechtskräftig geworden ist, kann der Gläubiger verlangen, dass es vollstreckt wird (Zwangsvollstreckung, wenn der Schuldner trotz Urteil nicht leisten will). Oft kommt es aber zu keinem Urteil, da die Streitparteien unter Vermittlung des Richters einen Vertrag – den **Vergleich** – abschliessen: Der Kläger reduziert seine Forderung und der Beklagte verspricht, die vereinbarte Leistung zu erbringen.

26 Das Schuldbetreibungs- und Konkursverfahren

Das SchKG im Überblick

Das Schuldbetreibungs- und Konkursrecht ist im **Schuldbetreibungs- und Konkursgesetz** (SchKG) geregelt und befasst sich mit der Zwangsvollstreckung von Geldschulden.

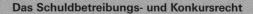

Das Schuldbetreibungs- und Konkursrecht
Geregelt in: Schuldbetreibungs- und Konkursgesetz (SchKG).
Gegenstand: Zahlungsunfähigkeit und Zahlungsunwilligkeit von Schuldnern; also nur für Geldforderungen.
Zwei Konstellationen

Betreibungsverfahren	Konkurserklärung
Zuständig: Betreibungsamt	Zuständig: Konkursrichter
Drei Arten von Betreibungsverfahren	• Unternehmen sind dazu verpflichtet, wenn sie überschuldet sind
• Betreibung auf Pfändung • Betreibung auf Konkurs • Betreibung auf Pfandverwertung	• Privatpersonen können Konkurserklärung abgeben (Insolvenzerklärung oder Privatkonkurs)

Das SchKG kennt drei Betreibungsverfahren

Betreibung auf Pfändung	Betreibung auf Konkurs	Betreibung auf Pfandverwertung
Spezialexekution	**Generalexekution**	**Verwertung eines** bereits durch die Parteien reservierten Pfands (SchKG 151ff.).
Es wird nur so viel Vermögen beschlagnahmt, wie zur Befriedigung des betreibenden Gläubigers nötig (SchKG 97 II).	Auch wenn nur ein Gläubiger betreibt, wird alles Vermögen beschlagnahmt. Daraus werden alle Gläubiger befriedigt (SchKG 197).	
Anwendungsbereich	**Anwendungsbereich**	**Anwendungsbereich**
• Alle **Privatpersonen** • Alle Schuldner für Steuerschulden, Bussen sowie Unterhaltsleistungen (SchKG 43)	• Im Handelsregister eingetragene **Unternehmen** • Im Handelsregister eingetragene Unternehmer/Kaufleute (SchKG 39)	• Pfandgesicherte Forderungen (SchKG 41)

Betreibungsort, Betreibungskosten und Betreibungsauskünfte

Privatpersonen müssen an ihrem **Wohnsitz** betrieben werden und Unternehmen am **Sitz,** der im Handelsregister eingetragen ist (SchKG 46 ff.). Bei der Betreibung auf Pfandverwertung kann für gepfändete bewegliche Sachen der Ort der Sache oder der Wohnsitz des Schuldners gewählt werden. Verpfändete Grundstücke können nur an dem Ort betrieben werden, wo sich das Grundstück befindet (SchKG 51).

Für die Höhe der **Betreibungskosten** hat der Bundesrat Tarife erlassen (SchKG 16). Der Gläubiger muss die Gebühren für die beantragten Amtshandlungen vorschiessen und der Schuldner muss sie ihm später zurückerstatten, wenn er dazu in der Lage ist (SchKG 68).

TEIL A KURZTHEORIE

Werden Treuhandbüros oder Anwälte mit der Eintreibung betraut, dürfen deren Kosten nicht dem Schuldner überbürdet werden (SchKG 27).

Wer ein Interesse glaubhaft macht (z. B. Vertragsverhandlungen), kann beim Betreibungsamt am Wohnsitz des Schuldners einen Betreibungsauszug verlangen. Dieser enthält die Betreibungen der letzten 5 Jahre (SchKG 8a).

Die Einleitung der Betreibung

Das Einleitungsverfahren einer Betreibung auf Pfändung und Konkurs verläuft gleich. Folgende Grafik gibt einen Einblick in das Zusammenspiel von Gläubiger, Betreibungsamt und Schuldner.

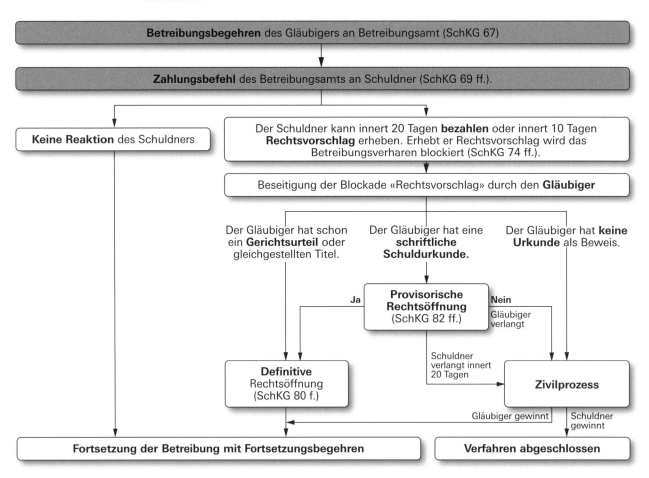

Fortsetzung der Betreibung auf Pfändung

Ist das Einleitungsverfahren erfolgreich abgeschlossen und ist die Zahlung des Schuldners trotzdem ausgeblieben, kann der Gläubiger mit dem **Fortsetzungsbegehren** die Fortsetzung der Betreibung verlangen (SchKG 88). Das Betreibungsamt beschlagnahmt darauf beim Schuldner gegen Pfändungsurkunde (SchKG 112 I) so viele Vermögenswerte, wie zur Deckung der betriebenen Forderung, des Verzugszinses und der Betreibungskosten nötig sind (SchKG 97 II und 98). Unpfändbar sind die Kompetenzgegenstände (SchKG 92), nur bis zum Existenzminimum pfändbar ist das Arbeitseinkommen (SchKG 93).

Mit dem **Verwertungsbegehren** an das Betreibungsamt kann der Gläubiger die «Versilberung» des gepfändeten Sachvermögens verlangen und auch hier gilt es wieder Fristen zu beachten (SchKG 116 ff.). Kann der Schuldner ernsthafte Gründe gegen eine Verwertung geltend machen, erhält er einen Aufschub und damit die Chance, seine Schulden in Raten abzuzahlen (SchKG 123). Die Verwertung findet im Rahmen einer **öffentlichen Versteigerung** (SchKG 125) oder durch **freihändigen Verkauf** (SchKG 130) statt.

Für ungedeckte Forderungsbeträge erhält der Gläubiger einen **Pfändungsverlustschein** (SchKG 149) mit folgenden Wirkungen:

- Der Gläubiger kann während sechs Monaten nach Zustellung des Verlustscheins ohne neues Einleitungsverfahren erneut die Fortsetzung der Betreibung verlangen.
- Der Verlustschein gilt als provisorischer Rechtsöffnungstitel. Erhebt der Schuldner bei einer erneuten Betreibung Rechtsvorschlag, kann der Gläubiger im provisorischen Rechtsöffnungsverfahren dem Richter den Verlustschein als provisorischen Rechtsöffnungstitel vorlegen (vgl. Vorseite).
- Verlustscheinforderungen verjähren erst in 20 Jahren.
- Verlustscheinforderungen sind unverzinslich.

Fortsetzung der Betreibung auf Konkurs

Untersteht ein Schuldner der **Konkursbetreibung,** nimmt das **Betreibungsverfahren** nach dem Fortsetzungsbegehren folgenden Verlauf: Das Betreibungsamt stellt dem Schuldner die **Konkursandrohung** mit einer letzten **Zahlungsfrist von 20 Tagen** zu. Nach unbenütztem Ablauf dieser Frist kann der Gläubiger das **Konkursbegehren** an den Konkursrichter stellen (SchKG 159 ff.). Zur Konkurseröffnung kann es auch kommen, wenn ein Schuldner von sich aus das Konkursbegehren stellt (Konkurs ohne vorgängige Betreibung, SchKG 191).

Sofern die Voraussetzungen erfüllt sind, eröffnet der Konkursrichter den Konkurs (Publikation im kantonalen Amtsblatt und im Schweizerischen Handelsamtsblatt, SchKG 171 und 176). Damit **verliert der Schuldner** die Verfügung über sein ganzes Vermögen (nicht aber über sein laufendes Einkommen). Sämtliche **Forderungen aller Gläubiger** werden fällig.

Falls der Konkursschuldner über keinerlei Vermögen verfügt, wird der Konkurs mangels **Aktiven eingestellt.** Die Gläubiger gehen leer aus und erhalten auch keine Verlustscheine.

Falls der Konkursschuldner über Vermögen verfügt, kommt es zum Konkursverfahren. Zuständig ist zunächst das **Konkursamt.** Eventuell wählen die Gläubiger aber später eine andere **Konkursverwaltung.** Ihre Aufgabe: Liquidation der Konkursmasse, Auffinden der Gläubiger und Schuldner des Konkursiten, Erstellen des Kollokationsplans, Verteilung der Mittel auf die Gläubiger (Konkursdividende). Wie bei der Pfändung gilt auch hier eine Rangfolge der Gläubiger und Gläubigergruppen (SchKG 219).

Rangordnung der Gläubiger (Kollokationsplan)

Forderungen 1. Klasse werden zuerst befriedigt …

- Unterhaltsforderungen (Kinder und Ehepartner) für 6 Monate
- Lohnforderungen von Arbeitnehmern für 6 Monate

Forderungen 2. Klasse … was übrig bleibt …

- Forderungen von Kindern wegen des überlassenen Vermögens (ZGB 318)
- Forderungen von Sozialversicherungen
- Beim Konkurs einer Bank ausserdem: Forderungen für Sparguthaben und Lohnkonti bis Fr. 30 000.– (Bankengesetz BaG)

Forderungen 3. Klasse … was übrig bleibt.

Alle übrigen Forderungen

TEIL A KURZTHEORIE

Gläubiger, die in einem Konkurs zu Verlust kommen, erhalten einen **Konkursverlust-schein,** sofern der Schuldner eine natürliche Person ist (SchKG 265). Handelt es sich um eine juristische Person, hört diese nach Abschluss des Verfahrens zu existieren auf (Löschung im Handelsregister). Daher erhalten die Gläubiger bloss einen Verlustausweis.

Der Konkursverlustschein hat folgende Wirkungen:

- Der Konkursverlustschein ist unter Umständen ein provisorischer Rechtsöffnungstitel (für eine spätere Betreibung des Schuldners). Gegen eine erneute Betreibung kann ein konkursiter Schuldner allerdings Rechtsvorschlag erheben mit der Begründung, er sei nicht zu neuem Vermögen gekommen. Im Gegensatz zum Pfändungsverlustschein kann ein konkursiter Schuldner also nur wieder erfolgreich betrieben werden, wenn er zu neuem Vermögen gekommen ist. Lohnpfändung ist ausgeschlossen (SchKG 265 ff.).
- Die Forderung ist unverzinslich.
- Die Forderung verjährt innert 20 Jahren.

Nachlassvertrag

Da die Liquidation eines Unternehmens für Gläubiger, Schuldner und auch Arbeitnehmer oft eine ungünstige Lösung ist, bietet das SchKG den Ausweg über einen Nachlassvertrag, mit dem die Sanierung einer konkursiten Unternehmung oder einzelner überlebensfähiger Teile davon möglich wird (SchKG 305 ff.).

Der Privatkonkurs

Bei Privatpersonen, die der Betreibung auf Pfändung unterstehen, kann auch das laufende Einkommen gepfändet werden, soweit es das Existenzminimum überschreitet. Wenn eine Privatperson so viele Schulden gemacht hat, dass es ihr kaum jemals möglich wird, wieder auf die Beine zu kommen, ist es finanziell gesehen sinnvoll, den Privatkonkurs zu erklären, d. h. die **Insolvenzerklärung** abzugeben (SchKG 191). Nach dem Konkurs kann ja wie gesagt nur neues Vermögen und nicht laufendes Einkommen beschlagnahmt werden. Der Zugriff auf das laufende Einkommen ist nur möglich, wenn der Schuldner alles ausgibt, einzig um die Bildung von neuem Vermögen zu vereiteln und sich so rechtsmissbräuchlich einer erneuten Betreibung zu entziehen.

Der Schuldner muss einen **Kostenvorschuss** von ca. Fr. 5 000.– leisten. Kommt der Richter zum Schluss, dass eine Schuldensanierung nicht aussichtslos ist, verlangt er vom Schuldner eine einvernehmliche **private Schuldenbereinigung** (SchKG 333 ff.). Dabei wird mit Unterstützung der zuständigen Behörden (meist Sozialbehörden) versucht, mit den Gläubigern eine Art Nachlassvertrag auszuhandeln. Weigert sich ein Gläubiger, dann ist die Schuldenbereinigung gescheitert. In der Regel kann der Schuldner dann die Insolvenzerklärung abgeben.

Das Familienrecht und das Erbrecht – zwei wichtige Themen aus dem ZGB (Lehrbuch Teil K)

27 Das Eherecht

Die Eheschliessung

Die **Heirat** kommt durch das **Eheschliessungsverfahren** vor dem Zivilstandsbeamten zustande, das aus dem **Vorbereitungsverfahren** und der **Durchführung der Trauung** besteht. Die Brautleute müssen **ehefähig** sein und es darf zwischen ihnen **keine Ehehindernisse** geben:

Ehefähig ist, wer **handlungsfähig** ist (= urteilsfähig und mündig). Urteilsfähige Entmündigte brauchen die Zustimmung ihres Vormundes.

Ehehindernisse verbieten eine Heirat zwischen zwei Partnern. Ehehindernisse sind **Verwandtschaft in gerader Linie** (auch Stiefverwandtschaft), **Geschwister-** und **Halbgeschwisterverhältnis,** schon **bestehende Ehe (ZBG 95 f.).**

Die Wirkungen der Ehe

Die Ehegatten bilden die **eheliche Gemeinschaft.** Sie sind darin in Form einer Partnerschaft verbunden und verpflichtet, gemeinsam für das Wohl der Familie zu sorgen, d. h. für den Unterhalt der Familie und für die Aufgabenteilung im Haushalt und Beruf. Jeder Ehegatte ist völlig gleichberechtigt. Jeder hat seinen Beitrag für den Unterhalt zu leisten (ZGB 159 ff.).

Die Ehescheidung

Zwei Wege zur Scheidung (ZGB 111 ff.):

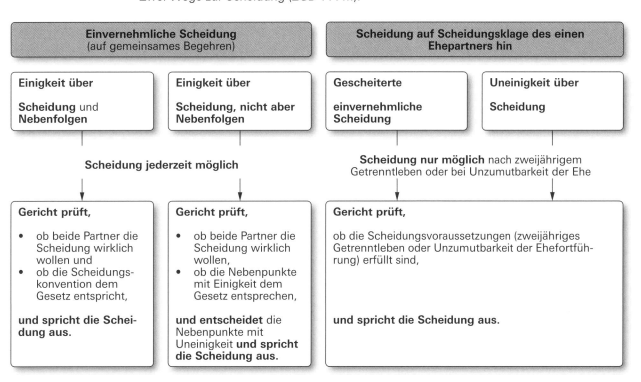

Einvernehmliche Scheidung (auf gemeinsames Begehren)		Scheidung auf Scheidungsklage des einen Ehepartners hin	
Einigkeit über Scheidung und Nebenfolgen	Einigkeit über Scheidung, nicht aber Nebenfolgen	Gescheiterte einvernehmliche Scheidung	Uneinigkeit über Scheidung
Scheidung jederzeit möglich		Scheidung nur möglich nach zweijährigem Getrenntleben oder bei Unzumutbarkeit der Ehe	
Gericht prüft, • ob beide Partner die Scheidung wirklich wollen und • ob die Scheidungskonvention dem Gesetz entspricht, **und spricht die Scheidung aus.**	Gericht prüft, • ob beide Partner die Scheidung wirklich wollen, • ob die Nebenpunkte mit Einigkeit dem Gesetz entsprechen, **und entscheidet** die Nebenpunkte mit Uneinigkeit **und spricht die Scheidung aus.**	Gericht prüft, ob die Scheidungsvoraussetzungen (zweijähriges Getrenntleben oder Unzumutbarkeit der Ehefortführung) erfüllt sind, **und spricht die Scheidung aus.**	

TEIL A KURZTHEORIE

Das eheliche Güterrecht

Die vermögensrechtlichen Beziehungen der Ehepartner werden durch das eheliche Güterrecht bestimmt. Falls die Ehepartner nichts abmachen, unterstehen sie dem ordentlichen Güterstand der **Errungenschaftsbeteiligung** (ZGB 196 ff.).

Mit einem **Ehevertrag** (öffentliche Beurkundung!) können sie **Gütergemeinschaft** (ZGB 221 ff.) oder **Gütertrennung** (ZGB 247 ff.) vereinbaren.

Beim ordentlichen Güterstand der Errungenschaftsbeteiligung gelten folgende vermögensrechtliche Regeln:

	Eigengut Frau	Errungenschaft Frau	Eigengut Mann	Errungenschaft Mann
	• Persönliche Gegenstände • Was sie in die Ehe einbringt • Was sie erbt oder geschenkt bekommt	• Arbeitserwerb • Sozialleistungen • Erträge des Eigenguts	• Persönliche Gegenstände • Was er in die Ehe einbringt • Was er erbt oder geschenkt bekommt	• Arbeitserwerb • Sozialleistungen • Erträge des Eigenguts
Eigentum	Frau	Frau	Mann	Mann
Verwaltung	Frau	Frau	Mann	Mann
Verfügung	Frau	Frau	Mann	Mann
Nutzung	Frau	Frau	Mann	Mann
Zuteilung bei Auflösung	Frau	1/2:1/2	Mann	1/2:1/2

28   Das Erbrecht

Wer erbt, tritt in die Vermögensrechte und Vermögenspflichten des Erblassers ein, übernimmt also dessen Vermögen, aber auch dessen Schulden (ZGB 560).

Die gesetzlichen Erben

Die Ermittlung der erbberechtigten Personen bei der gesetzlichen Erbfolge (ZGB 457 ff.):

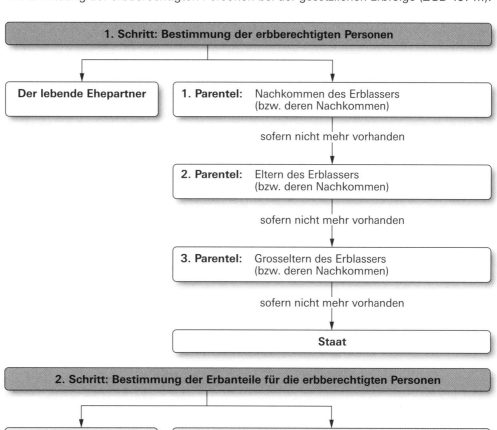

1. Schritt: Bestimmung der erbberechtigten Personen

Der lebende Ehepartner

1. Parentel: Nachkommen des Erblassers (bzw. deren Nachkommen)

sofern nicht mehr vorhanden

2. Parentel: Eltern des Erblassers (bzw. deren Nachkommen)

sofern nicht mehr vorhanden

3. Parentel: Grosseltern des Erblassers (bzw. deren Nachkommen)

sofern nicht mehr vorhanden

Staat

2. Schritt: Bestimmung der Erbanteile für die erbberechtigten Personen

Anteil des lebenden Ehepartners	Verteilung der Erbschaft in Parentel
Neben Erben der 1. Parentel 1/2	**1. Parentel:** Die Erbschaft fällt zu gleichen Teilen an die Kinder. Anstelle vorverstorbener Kinder erben deren Kinder usw. Vorverstorbene Erbberechtigte ohne Nachkommen scheiden aus.
Neben Erben der 2. Parentel 3/4	**2. Parentel:** Die Erbschaft fällt an die Eltern. Anstelle vorverstorbener Eltern erben deren Nachkommen usw. Vorverstorbene Erbberechtigte ohne Nachkommen scheiden aus.
Neben Erben der 3. Parentel 1/1	**3. Parentel:** Sie kommt nur zum Zug, wenn kein lebender Ehepartner vorhanden ist. Je die Hälfte der Erbschaft fällt an die mütterliche und die väterliche Seite der Grosseltern. Anstelle vorverstorbener Grosseltern erben deren Nachkommen. Solange Erben einer Seite vorhanden sind, bleibt die Hälfte der Erbschaft auf dieser Seite. An die andere Seite fällt die Erbschaft erst, wenn keine Erben vorhanden sind.
Neben dem Staat 1/1	**4. Der Staat** erbt nur, wenn kein lebender Ehepartner vorhanden ist. Das kantonale Recht bestimmt das erbberechtigte Gemeinwesen.

Testament und Erbvertrag

Verfügungen über das Schicksal des Vermögens nach dem Tod können nur als **Testament** oder als **Erbvertrag** gemacht werden (ZGB 498 ff.).

- Das **Testament** ist eine einseitige Verfügung des Erblassers (Achtung: strenge Formvorschriften) und kann jederzeit aufgehoben oder geändert werden.
- Der **Erbvertrag** ist ein Vertrag mit einem zukünftigen Erben (Achtung: öffentliche Beurkundung nötig). Er kann grundsätzlich nicht mehr einseitig aufgehoben oder geändert werden (ZGB 512 ff.).

Pflichtteile und verfügbare Quote

In welchem Umfang kann der Erblasser von Todes wegen über sein Vermögen verfügen?

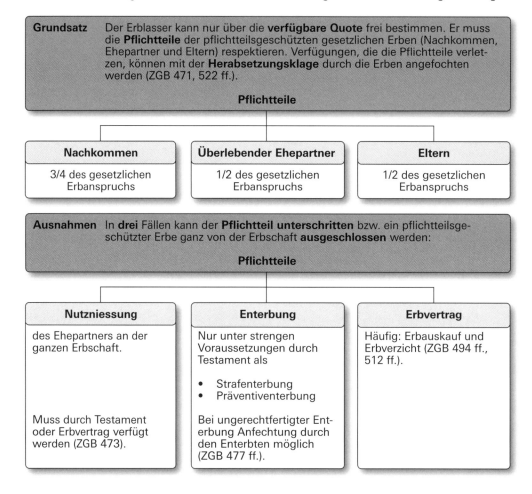

Grundsatz	Der Erblasser kann nur über die **verfügbare Quote** frei bestimmen. Er muss die **Pflichtteile** der pflichtteilsgeschützten gesetzlichen Erben (Nachkommen, Ehepartner und Eltern) respektieren. Verfügungen, die die Pflichtteile verletzen, können mit der **Herabsetzungsklage** durch die Erben angefochten werden (ZGB 471, 522 ff.).

Pflichtteile

Nachkommen	Überlebender Ehepartner	Eltern
3/4 des gesetzlichen Erbanspruchs	1/2 des gesetzlichen Erbanspruchs	1/2 des gesetzlichen Erbanspruchs

Ausnahmen	In **drei** Fällen kann der **Pflichtteil unterschritten** bzw. ein pflichtteilsgeschützter Erbe ganz von der Erbschaft **ausgeschlossen** werden:

Pflichtteile

Nutzniessung	Enterbung	Erbvertrag
des Ehepartners an der ganzen Erbschaft. Muss durch Testament oder Erbvertrag verfügt werden (ZGB 473).	Nur unter strengen Voraussetzungen durch Testament als - Strafenterbung - Präventiventerbung Bei ungerechtfertigter Enterbung Anfechtung durch den Enterbten möglich (ZGB 477 ff.).	Häufig: Erbauskauf und Erbverzicht (ZGB 494 ff., 512 ff.).

Erbeinsetzung und Vermächtnis

Erbeinsetzung: Der Erblasser macht eine beliebige Person zum Erben (ZGB 483).

Vermächtnis: Der Erblasser «vermacht» einer Person einen bestimmten Vermögenswert, den diese von den Erben verlangen kann (ZGB 484 ff.).

Annahme und Ausschlagung der Erbschaft (ZGB 566 ff.)

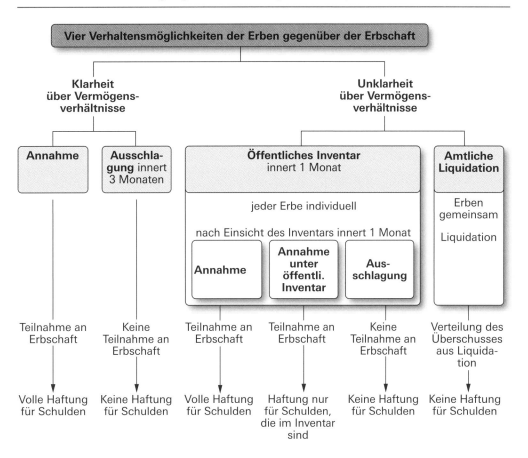

Teil B   Übungen

Hinweise

Die Leistungsziele definieren Fachkompetenzen, die Kaufleute erwerben sollen. Lerntext und Übungen vermitteln Ihnen eine Grundlage zur Erreichung dieser Leistungsziele.

Die Verknüpfung der Fachkompetenzen mit den Methoden- und Sozialkompetenzen, die bei fast allen kaufmännischen Tätigkeiten ebenso zentral sind, erfolgt im Unterricht.

In der folgenden Tabelle sind die Leistungsziele mit einer Referenznummer und einem Kurztitel versehen, die Sie bei den einzelnen Übungen in der Randspalte wiederfinden. Damit können Sie Ihre Arbeit gezielt auf die verschiedenen Leistungsziele ausrichten.

Nr.	Leistungsziel mit Titel
01	**Nach ethischen Grundsätze handeln** Kaufleute handeln in Beruf und Alltag nach ethischen Grundsätzen.
02	**Quellen und Grundsätze der schweizerischen Rechtsordnung nennen** Aufgrund von einfachen Beispielen nennen Kaufleute die Quellen und Grundsätze der schweizerischen Rechtsordnung.
03	**Entstehungsgründe von Obligationen erklären** Kaufleute können die Entstehungsgründe der Obligation anhand eines Beispiels erklären.
04	**Entstehung von Verträgen beurteilen** Kaufleute beurteilen Verträge hinsichtlich ihrer Entstehung.
05	**Richtige Erfüllung eines Vertrags beurteilen** Mit Hilfe des Obligationenrechts stellen Kaufleute anhand von Fallbeispielen fest, ob ein Vertrag richtig erfüllt worden ist.
06	**Konsequenzen der nicht richtigen Erfüllung ableiten** Bei nicht richtiger Erfüllung leiten Kaufleute aus diesen Beispielen mit Hilfe des Obligationenrechts die Konsequenzen für die Vertragsparteien ab.
07	**Verjährung von Verträgen beurteilen** Kaufleute können beurteilen, ob Forderungen aus Verträgen verjährt sind.
08	**Zusammenhang zwischen OR AT und OR BT kennen** (indirektes Leistungsziel)
09	**Gültige Entstehung von Kaufverträgen beurteilen** Anhand von einfachen Fallbeispielen beurteilen Kaufleute, ob ein Kaufvertrag gültig zustandegekommen ist. Falls nicht, begründen sie dies anhand von Merkmalen.
10	**Rechte und Pflichten beim Kaufvertrag erkennen und Rechtsfolgen von Erfüllungsfehlern ableiten** Kaufleute erkennen bei Kaufverträgen anhand von die Beispielen die Pflichten der Vertragsparteien. Sie überprüfen, ob diese erfüllt wurden, und leiten die entsprechenden Rechtsfolgen ab.
11	**Gültige Entstehung von Mietverträgen beurteilen** Anhand von einfachen Fallbeispielen beurteilen Kaufleute, ob ein Mietvertrag gültig zustandegekommen ist. Falls nicht, begründen sie dies anhand von Merkmalen.
12	**Rechte und Pflichten beim Mietvertrag erkennen und Rechtsfolgen von Erfüllungsfehlern ableiten** Kaufleute erkennen bei Mietverträgen anhand von Beispielen die Pflichten der Vertragsparteien. Sie überprüfen, ob diese erfüllt wurden, und leiten die entsprechenden Rechtsfolgen ab.
13	**Gültige Entstehung von Arbeitsverträgen beurteilen** Anhand von einfachen Fallbeispielen beurteilen Kaufleute, ob ein Arbeitsvertrag gültig zustandegekommen ist. Falls nicht, begründen sie dies anhand von Merkmalen.
14	**Rechte und Pflichten beim Arbeitsvertrag erkennen und Rechtsfolgen von Erfüllungsfehlern ableiten** Kaufleute erkennen bei Arbeitsverträgen anhand von Beispielen die Pflichten der Vertragsparteien. Sie überprüfen, ob diese erfüllt wurden, und leiten die entsprechenden Rechtsfolgen ab.
15	**Einzelunternehmung, Kollektivgesellschaft, GmbH und AG unterscheiden** Kaufleute können mindestens vier Kriterien zur Unterscheidung von Rechtsformen von Unternehmen mit eigenen Worten beschreiben. Kaufleute unterscheiden auf Grund dieser Kriterien Einzelunternehmung, Kollektivgesellschaft, GmbH und Aktiengesellschaft.

Nr.	Leistungsziel mit Titel
16	**Rechtsform bei der Unternehmensgründung wählen** Anhand einfacher Beispiele machen Kaufleute anlässlich der Gründung einer Unternehmung mit Hilfe des Obligationenrechts einen Vorschlag für eine geeignete Rechtsform. Sie begründen ihre Wahl.
17	**Ablauf der Unternehmensgründung erläutern** Anhand einfacher Beispiele erläutern Kaufleute mit Hilfe des Obligationenrechts einem Laien in Grundzügen den Ablauf der Gründung einer Unternehmung.
18	**Funktion/Wirkung des Handelsregisters erklären und Handelsregistereinträge interpretieren** Kaufleute können die Funktion und Wirkung des Handelsregisters erklären und typische Handelsregistereinträge von verschiedenen Unternehmungen und Institutionen interpretieren. Sie haben mindestens drei Auszüge gelesen.
19	**Grundzüge des Verwaltungs-, des Straf- und des Zivilverfahrens erklären** Kaufleute umschreiben mit eigenen Worten die Grundzüge (Schritte, Abläufe, Zuständigkeiten) des Verwaltungs-, des Straf- und des Zivilverfahrens.
20	**Zwangsvollstreckungsverfahren für Geldforderungen beschreiben** Kaufleute umschreiben mit eigenen Worten die Grundzüge (Schritte, Abläufe, Zuständigkeiten) des Zwangsvollstreckungsverfahrens für Geldforderungen.
21	**Voraussetzungen und Verfahren der Eheschliessung beschreiben** Kaufleute können mit eigenen Worten Voraussetzungen und Verfahren der Eheschliessung beschreiben.
22	**Eheliche Gemeinschaft und rechtliche Möglichkeiten bei Differenzen beschreiben** Sie können an einfachen Beispielen erklären, was die eheliche Gemeinschaft ist und welche rechtlichen Möglichkeiten bei Differenzen bestehen.
23	**Grundzüge des Scheidungsverfahrens und der Scheidungsfolgen erläutern** Sie können die Grundzüge des Scheidungsverfahrens erläutern sowie die fünf Scheidungsfolgen aufzählen.
24	**Vermögensrechtliche Stellung der Ehepartner und Güterstände benennen** Sie können in den Grundzügen die vermögensrechtliche Stellung der Ehepartner unter den drei Güterständen erklären.
25	**Gesetzliche Erbfolge bestimmen** Sie können bei einfachen Familienverhältnissen die gesetzliche Erbfolge bestimmen.
26	**Testament und Erbvertrag unterscheiden** Sie können die zwei Formen von letztwilligen Verfügungen und die drei Formen der Testamentserrichtung aufzählen.
27	**Möglichkeiten der Erben bei Anfall der Erbschaft beschreiben** Kaufleute können die vier Verhaltensmöglichkeiten von Erben nach Eintritt des Erbfalls aufzählen und erklären, wann welche ergriffen werden soll.

Die Übungen sind in der gleichen Struktur angeordnet wie der Lehrstoff selbst, d. h., die Titel des Lehrbuchs sind im Übungsteil zwischen die Übungen eingefügt. Die Übungen selbst sind nicht fortlaufend, sondern nach dem Zufallsprinzip durchnummeriert: Auf diese Weise sieht man beim Nachschlagen der Lösung nicht gleich die Lösung der nächsten Übung.

Die Anordnung nach dem Stoff und die Vernetzung mit den Leistungszielen ergeben zwei Zugangsmöglichkeiten auf das Übungsmaterial:

- **Sie wollen die Übungen in Bezug auf die Leistungsziele durcharbeiten:** Achten Sie auf die Referenzierung in der Randspalte und wählen Sie die entsprechenden Übungen aus. Neben der Referenznummer finden Sie ein Kästchen zum Abhaken der bearbeiteten Übungen.
- **Sie wollen die Übungen in der Reihenfolge der Stoffvermittlung durcharbeiten:** Wählen Sie das entsprechende Kapitel aus. Die Übungen erscheinen unter der gleichen Titelstruktur wie im Lehrtext (Lehrbuch bzw. Kurztheorie).

TEIL B ÜBUNGEN

Einführung ins Recht (Lehrbuch Teil A)

1   Was ist Recht und wozu dient das Recht?

1   Die Verhaltensregeln

☐ **01**
Nach ethischen
Grundsätzen handeln

Ergänzen Sie die Grafik:

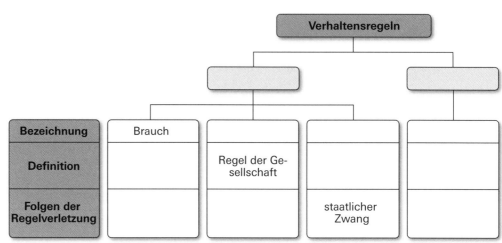

Ob der Einzelne die Regel gut findet, ist ohne Bedeutung.   Die Überzeugung des Einzelnen ist das Entscheidende

23 Ethik und Recht

☐ **01**
Nach ethischen
Grundsätzen handeln

A] Wie heisst die goldene Regel der Ethik?

B] Unser Recht hat unter anderem das Ziel, den Schwächeren zu schützen. Sehen Sie einen Zusammenhang dieses Ziels mit der goldene Regel der Ethik?

C] Welches ist eigentlich die Hauptaufgabe von Recht?

45 Das Wesen des Rechts

☐ **01**
Nach ethischen
Grundsätzen handeln

Bilden Sie inhaltlich korrekte Sätze, indem Sie von den hervorgehobenen Wörtern/Wortgruppen die falschen durchstreichen:
Das Recht besteht aus **Vorschlägen/Empfehlungen/Vorschriften,** wie man sich **verhalten/denken/fühlen** soll. Es wird **von der Polizei/vom Staat** erlassen. Im Grunde genommen **schränkt einen das Recht nur ein/käme man auch ohne Recht aus/ist das Zusammenleben ohne rechtliche Regeln undenkbar.**

TEIL B ÜBUNGEN

2 Vom Aufbau unserer Rechtsordnung

67 Aufbau unserer Rechtsordnung

☐ 02
Quellen und Grundsätze der Rechtsordnung kennen

Die Schweiz ist ein Rechtsstaat. Das heisst vor allem, dass kein Staatsorgan, keine Behörde tätig sein darf, ohne dass sie vom Recht dazu ermächtigt worden ist.

Erklären Sie mit eigenen Worten, wie sich das Prinzip der Rechtsstaatlichkeit aus der Unterteilung unserer Rechtsordnung in Verfassung, Gesetze, Verordnungen ableiten lässt.

2 Volksinitiative und Referendum

☐ 02
Quellen und Grundsätze der Rechtsordnung kennen

Wenn Unterschriften gesammelt werden, geht es meist um eine Volksinitiative oder ein Gesetzesreferendum. Worin liegt der Unterschied?

24 Volksinitiative und Referendum

☐ 02
Quellen und Grundsätze der Rechtsordnung kennen

Mit einer Gruppe Gleichgesinnter wollen Sie erreichen, dass die Sexualstraftäter härter bestraft werden. Dazu soll das Strafgesetz in den entsprechenden Punkten abgeändert werden. Was können Sie rechtlich unternehmen?

46 Öffentliches Recht oder Privatrecht

☐ 02
Quellen und Grundsätze der Rechtsordnung kennen

Kommt Privatrecht oder öffentliches Recht zur Anwendung?

A] Die Fürsorgebehörde der Stadt Zürich weist eine untergeordnete Stelle an, Herrn Illier. Fr. 1 000.– Altersbeihilfe auszuzahlen.

B] Frau Kern mietet von Frau Gerber die Gaststätte «Zur Krone» in Goldau.

C] Herr Gubler muss in seinem Betrieb Feuerschutzmassnahmen ergreifen. Das schreiben die kantonalen Bestimmungen vor.

68 Sachbereiche des öffentlichen Rechts

☐ 02
Quellen und Grundsätze der Rechtsordnung kennen

Wir haben im öffentlichen Recht vier Sachbereiche unterschieden. Geben Sie an, von welchem Sachbereich in den folgenden Fällen die Rede ist.

A] «Wer vorsätzlich einen Menschen ... an Körper oder Gesundheit schädigt, wird, auf Antrag, mit Gefängnis bestraft.»

B] «Das Wirtschaftsrecht ist gewährleistet. Es umfasst insbesondere die freie Wahl des Berufs sowie den freien Zugang zu einer privatwirtschaftlichen Erwerbstätigkeit und deren freie Ausübung.»

C] «Dem ordentlichen Verfahren geht das Sühneverfahren vor dem Friedensrichter voraus, soweit nichts anderes bestimmt ist.»

D] «Die Kantone sorgen für die Ausbildung des Forstpersonals. Der Bund fördert dessen Ausbildung und Weiterbildung durch Beiträge.»

3 ZGB und OR im Überblick

☐ 02

Quellen und Grundsätze der Rechtsordnung kennen

Das ZBG und das OR sind die beiden Schlüsselgesetze des Privatrechts. Dabei ist das OR der fünfte Teil des ZGB. Geben Sie mit fünf Schlagworten an, welche Lebensbereiche das ZGB und welchen Lebensbereich das OR regelt.

25 Dispositives und zwingendes Recht

☐ 02

Quellen und Grundsätze der Rechtsordnung kennen

Ordnen Sie die Begriffe dispositives und zwingendes Recht richtig zu.

zwingend
Recht

Rechtsnormen, die nicht abgeändert werden dürfen.

dispositiv
Recht

Rechtsnormen, die nur gelten, wenn nichts anderes abgemacht ist.

47 Dispositives und zwingendes Recht

☐ 02

Quellen und Grundsätze der Rechtsordnung kennen

Lesen Sie die folgenden Gesetzesartikel nach und entscheiden Sie, ob diese dispositiv oder zwingend sind:

	zwingend	dispositiv
• OR 74 I und II	☐	☐
• OR 321c III	☐	☐
• OR 100 I	☐	☐

69 Grundsätze des Privatrechts

☐ 02

Quellen und Grundsätze der Rechtsordnung kennen

In den Artikeln 1–10 stellt das ZGB Grundsätze für das ganze Privatrecht auf. Zwei für Sie wichtige sind in ZGB 2 geregelt. Lesen Sie die Bestimmung durch und beantworten Sie dann folgende Fragen.

A] Welche zwei Grundsätze sind in ZGB 2 I und II geregelt?

B] Welches moderne Wort würden Sie für den etwas veralteten Begriff «Treu und Glauben» einsetzen?

4 Von der Arbeit mit Gesetzen

☐ 02

Quellen und Grundsätze der Rechtsordnung kennen

Welche zwei Abkürzungsformen können Sie verwenden, wenn Sie vom ersten Absatz des 41. Artikels des Obligationenrechts schreiben wollen?

26 Von der Arbeit mit den Gesetzen

☐ 02

Quellen und Grundsätze der Rechtsordnung kennen

ZGB 94 I schreibt vor, dass jemand, der heiraten will, das 18. Altersjahr zurückgelegt haben und urteilsfähig sein muss.

A] Überlegen Sie ganz genau, was die Aussage «das 18. Altersjahr zurückgelegt» bedeutet. Handelt es sich um den 18. oder den 19. Geburtstag?

B] Was «Urteilsfähigkeit» heisst, sagt das Gesetz in ZGB 16. Nennen Sie das Schlüsselwort dieser Bestimmung.

Vertrag, unerlaubte Handlung und ungerechtfertigte Bereicherung lassen Obligationen entstehen (Lehrbuch Teil B)

3 Wie entstehen Obligationen?

48 Gläubiger und Schuldner einer Obligation

☐ 03
Entstehungsgründe
von Obligationen
erklären

Eine Obligation hat immer einen Gläubiger und einen Schuldner. Geben Sie an, wer in den folgenden Fällen Gläubiger und wer Schuldner ist.

A] Frau Zehnder verlangt von ihrem Arbeitgeber Kroll, dass er ihr die Spesen des letzten Jahres auszahlt. *Arbeitgeber: Schuldner, Frau Zehnder: Gläubiger* ✓

B] Herr Fretz zahlt pünktlich jeden Monat die Miete für seine Wohnung an die Züblin AG, Hausverwaltungen. *Herr Fretz ist Schuldner, Züblin AG: Gläubiger* ✓

C] Karl Kühne vereinbart mit seiner Freundin Bettina Wagner, dass sie jeden Samstag sein Auto benützen darf gegen ein Entgelt von Fr. –.70 je gefahrenen Kilometer. *Karl: Geld Gläubiger und Schuldner Auto, Bettina: Schuldner und Gläubiger Auto*

70 Obligation, Forderung, Schuld

☐ 03
Entstehungsgründe
von Obligationen
erklären

Würde man in den folgenden Situationen von einer Obligation, einer Forderung oder einer Schuld sprechen? – Welcher Begriff passt?

A] Ein Vertragsverhältnis begründet im Normalfall mindestens zwei *Obligation*.

B] Herr Böhringer verlangt von seinem Arbeitgeber die Auszahlung der Überstunden. Er hat eine *Forderung*.

C] Frau Capaul muss bis zum 12. Februar die Mieterkaution einbezahlt haben. Sie hat eine *Schuld*.

5 Entstehungsgründe von Obligationen

☐ 03
Entstehungsgründe
von Obligationen
erklären

Das OR nennt drei Entstehungsgründe von Obligationen. Welche sind es? Geben Sie jeweils auch an, in welchen Gesetzesartikeln diese drei Entstehungsgründe geregelt sind. *Vertrag, unerlaubte Handlung, ungerechtfertige Bereicherung, 1–40 ✓, 41–61, 61–67*

27 Voraussetzungen der unerlaubten Handlung

☐ 03
Entstehungsgründe
von Obligationen
erklären

A] Damit eine Obligation aus unerlaubter Handlung entsteht, müssen vier Voraussetzungen erfüllt sein. Welche sind es?

1. *Schaden*
2. *widerechtlich*
3. *Verursacht*
4. *Verschulden o. zusätzliche Haftungsgrundlagen*

B] Was ist die Folge, wenn eine der vier Voraussetzungen nicht erfüllt ist?
– keine unerlaubte Handlung (entsteht keine Obligation)

49 Fallbeispiel zur unerlaubten Handlung

[handschriftlich: aber 4 Voraussetzungen sind 7 erfüllt]

☐ **03**

Entstehungsgründe
von Obligationen
erklären

Der 17-jährige Erwin Kugler fährt mit dem Skateboard auf dem Trottoir. Er verliert die Kontrolle und rast in eine Schaufensterscheibe. Diese zerbricht. Der Ladenbesitzer ist der Meinung, Kugler müsse den Schaden von insgesamt Fr. 2 500.– bezahlen. Prüfen Sie, ob die vier Voraussetzungen für eine unerlaubte Handlung erfüllt sind.

[handschriftlich: Schaden – ja, widerrechtlich – ja, verursacht – ja, verschulden – hat Kugler]

71 Sonderfälle von unerlaubten Handlungen

☐ **03**

Entstehungsgründe
von Obligationen
erklären

Für bestimmte Fälle ist die Haftung eines Schädigers schärfer geregelt als nach OR 41.

A] Wie nennt man solche Haftungen? *[handschriftlich: Kausalhaftung (=Haftung ohne Verschulden)]*

B] Welcher Unterschied zur Haftung nach OR 41 ist zentral? (Tipp: Denken Sie an die Voraussetzungen für die Haftung.) *[handschriftlich: – kein Verschulden]*

C] Nennen Sie zwei Beispiele von solchen Haftungen. *[handschriftlich: 1. Auto 2. Tierhalter 3. Werkeigentümer]*

6 Obligation entstanden?

☐ **03**

Entstehungsgründe
von Obligationen
erklären

Von welchem Entstehungsgrund für eine Obligation ist in den folgenden Fällen die Rede? Geben Sie den Entstehungsgrund an und den Gesetzesartikel, auf den Sie Ihre Antwort abstützen.

A] Aus dem Schreiben eines Sportartikelhändlers an einen 15-Jährigen: «Ihr Vater hat uns mitgeteilt, dass er Ihrem Kauf des Mountainbikes nicht zustimmt. Deshalb ist der Kaufvertrag ungültig. Wir fordern Sie deshalb auf, das Mountainbike umgehend zurückzugeben.»

[handschriftlich: OR 62 abs 2 ungerechtfertigte Bereicherung]

B] «Du hast ohne meine Einwilligung mein Etui genommen und es aus Unachtsamkeit fallen lassen, nun ist der wertvolle Kugelschreiber zerbrochen. Diesen musst du mir bezahlen.»

[handschriftlich: OR, Art 41 — unerlaubte Handlung]

C] «Du hast mir Fr. 15.– versprochen, für die CD, die ich dir gegeben habe.»

[handschriftlich: Vertrag OR 1]

Von der Entstehung von Verträgen (Lehrbuch Teil C)

4 Wie entstehen Obligationen aus einem Vertrag?

28 Vier Voraussetzungen, damit Obligationen aus Vertrag entstehen

☐ 04

Entstehung von
Verträgen beurteilen

Vervollständigen Sie die folgende Grafik zu den vier Entstehungsvoraussetzungen eines Vertrags. Arbeiten Sie dabei mit dem Gesetz, indem Sie die angegebenen Gesetzesstellen nachschlagen.

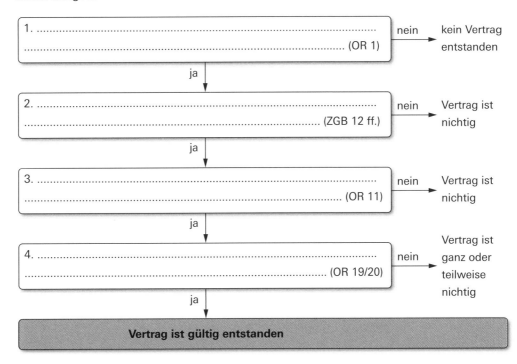

50 Ist ein Vertrag entstanden?

☐ 04

Entstehung von
Verträgen beurteilen

Am Telefon spielt sich folgender Wortwechsel ab:

A: «Du, ich hätte dir ein tolles Bike zu verkaufen.» B: «Ach ja? Wie viel willst du denn dafür?» A: «Ich gebe es dir für Fr. 1 000.–.» B: «Das ist mir zu viel.» Eine Stunde später ruft B nochmals an. B: «Du, dein Angebot mit dem Bike, ich nehme es doch an.» A: «Ich hab es mir nochmals überlegt: Ich will Fr. 1 200.– dafür.» B: «Nein, du musst mir das Bike für Fr. 1 000.– geben.»

Ist hier ein Vertrag entstanden? Wenn ja, zu welchem Preis? – Geben Sie den Gesetzesartikel an, auf den Sie sich abstützen.

72 Ist ein Vertrag entstanden?

☐ 04

Entstehung von
Verträgen beurteilen

Frau Rossi interessiert sich für einen Orientteppich. Der Händler offeriert ihr diesen zum Preis von Fr. 8 000.–. Frau Rossi ist unschlüssig, ob sie so viel Geld ausgeben will. Sie sagt: «Mit dem Preis bin ich einverstanden, ich möchte aber eine Nacht darüber schlafen. Morgen erhalten Sie Bescheid.» Der Händler antwortet: «Einverstanden.»

A] Hat Frau Rossi den Antrag des Händlers angenommen?

B] Über Nacht merkt der Händler, dass er zu tief kalkuliert hat. Als Frau Rossi anruft, teilt er ihr mit, der Teppich koste nun Fr. 8 500.–. Muss Frau Rossi sich das gefallen lassen?

TEIL B ÜBUNGEN

7   Ist ein Vertrag entstanden?

☐ **04**

Entstehung von
Verträgen beurteilen

Lukas ist 15-jährig und begeisterter Modellbauer. Er will sich eine neue Funkfernsteuerung für Fr. 400.– kaufen. Der Verkäufer fragt sich, ob Lukas als Jugendlicher überhaupt einen solchen Vertrag abschliessen kann. Helfen Sie dem Verkäufer, indem Sie sich auf die Bestimmungen von ZGB 12 ff. abstützen.

29 Ist ein Vertrag entstanden?

☐ **04**

Entstehung von
Verträgen beurteilen

Der Kaufvertrag ist in OR 184–236 geregelt. Das OR unterscheidet unter anderem zwischen dem Fahrniskauf (bewegliche Sachen) und dem Grundstückkauf (Liegenschaften). Die Regeln, die für den Kaufvertrag über bewegliche Sachen gelten, sind in OR 187–215 enthalten, die Regeln über den Grundstückkauf in OR 216–221. Prüfen Sie anhand des Gesetzes, welche Formvorschriften gelten:

A] Für den Grundstückkauf.

B] Für den Kauf beweglicher Sachen.

5   Kann man gültig zustande gekommene Verträge wieder auflösen?

51 Aus einem Vertrag aussteigen

☐ **04**

Entstehung von
Verträgen beurteilen

Im Vertragsrecht gilt der Grundsatz: Verträge müssen erfüllt werden. Es gibt nun aber vier Möglichkeiten, wie man aus einem gültig abgeschlossenen Vertrag wieder aussteigen kann. Füllen Sie dazu die folgende Tabelle aus und geben Sie mit zwei bis drei Stichworten an, unter welchen Voraussetzungen die Auflösung bei den vier Möglichkeiten überhaupt in Frage kommt.

Aufhebungsmöglichkeit	Im Gesetz geregelt	Stichworte zu den Voraussetzungen
1.	OR 115	
2.	OR 21/23–31	
3.	OR 40c–f KKG 16	
4.	OR 266 ff./ OR 335 ff.	

73 Aus einem Vertrag aussteigen

☐ **04**

Entstehung von
Verträgen beurteilen

Silvia Ruckstuhl bestellt aus einem Versandkatalog. Aus Versehen verwechselt sie die Bestellnummer. Anstatt einer Jacke erhält sie kurz darauf ein Katzenklo geliefert. Was kann Frau Ruckstuhl unternehmen?

8 Aus einem Vertrag aussteigen

☐ 04

Entstehung von
Verträgen beurteilen

Frau Peyer hat sich in einer Buchhandlung für Fr. 50.– ein Buch über die japanische Kunst des Blumensteckens gekauft. Ganz grundsätzlich betrachtet: Darf sie das Buch der Buchhandlung zurückbringen und den Kaufpreis zurückverlangen?

Welche Möglichkeiten würde Frau Peyer in Betracht ziehen?

30 Widerruf und Vertragsaufhebung

☐ 04

Entstehung von
Verträgen beurteilen

Zu den Arbeiten in Ihrem Betrieb gehört unter anderem die Verwaltung des Büromaterials. Im Normalfall bestellen Sie die Laserpatronen jeweils in Einheiten zu 30 Stück, weil Sie dadurch wesentlich günstigere Bedingungen erhalten. Ausserdem bestellen Sie jeweils bei verschiedenen Lieferanten, weil Sie so von Verkaufsaktionen profitieren können. In der Zeitung lesen Sie, dass die CompuZ gerade besonders günstig ist. Sie haben noch nie dort bestellt. Deshalb erkundigen Sie sich nach den Lieferbedingungen. Danach bestellen Sie schriftlich. In der Bestellung heisst es unter anderem:

«Gemäss unserem Telefongespräch bestelle ich hiermit 70 Laserpatronen des Typs PHLaser3 zum Preis von Fr. 17.95/Stück. Lieferung frei Haus innert 5 Tagen.»

A] Sie bringen den Brief noch am gleichen Tag auf die Post. Am nächsten Morgen sind Sie schon um 7 Uhr im Büro. Sie schauen sich die Bestellung nochmals an und stellen mit Schrecken fest, dass Sie aus Versehen nicht 30, sondern 70 Stück geschrieben haben. Was können Sie unternehmen, damit der Vertrag gar nicht erst entsteht? (Tipp: Denken Sie an die Möglichkeit, Offerten zu widerrufen, und geben Sie die Gesetzesstelle an, auf die Sie sich berufen.)

B] Sie haben die Bestellung gefaxt und bemerken Ihr Versehen erst am anderen Morgen. Welche drei Möglichkeiten ziehen Sie in Betracht, wenn Sie die Bestellung annullieren wollen?

Die Erfüllung von Verträgen (Lehrbuch Teil D)

6   Die richtige Erfüllung des Vertrags

52 Schlüsselfragen der richtigen Vertragserfüllung

☐ 05

Richtige Erfüllung
eines Vertrags
beurteilen

Die richtige Vertragserfüllung kann man mit den fünf «W-Fragen» umschreiben. Wie lautet der entsprechende Satz?

74 Der Erfüllungsort von Obligationen

☐ 05

Richtige Erfüllung
eines Vertrags
beurteilen

Für den Erfüllungsort einer Obligation gibt es einen berühmten Merksatz: «Geldschulden sind Bringschulden, Gattungssachen und Speziessachen sind Holschulden.»

A] Erklären Sie, wer nach diesem Merksatz die geschuldete Leistung bringen/holen muss.

B] Suchen Sie nun den Gesetzesartikel und zeigen Sie daran, weshalb der Merksatz bezüglich Holschulden nicht ganz präzis ist.

9 Wo ist der Erfüllungsort und wann muss man bar zahlen?

☐ 05

Richtige Erfüllung eines Vertrags beurteilen

Frau Zeller aus Wallisellen hat am 15. März bei der Toro AG in Zürich-Albisrieden telefonisch einen neuen Rasenmäher zum Einführungspreis von Fr. 320.– bestellt. Der Verkäufer hat ihr versprochen, dass das gewünschte Modell am 30. April lieferbar sei.

A] Frau Zeller ist der Meinung, die Toro AG müsse dafür sorgen, dass der Rasenmäher geliefert wird. Hat sie Recht?

B] Frau Zeller fährt am 30. April nach Zürich-Albisrieden, um den Rasenmäher zu holen. Am Auslieferschalter hängt ein grosses Schild, auf dem es heisst: «Lieferung nur gegen Barzahlung.» Frau Zeller ist der Meinung, sie könne eine Rechnung verlangen, weil sie ja auch mehr als einen Monat habe warten müssen. Wie beurteilen Sie die Situation?

31 Erfüllungsreihenfolge und Erfüllungszeit

☐ 05

Richtige Erfüllung eines Vertrags beurteilen

Wann und in welcher Reihenfolge muss der folgende Vertrag erfüllt werden? Auf welche Gesetzesartikel stützen Sie sich ab? Ariane zu Benny: «Willst du meinen Walkman für Fr. 50.– kaufen?» Benny zu Ariane: «Einverstanden.»

7 Fehler bei der Erfüllung eines Vertrags

53 Fachbegriffe im Zusammenhang mit der fehlerhaften Erfüllung

☐ 06

Konsequenzen der nicht richtigen Erfüllung ableiten

Folgende Begriffe sind im Zusammenhang mit Erfüllungsfehlern zentral. Erklären Sie mit Stichworten, was diese bedeuten.

Begriff	Erklärung
a) Fälligkeit	
b) Verzug	
c) Mahngeschäft	
d) Verfalltags- geschäft	
e) Fixgeschäft	
f) Nachfrist	

75 Nichterfüllung oder Schlechterfüllung

☐ 06

Konsequenzen der
nicht richtigen
Erfüllung ableiten

In welchen Fällen liegt Nichterfüllung vor und in welchen Fällen Schlechterfüllung?

A] Herr Züger ist bei der Treuag als Sales Manager angestellt. Er erhält den Auftrag, ein namhaftes Geschäft mit einem Kunden abzuschliessen. Weil er ungeschickt verhandelt, kann das Geschäft nicht realisiert werden.

B] Frau Keller bestellt bei der Lampenfirma Licht GmbH eine Lampe. Dieser verspricht ihr, die Lampe bis spätestens am 31. Mai zu liefern. Am 5. Juni ist die Lampe immer noch nicht eingetroffen.

C] Vereinbart ist die Lieferung von 100 kg Kartoffeln «Bintje». Der Lieferant bringt am vereinbarten Zeitpunkt 100 kg «Urgenta».

D] Anstatt der bestellten 100 kg Bintje bringt der Lieferant nur 50 kg.

E] Geliefert werden 100 kg Bintje. Der Käufer muss feststellen, dass sie wegen zu warmer Lagerung bereits ausgeschlagen haben.

10 Vorgehen beim Schuldnerverzug

☐ 06

Konsequenzen der
nicht richtigen
Erfüllung ableiten

Skizzieren Sie mit Stichworten die wesentlichen Schritte, wie der Gläubiger vorzugehen hat, wenn der Schuldner sich mit der Lieferung verspätet. (Stichworte: Fälligkeit; Verzug; Mahnung; Nachfrist.)

A] Beim Mahngeschäft.

B] Beim Verfalltagsgeschäft.

32 Rechte beim Schuldnerverzug

☐ 06

Konsequenzen der
nicht richtigen
Erfüllung ableiten

Sie haben bei der Firma Hasler Maschinenteile zur Herstellung von Solarzellen bestellt. Hasler kommt mit seiner Lieferung in Verzug, dadurch können Sie nicht mehr weiter produzieren, es springen Kunden bei Ihnen ab und es entgeht Ihnen ein gutes Geschäft.

A] Beim Schuldnerverzug gibt es drei Wahlrechte. Welche sind es? Und wo im Gesetz finden Sie die entsprechenden Regeln?

B] Sie wollen Schadenersatz verlangen für das entgangene Geschäft. Können Sie das? Auf welche Gesetzesnorm stützen Sie sich ab?

C] Unter welcher Voraussetzung werden Sie welches Wahlrecht wählen?

54 Verjährung

☐ 07

Verjährung von
Verträgen beurteilen

Beurteilen Sie aufgrund des Gesetzes, ob die folgenden Behauptungen zutreffen:

	richtig	falsch	
• Eine Schadenersatzforderung aus OR 41 verjährt in einem Jahr.	☐	☐	OR ......
• Man kann den Lohn noch 5 Jahre seit Fälligkeit beim Arbeitgeber einfordern.	☐	☐	OR ......
• Die Haftung des Verkäufers für Mängel an der Kaufsache erlischt nach einem Jahr.	☐	☐	OR ......

TEIL B ÜBUNGEN

Der Allgemeine Teil und der Besondere Teil des OR – Ein Überblick (Lehrbuch Teil E)

8 Der Zusammenhang zwischen dem Allgemeinen und dem Besonderen Teil des OR

76 Die besonderen Verträge

☐ 08
OR AT und BT

Welche der folgenden Aussagen sind richtig bzw. falsch?

	richtig	falsch
• Bei den Verträgen, die im Besonderen Teil des OR (OR BT) geregelt sind, spielen OR 1–183 keine Rolle.	☐	☐
• Es gibt nur die in OR BT geregelten besonderen Verträge.	☐	☐
• Da in der Schweiz Vertragsfreiheit herrscht, kommen auch Verträge vor, die im OR gar nicht besonders geregelt sind.	☐	☐
• Auftrag, Werkvertrag und Arbeitsvertrag sind drei im OR geregelte Arbeitsleistungsverträge.	☐	☐
• Für die im OR BT geregelten besonderen Verträge spielen unter anderem die allgemeinen Regeln der Vertragsentstehung und der richtigen Vertragserfüllung eine Rolle.	☐	☐
• Es gibt drei Eigentumsübertragungsverträge, den Kauf, die Miete und den Arbeitsvertrag.	☐	☐
• Gebrauchsüberlassungsverträge sind die Miete, die Pacht, die Gebrauchsleihe und das Darlehen.	☐	☐

11 Zusammenhang von Allgemeinen Teil und Besonderem Teil des OR

☐ 08
OR AT und BT

Herr Amberg hat ein Occasionsauto gekauft. Nun fragt er sich, ob der Garagist verpflichtet ist, ihm das Auto an seinen Wohnort zu liefern. Im schriftlich aufgesetzten Kaufvertrag findet er keine Antwort. Er beschliesst, im OR nachzuschlagen. Er weiss, dass die Regeln des Kaufvertrags über bewegliche Sachen in OR 184–215 zu finden sind. Und er weiss, dass er eine Antwort unter Umständen auch im Allgemeinen Teil des OR findet.

A] Erklären Sie Herrn Amberg, nach welcher Regel er bei der Suche vorgehen soll.

B] Finden Sie die Gesetzesartikel, die Herrn Ambergs Frage beantworten.

Der Kaufvertrag (Lehrbuch Teil F)

9 Was ist ein Kaufvertrag und wie entsteht er?

33 Entstehung eines Kaufvertrags

☐ **09**
Entstehung von
Kaufverträgen
beurteilen

Frau Bühlmann ist 17 Jahre alt. Sie interessiert sich für den Kauf eines Sofas. Nach langem Hin und Her entscheidet sie sich für das Modell «Bianca» im Wohnstudio W. Sie bestellt das Sofa, das gerade nicht am Lager ist. Sie bezahlt den Kaufpreis von Fr. 4000.– sofort und der Verkäufer sichert ihr Lieferung in einem Monat zu. Ist hier ein Vertrag entstanden?

55 Formvorschriften beim Kaufvertrag

☐ **09**
Entstehung von
Kaufverträgen
beurteilen

Sowohl für den Grundstückkauf und den Abzahlungskauf verlangt das Gesetz die Schriftform.

A] Was bedeutet das genau beim Abzahlungskauf?

B] Was bedeutet das genau beim Grundstückkauf?

Arbeiten Sie mit dem Gesetz, indem Sie die Gesetzesstellen exakt zitieren.

10 Welche Rechte und Pflichten haben die Vertragsparteien beim Kaufvertrag?

77 Besitz und Eigentum

☐ **10**
Rechte und Pflichten
beim Kaufvertrag
erkennen

Johanna Schnell fährt auf einem Motorrad vor. Ist Frau Schnell Besitzerin oder Eigentümerin des Motorrads?

12 Richtige Erfüllung durch den Verkäufer

☐ **10**
Rechte und Pflichten
beim Kaufvertrag
erkennen

A und B schliessen miteinander einen Kaufvertrag ab. Geben Sie in den folgenden Fällen an, was der Verkäufer tun muss, damit er seine Hauptpflicht aus dem Vertrag erfüllt hat.

A] Der Verkäufer verkauft eine Stereoanlage.

B] Der Verkäufer verkauft eine Eigentumswohnung.

34 Kostenverteilung

☐ **10**
Rechte und Pflichten
beim Kaufvertrag
erkennen

A] Die Bestimmung von OR 188 lässt sich zu einem ganz kurzen Merksatz über die Kostenverteilung für die Übergabe/Übernahme der Kaufsache verdichten. Wie würden Sie diesen Merksatz formulieren?

B] Stimmt dieser Merksatz auch, wenn die Vertragspartner einen sogenannten Versendungskauf abgemacht haben (OR 189)?

C] Sind die Bestimmungen von OR 188 und 189 dispositives oder zwingendes Recht?

TEIL B ÜBUNGEN

☐ **10**

Rechte und Pflichten
beim Kaufvertrag
erkennen

Frau Lehner möchte einen ganz bestimmten CD-Player kaufen. Der Händler gibt ihr die Auskunft, dass er diesen Typ nicht am Lager habe. Er müsse ihn beim zentralen Lager seiner Ladenkette bestellen. Frau Lehner fragt nach dem Preis. Der Händler schaut in der Artikelliste nach und sagt ihr: «Ich kann Ihnen das Gerät für Fr. 1 250.– offerieren.» Frau Lehner gibt die Bestellung auf und vereinbart mit dem Händler, dass er ihr das Gerät sofort nach Erhalt schicken werde. Als Frau Lehner das Gerät zwei Wochen später zugesandt erhält, staunt sie nicht schlecht über die Rechnung, die der Sendung beiliegt:

Basispreis für den CD-Player wie offeriert	Fr. 1 250.00
Bestell- und Versandkosten	
– Bestellung im Lager sowie Lieferung vom Lager in den Laden	Fr. 33.50
– Lieferung ab Laden an Frau Lehner inkl. Porto und Verpackung	Fr. 21.70
	Fr. 1 305.20
Mehrwertsteuer 7,6%	Fr. 99.20
Total rein netto, zahlbar innert 30 Tagen	Fr. 1 404.40

Frau Lehner ist der Meinung, dass sie nur die Fr. 1 250.– bezahlen müsse, denn für diesen Preis habe ihr der Händler das Produkt offeriert. Der Händler ist der Meinung, dass er die Bestell- und Versandkosten auf die Kundin abwälzen könne. Denn immerhin handle es sich um eine Extrabestellung, was Frau Lehner gewusst habe. Und was die Mehrwertsteuer angehe, seien Ladenpreise ohnehin immer Basispreise ohne Mehrwertsteuer. Wer hat nun Recht, der Händler oder Frau Lehner?

11 Fehler bei der Erfüllung des Kaufvertrags

78 Lieferverzug im nichtkaufmännischen Verkehr

☐ **10**

Rechtsfolgen von
Erfüllungsfehlern
ableiten

Herr Gagliardi hat von der Zeller AG, Baurohstoffe, 50 Granitplatten für seinen Garten bestellt. Die Lieferung wurde auf den 30. März versprochen, ist aber ausgeblieben. Darauf hat folgender Schriftwechsel stattgefunden:

Am 10. April: Eingeschriebener Brief von Herrn Gagliardi an die Zeller AG: «... Sie haben mir versprochen, am 30. März 50 Granitplatten zu liefern. Diese sind bei mir nicht eingetroffen. Mit diesem Schreiben mahne ich Sie, die 50 Granitplatten zu liefern ...»

Am 30. April: Weiteres eingeschriebenes Schreiben von Herrn Gagliardi an die Zeller AG: «... Ich bin sehr verärgert, dass Sie auf meine Mahnung vom 10. April nicht reagiert haben. Ich stelle fest, dass die auf den 30. März versprochene Lieferung der 50 Granitplatten noch immer nicht bei mir eingetroffen ist. Ich entscheide mich hiermit, vom Vertrag zurückzutreten. Für meine Aufwendungen im Zusammenhang mit dem Vertragsabschluss stelle ich Ihnen Fr. 350.– in Rechnung.»

A] Welche drei Wahlrechte stehen Herrn Gagliardi grundsätzlich zur Verfügung und welches davon hat er tatsächlich gewählt?

B] Als Herr Gagliardi am 25. Mai nach Hause kommt, staunt er nicht schlecht. Die 50 Platten der Zeller AG sind fein säuberlich in seinem Garten aufgeschichtet. Da der Vertrag in seinen Augen überhaupt nicht mehr besteht, fordert er die Zeller AG auf, die Platten umgehend wieder abzuholen. Die Zeller AG bestreitet nicht, dass sie das Schreiben vom 30. April erhalten hat. Sie stellt sich aber zu Recht auf den Standpunkt, dass der Vertrag nicht rechtsgültig aufgelöst worden sei. Begründen Sie, weshalb die Zeller AG tatsächlich im Recht ist.

13 Lieferverzug im kaufmännischen Verkehr

☐ **10**

Rechtsfolgen von
Erfüllungsfehlern
ableiten

A] Was versteht man unter kaufmännischem Verkehr (3 Worte)?

B] Weshalb sieht das OR bei Lieferverzug im kaufmännischen Verkehr die Wahlmöglich-
keit Verzicht auf Leistung und Schadenersatz wegen Ausbleibens der Leistung als Normalfall vor?

35 Sachgewährleistung

☐ **10**

Rechtsfolgen von
Erfüllungsfehlern
ableiten

Was bedeuten die beiden (altertümlichen) Begriffe Wandelung und Minderung?

57 Sachgewährleistung

☐ **10**

Rechtsfolgen von
Erfüllungsfehlern
ableiten

Ein Freund erzählt Ihnen ganz stolz, dass er beim Kauf seiner Occasionsstereoanlage eine
Garantie von 3 Monaten hat rausschlagen können. Während dieser Zeit habe er einen
Reparaturanspruch gegen den Verkäufer.

In mindestens zwei Punkten würde Ihr Freund besser fahren, wenn er mit dem Verkäufer
überhaupt nichts abgemacht hätte. Welche sind es?

79 Sachgewährleistung

☐ **10**

Rechtsfolgen von
Erfüllungsfehlern
ableiten

Sie haben einen Occasionswagen gekauft und holen diesen am 17. September ab. Am
nächsten Tag bemerken Sie einen Lackschaden und ein defektes CD-Laufwerk. Sie gehen
zum Occasionshändler und beanstanden die Schäden. Der Händler sagt, das gehe ihn
nichts mehr an. Wie beurteilen Sie die Rechtslage?

14 Zahlungsverzug

☐ **10**

Rechtsfolgen von
Erfüllungsfehlern
ableiten

Lebensmittelhändler Marinetti bestellt beim Grossisten Kellermann 400 kg Aprikosen zum
Preis von Fr. 2.40 je Kilo.

A] Es wird Barzahlung vereinbart. Der Fahrer von Marinetti will die Ware abholen, hat aber
kein Geld dabei. Erklären Sie, welche Rechte Kellermann hat und wie er vorgehen muss.

B] Wie würde Kellermann wohl vorgehen, wenn am betreffenden Tag das Kilo Aprikosen
auf dem Grossistenmarkt für Fr. 2.20 gehandelt wird?

C] Wie müsste Kellermann vorgehen, wenn Zahlung auf Rechnung innert 30 Tagen vereinbart ist, und welche Ansprüche hat er, wenn Marinetti nicht bezahlt?

TEIL B ÜBUNGEN

Der Mietvertrag (Lehrbuch Teil G)

12   Was ist ein Mietvertrag und wie entsteht er?

36 Entstehung des Mietvertrags

☐ 11

Entstehung von
Mietverträgen
beurteilen

Herr Dobler ist Wohnungsvermieter. Frau Eigenmann ist 17-jährig und interessiert sich für eine seiner Wohnungen. Sie kostet Fr. 750.– im Monat.

A] Unter welchen Voraussetzungen kann Herr Dobler einen gültigen Mietvertrag mit Frau Eigenmann abschliessen?

B] Herr Dobler setzt bei seinen Rechtsgeschäften auf gegenseitiges Vertrauen. Er misst deshalb dem Handschlag mehr Gewicht bei als einem grossen Schriftstück. Was meint das Mietrecht zu seiner Philosophie?

C] Frau Eigenmann möchte etwas Schriftliches in den Händen haben. Herr Dobler ist bereit, einen entsprechenden Vertrag aufzusetzen. Formulieren Sie einen Vertragstext, der nur das enthält, was für die Vertragsentstehung unbedingt nötig ist.

13   Welche Rechte und Pflichten haben die Vertragsparteien beim Mietvertrag?

58 Mängel der Mietsache

☐ 12

Rechte und Pflichten
beim Mietvertrag
erkennen

Liegt ein schwerer, mittlerer oder leichter Mangel vor? – Begründen Sie Ihre Antwort. Frau Ardila mietet ein Auto und stellt bei der Übergabe Folgendes fest:

A] Der Sicherheitsgurt auf der Fahrerseite ist defekt.

B] Der eingebaute CD-Player funktioniert nicht.

C] Der rechte Blinker funktioniert nicht, weil die Birne defekt ist.

80 Rechte und Pflichten von Mieter und Vermieter

☐ 12

Rechte und Pflichten
beim Mietvertrag
erkennen

Vervollständigen Sie die folgende Tabelle, indem Sie die in den genannten Artikeln geregelten Pflichten eintragen.

Die Pflichten der Vertragspartner im Mietvertrag

Pflichten des Vermieters	Pflichten des Mieters
Zwei Hauptpflichten	**Zwei Hauptpflichten**
• OR 256, 258 _____	• OR 257, 257a _____
• OR 259a ff. _____	• OR 253 (indirekt) _____
Drei Nebenpflichten	**Fünf Nebenpflichten**
• OR 256a II _____	• OR 257f I _____
• OR 256a I _____	• OR 257f II _____
• OR 256b _____	• OR 257g _____
	• OR 259 _____
	• OR 257h _____

14 Die Verletzung des Mietvertrags

15 Mangel der Mietsache

☐ **12**

Rechtsfolgen von Erfüllungsfehlern ableiten

Vor Ihrem Haus findet eine Strassensanierung statt. Sie dauert 3 Monate und manchmal wird auch nachts gearbeitet. Die Lärm- und Staubbelastung ist enorm. Weil Sie sich gerade auf eine Abschlussprüfung vorbereiten, ist die Wohnung für Sie unbenützbar. Sie entscheiden sich, vorübergehend auszuziehen, und fragen sich, ob Sie einen Teil der Kosten auf den Vermieter abwälzen können.

A] Aus Sicht des Mietrechts liegt hier ein Mangel vor, für den der Vermieter einzustehen hat. Nach OR 259–259i hat der Mieter insgesamt fünf Möglichkeiten. Ermitteln Sie aus den genannten Artikeln die fünf möglichen Ansprüche.

B] Welche der fünf Möglichkeiten stehen Ihnen im vorliegenden Fall zur Verfügung?

C] Wie müssen Sie korrekt vorgehen, wenn Sie Ihre Rechte wahrnehmen wollen?

37 Mietzinsrückstand

☐ 12

Rechtsfolgen von Erfüllungsfehlern ableiten

Herr Anton Rohr zahlt die Miete für seine 4-Zimmer-Wohnung nicht immer sehr pünktlich. Am 10. Mai hat er die Miete für diesen Monat wieder nicht bezahlt. Der Vermieter fordert ihn deshalb am 12. Mai **schriftlich** auf, sofort zu zahlen.

A] Welchen Inhalt muss die Zahlungsaufforderung haben, damit die ausserordentliche Kündigung danach möglich ist?

B] Angenommen, Herr Rohr zahlt nicht. Wann wäre der frühestmögliche Zeitpunkt, in dem der Vermieter Rohr aus der Wohnung weisen kann?

59 Rücksichtnahme

☐ 12

Rechtsfolgen von Erfüllungsfehlern ableiten

Student Ronny Fehr ist Musikliebhaber. Spät nachts hört er regelmässig noch laut Musik. Die Nachbarn reklamieren beim Vermieter. Verschiedene Gespräche haben aber nichts genützt. Wie kann der Vermieter vorgehen, um der Nachtruhestörung endlich einen Riegel vorzuschieben?

15   Die Kündigung des Mietverhältnisses

81 Beendigung des Mietverhältnisses

☐ 12

Rechte und Pflichten beim Mietvertrag erkennen

Frau Faller hat einen Mietvertrag für eine Mietwohnung abgeschlossen. Nun findet sie noch vor Mietantritt eine bessere Wohnung. Ihr Problem ist, den ersten Mietvertrag aufzulösen.

A] Nennen Sie die vier Möglichkeiten, die es gibt, um einen Vertrag wieder aufzulösen.

B] Frau Faller prüft, was passiert, wenn sie das Mietverhältnis ordentlich kündigen würde. Welche Kündigungsfrist hätte sie und was müsste sie ausserdem berücksichtigen?

C] Das Mietrecht gibt Frau Faller eine Möglichkeit, wie sie ihr Problem lösen könnte. Welche ist es und wie müsste sie vorgehen?

16   Schutz vor missbräuchlichen Mietzinsen und Kündigungsschutz bei Wohn- und Geschäftsräumen

16 Mieterschutz

☐ 12

Rechte und Pflichten beim Mietvertrag erkennen

Kunstmalerin Hannah hat ihr Wohnatelier seit drei Jahren in der idyllischen Altbauliegenschaft Krämerstein. Der Vermieter vereinbarte mit ihr einen unbefristeten Mietvertrag. Hannah erhielt vor vierzehn Tagen die Kündigung. Sie ist verzweifelt, denn sie hängt sehr an ihrer Dachwohnung und möchte auf keinen Fall ausziehen. Sie bittet Sie um Rat.

A] Welche zwei Möglichkeiten hat Hannah?

B] Wie schätzen Sie die Erfolgsaussichten der beiden Möglichkeiten ein?

C] Wie muss Hannah vorgehen?

Der Arbeitsvertrag (Lehrbuch Teil H)

17 Was ist ein Arbeitsvertrag und wie entsteht er?

38 Der Arbeitsvertrag

☐ 13

Entstehung von
Arbeitsverträgen
beurteilen

Jens Fischer, selbständiger Softwareentwickler, zu Elena Krüger: «Du, ich hätte einen Super-Ferienjob für dich als Webdesignerin.» Elena zu Jens: «Einverstanden, ich fange morgen an.»

Ist hier ein Arbeitsvertrag entstanden? Prüfen Sie die vier Voraussetzungen, die erfüllt sein müssen.

18 Welche Rechte und Pflichten haben die Vertragsparteien im Arbeitsvertrag?

60 Inhalt der Arbeitspflicht

☐ 14

Rechte und Pflichten
beim Arbeitsvertrag
erkennen

A] Fritz Gedeon ist als Goldschmied angestellt. Seine Chefin überträgt ihm jeweils am Freitag die Reinigung von Werkstatt und Ladenlokal, was ihn sehr ärgert. Welche Informationen müsste man einholen, um herauszufinden, ob Fritz Gedeon zur Reinigung verpflichtet ist?

B] Fritz Gedeon wird mit der äusserst heiklen Reparatur eines Colliers betraut. Die Reparatur misslingt, und das Collier wird dabei zerstört. Kann die Chefin Goldschmied Gedeon dafür zur Verantwortung ziehen?

82 Überstunden

☐ 14

Rechte und Pflichten
beim Arbeitsvertrag
erkennen

In einem Stammtischgespräch zum Thema Überstundenvergütung stellt sich Folgendes heraus: Herr Amstein erhält bloss den Stundenlohn vergütet, Frau Bächer dagegen den Stundenlohn mit einem Zuschlag von 25 %, Herr Chrummenacher kann Überstunden mit Freizeit kompensieren und Frau Degen erhält weder eine Entschädigung noch kann er kompensieren.

A] Welche der Überstundenregelungen ist unter welchen Voraussetzungen zulässig?

B] Welche der Regelungen wird eigentlich vom Gesetz vorgesehen?

17 Lohnfortzahlung

☐ 14

Rechte und Pflichten
beim Arbeitsvertrag
erkennen

Frau Segesser trat am 1. März eine neue Stelle an. Im Juni bleibt sie wegen einer Grippe eine Woche der Arbeit fern. Im Oktober erfährt sie von ihrer Schwangerschaft. Weil diese nicht ganz reibungslos verläuft, kann sie zudem bis Ende Februar insgesamt 12 Arbeitstage nicht arbeiten. Wie lange dauert die Lohnfortzahlungspflicht des Arbeitgebers?

39 Ferien

A] Aus betrieblichen Gründen ordnet der Arbeitgeber im November an, dass die ganze Belegschaft im August des nächsten Jahres drei Wochen Ferien nehmen muss. Darf er das?

B] Frau Zürcher hat schon vor längerer Zeit eine dreiwöchige Ferienreise im März gebucht, in der Annahme, sie kriege dann schon frei. Muss sie nun diese Ferienreise verschieben?

19 Die Verletzung des Arbeitsvertrags

61 Rechtsfolgen von Pflichtverletzungen

Liegt in den folgenden Fällen eine Vertragsverletzung vor? Wenn ja, welcher Art ist sie und wie müsste der Arbeitnehmer vorgehen?

A] Der Arbeitnehmer erhält ein Zwischenzeugnis, das seinen Leistungen nicht entspricht.

B] Der Arbeitgeber zahlt den Lohn jeweils erst am 6. des nächsten Monats aus.

C] Der Arbeitgeber weist dem Arbeitnehmer Arbeiten ausserhalb des Pflichtenhefts zu.

20 Die Beendigung des Arbeitsverhältnisses

83 Beendigung des Arbeitsverhältnisses

Wann enden die folgenden Arbeitsverhältnisse?

A] Stellenantritt am 1. September; Eingang der Kündigung am 7. Oktober im Folgejahr.

B] Stellenantritt am 1. Februar; Eingang der Kündigung 12. Februar.

18 Kündigungsschutz

Frau Trunniger wird im 3. Dienstjahr schwanger. Weil Komplikationen auftreten, darf sie ab dem 6. Monat nicht mehr arbeiten. Wann darf ihr der Arbeitgeber frühestens kündigen?

21 Der Lehrvertrag

40 Auflösung

Unter welchen Voraussetzungen kann man einen Lehrvertrag auflösen?

Das Unternehmens- und das Gesellschaftsrecht (Lehrbuch Teil I)

22 Die Unternehmensformen

62 Einzelunternehmung und Gesellschaft

☐ 15

Einzelunternehmung, Kollektivgesellschaft, GmbH und AG unterscheiden

Für den Entscheid, ob man eine Unternehmung als Einzelunternehmen oder als Gesellschaft betreiben will, sind vor allem die in der Tabelle aufgezählten fünf Kriterien ausschlaggebend. Füllen Sie die Tabelle wie folgt aus:

- Bewerten Sie zuerst das jeweilige Kriterium, indem Sie das Ihrer Meinung nach nicht zutreffende Zeichen durchstreichen. + steht für Vorteil, – steht für Nachteil.
- Geben Sie darauf mit Stichworten an, wie Sie Ihre Bewertung begründen.

Kriterien	Einzelunternehmung	Gesellschaft
1. Flexibilität	Bewertung: +/– Begründung:	Bewertung: +/– Begründung: ....
2. Unternehmerisches Risiko/Haftung	Bewertung: +/– Begründung:	Bewertung: +/– Begründung: ....
3. Unternehmer-Ressourcen	Bewertung: +/– Begründung:	Bewertung: +/– Begründung: ....
4. Kreditwürdigkeit	Bewertung: +/– Begründung:	Bewertung: +/– Begründung: ....
5. Finanzierungsmöglichkeiten	Bewertung: +/– Begründung:	Bewertung: +/– Begründung: ....

84 Grundbegriffe des Gesellschaftsrechts

☐ 15

Einzelunternehmung, Kollektivgesellschaft, GmbH und AG unterscheiden

A] Was ist eine juristische Person? – Erklären Sie mit einem Satz.

B] Wie handelt eine juristische Person? – Ein Stichwort genügt.

C] Was ist aus der Sicht der Gesellschafter der entscheidende Vorteil einer Gesellschaft mit juristischer Persönlichkeit gegenüber einer Gesellschaft ohne juristische Persönlichkeit? – Erklären Sie mit einem bis maximal zwei Sätzen.

TEIL B ÜBUNGEN

23   Kollektivgesellschaft, AG und GmbH unter der Lupe

19 Haftung für Verbindlichkeiten der Gesellschaft

☐ **15**

Einzelunternehmung, Kollektivgesellschaft, GmbH und AG unterscheiden

Ein Unternehmen schuldet seiner Vermieterin Fr. 60 000.– für aufgelaufene Mietzinsen. Wer haftet für diese Schulden, wenn es sich

A] um die Bruno Holzer, Baubedarf, handelt?

B] um die Holzer Baubedarf AG handelt?

C] um die Holzer und Partner, Baubedarf, handelt?

D] um die Baubedarf GmbH handelt?

Geben Sie bei Ihrer Antwort jeweils den Gesetzesartikel an, auf den Sie sich abstützen.

41 Geschäftsführung und Vertretung

☐ **15**

Einzelunternehmung, Kollektivgesellschaft, GmbH und AG unterscheiden

Wie ist die Frage der Geschäftsführung und Vertretung bei den verschiedenen Unternehmensformen geregelt? Füllen Sie die folgende Tabelle aus und nehmen Sie an, dass die Grundprinzipien gelten, wie sie im OR vorgesehen sind.

	Geschäftsführung durch	Vertretung durch
Einzelunternehmung	....	....
Kollektivgesellschaft	.... (OR ...... und ......)	.... (OR ......)
AG	.... (OR ......)	.... (OR ......)
GmbH	.... (OR ......)	.... (OR ......)

63 Wahl der Unternehmensform

☐ **16**

Rechtsform bei der Unternehmensgründung wählen

Daniel von Arx, Carla Bley und José Corallo möchten zusammen eine Konzertagentur gründen. Weil sie vorerst nur lokale Bands verpflichten wollen, rechnen sie mit einem Eigenkapitalbedarf von Fr. 50 000.–. Sie haben aber das Ziel, später auch internationale Konzerte und kleinere Musicalproduktionen zu veranstalten, und schätzen, dass sie dann eine Eigenkapitalbasis von ca. Fr. 250 000.– benötigen werden.

Carla Bley und José Corallo bringen je Fr. 20 000.– in die Gesellschaft ein, Daniel von Arx Fr. 10 000.–. Alle drei wollen aktiv mitarbeiten.

Der Businessplan sieht vor, dass die Veranstaltung internationaler Konzerte in drei Jahren aufgenommen werden soll. Die Gründer rechnen damit, dass bis dann zusätzliche Fr. 100 000.– Eigenmittel aus nicht ausbezahlten Gewinnen gebildet werden können. Für den Restbetrag von Fr. 100 000.– soll dann ein weiterer Kapitalgeber gesucht werden.

A] Im ersten Jahr erzielen die drei einen Reingewinn von Fr. 18 000.–. Diesen wollen sie bekanntlich als Eigenkapital in der Gesellschaft behalten. Nehmen wir nun aber an, sie wollten ihn auszahlen. Geben Sie an, wie viel jeder erhalten würde, wenn die drei eine Kollektivgesellschaft, eine GmbH oder eine AG gegründet haben. Nehmen Sie an, dass im Gesellschaftsvertrag bzw. in den Statuten nichts über die Gewinnverteilung abgemacht ist.

	Gewinnanteil in Fr. Carla Bley	Gewinnanteil in Fr. José Corallo	Gewinnanteil in Fr. Daniel von Arx
Kollektivgesellschaft Verteilung nach: ....prinzip (**OR** ...... **und** ......)	....	....	....
GmbH Verteilung nach: ....prinzip (**OR** ......)	....	....	....
AG Verteilung nach: ....prinzip (**OR** ......)	....	....	....

B] Sollen Daniel von Arx, Carla Bley und José Corallo eine Kollektivgesellschaft, eine AG oder eine GmbH gründen? Erarbeiten Sie einen Lösungsvorschlag mit Hilfe der Checkliste auf S. 45 (Wahl der Gesellschaftsform) und begründen Sie Ihre Lösung mit zwei bis drei Sätzen.

85 Gründung einer Gesellschaft

☐ **17**
Ablauf der Unternehmensgründung erläutern

Beschreiben Sie mit Stichworten die wesentlichen Schritte bei der Gründung

A] einer Kollektivgesellschaft,

B] einer GmbH,

C] einer AG.

20 Handelsregister

☐ 18

Funktion/Wirkung des HR erklären und Handelsregistereinträge interpretieren

Die folgende Abbildung zeigt einen Handelsregistereintrag, wie er im SHAB publiziert ist:

■ **GPS Technologies GmbH,** in Gebenstorf, Wiesenstrasse 13, 5412 Gebenstorf, Gesellschaft mit beschränkter Haftung (Neueintragung). Statutendatum: 25.01.2002. Zweck: Servicedienstleistungen an elektronischen Instrumenten und Geräten, Handel im In- und Ausland mit elektronischen Instrumenten, Maschinen und Geräten sowie Waren aller Art; kann im In- und Ausland Zweigniederlassungen errichten, sich bei anderen Unternehmen des In- und Ausland beteiligen sowie Liegenschaften und Wertschriften im In- und Ausland erwerben, verwalten und verkaufen. Stammkapital: CHF 50000.–. Publikationsorgan: SHAB. Eingetragene Personen: Baier, Stefan, von Obersiggenthal, in Baden, Gesellschafter und Geschäftsführer, mit Einzelunterschrift, mit einer Stammeinlage von CHF 41000.–; Gerspach, Andreas, deutscher Staatsangehöriger, in Rödermark (D), Gesellschafter, ohne Zeichnungsberechtigung, mit einer Stammeinlage von CHF 9000.–.

A] Wie lautet die Firma des Unternehmens?

B] Wo muss das Unternehmen betrieben oder eingeklagt werden?

C] Welche Rechtsform hat das Unternehmen?

D] Welchen Zweck hat das Unternehmen?

E] Wie haftet das Unternehmen?

F] Welches sind die Gesellschafter?

G] Wer ist geschäftsführungsberechtigt?

H] Wer ist wie vertretungsberechtigt?

42 Handelsregister

☐ 18

Funktion/Wirkung des HR erklären und Handelsregistereinträge interpretieren

Man sagt, dass das Handelsregister positive und negative Publizitätswirkung habe. Was versteht man darunter?

Recht haben und Recht bekommen – Das Verfahrensrecht (Lehrbuch Teil J)

25   Das Verfahrensrecht im Überblick

64 Verfahrensrecht

☐ **19**
Grundzüge des
Verwaltungs-, des
Straf- und des Zivil-
verfahrens erklären

Herr Leu hat ein Baugesuch für den Umbau seines Einfamilienhauses eingereicht. Die Behörde hat die Baubewilligung verweigert, mit der Begründung, dass das Bauvorhaben die gesetzlichen Bestimmungen nicht erfüllt.

A] Wie heisst der Entscheid, mit dem die Behörde die Baubewilligung verweigert?

B] Herr Leu ist nicht einverstanden mit der Begründung der Behörde. Er ist der Meinung, dass sein Bauvorhaben sehr wohl mit den Bauvorschriften übereinstimmt, und möchte sich gegen den Erlass der Behörden zur Wehr setzen. Wie findet er heraus, innert welcher Frist er was unternehmen muss, und wie heisst das Fachwort für «etwas gegen einen Behördenentscheid unternehmen»?

C] Was ist die Folge, wenn er die Frist verpasst?

86 Verfahrensrecht

☐ **19**
Grundzüge des
Verwaltungs-, des
Straf- und des Zivil-
verfahrens erklären

Das Strafverfahren verläuft typischerweise in vier Schritten. Welche sind es?

21 Verfahrensrecht

☐ **19**
Grundzüge des
Verwaltungs-, des
Straf- und des Zivil-
verfahrens erklären

Herr Rudin schuldet Frau Kollbacher Fr. 2000.–. Frau Kollbacher hat Herrn Rudin schon mehrmals zur Leistung aufgefordert und ihm auch eine Nachfrist gesetzt. Nun will sie Nägel mit Köpfen machen.

A] Frau Kollbacher weiss, dass Rudin nicht bezahlt, weil er der Meinung ist, dass Frau Kollbacher überhaupt nichts von ihm zugut hat. Sie überlegt sich nun, welche Grundvoraussetzung erfüllt sein muss, damit sie überhaupt Aussicht auf Erfolg hat. Wovon hängen ihre Erfolgsaussichten ab?

B] Frau Kollbacher hat zwei Möglichkeiten, wie sie nun vorgehen kann. Welche beiden sind es?

C] Rudin wohnt in Winterthur, Frau Kollbacher in Bern. Wo muss Frau Kollbacher ihre Schritte gegen Rudin einleiten?

TEIL B ÜBUNGEN

26   Das Schuldbetreibungs- und Konkursrecht

43 Betreibung

☐ **20**

Zwangsvollstre-
ckungsverfahren für
Geldforderungen
beschreiben

Erich Schneider wird für die fällige Leasingrate eines Fernsehapparates von der TV-Leasing AG betrieben. Die Gläubigerin hat einen von Schneider unterschriebenen Leasingvertrag und ein ebenfalls von Schneider unterschriebenes Übernahmeprotokoll.

A] Mit welchem ersten Schritt leitet die TV-Leasing AG die Betreibung gegen Schneider ein und an wen muss sie sich richten?

B] Wie heisst das Schriftstück, das Schneider daraufhin erhält?

C] Schneider hat drei Möglichkeiten, um auf das erhaltene Schriftstück zu reagieren. Welche sind es und welche Fristen gelten?

D] Schneider hat sich gegen die Forderung zur Wehr gesetzt. Was muss die TV-Leasing AG nun tun und helfen ihr die beiden von Schneider unterschriebenen Schriftstücke?

E] Die TV-Leasing AG hat das Abwehrmittel von Schneider erfolgreich beseitigt. Schneider ist Privatperson. Wie heisst die Betreibungsart, in der das Verfahren nun verläuft?

F] Die TV-Leasing AG muss das Betreibungsverfahren noch mindestens zweimal vorantreiben. Wie heissen die beiden Begehren, mit denen sie das Verfahren vorantreiben muss?

G] Angenommen, die TV-Leasing AG komme trotz Betreibungsverfahren zu Verlust. Was erhält sie dann?

Das Familienrecht und das Erbrecht – zwei wichtige Themen aus dem ZGB (Lehrbuch Teil K)

27   Das Eherecht

65 Eheschliessung

☐ **21**

Voraussetzungen
und Verfahren der
Eheschliessung
beschreiben

Herr Fischbach möchte seine Cousine heiraten.

A] Ist das zulässig? – Prüfen Sie aufgrund des Gesetzes alle Möglichkeiten, an denen eine Ehe scheitern könnte (Ehefähigkeit und Ehehindernisse).

B] In welchen Schritten würde die Eheschliessung ablaufen?

87 Scheidungsgründe

☐ **23**

Grundzüge des
Scheidungsver-
fahrens und der
Scheidungsfolgen
erläutern

Das Ehepaar Stoll ist seit 5 Jahren verheiratet. Nun lernt Frau Stoll die Liebe ihres Lebens kennen und möchte sich scheiden lassen. Wie kommt sie zur Scheidung?

22 Ehegüterrecht

☐ **24**

Vermögensrecht-
liche Stellung der
Ehepartner und
Güterstände
benennen

Das Ehepaar Treu hat buchstäblich bei null angefangen. Während der Ehe wächst das Vermögen durch Berufstätigkeit von Herrn Treu auf Fr. 300 000.– an. Frau Treu hat während
der Ehe eine Erbschaft von Fr. 30 000.– gemacht und Fr. 70 000.– durch ihre Arbeit als PR-
Beraterin angespart. Es kommt zur Scheidung:

A] Unter welchem Güterstand leben die Ehepartner, wenn nichts vereinbart ist?

B] Wer würde bei der Scheidung wie viel erhalten?

C] Welche anderen beiden Güterstände gibt es?

28   Das Erbrecht

44 Gesetzliche Erbfolge

☐ **25**

Gesetzliche Erbfolge
bestimmen

Frau Haldimann hat zwei Töchter Janet und Melanie. Ausserdem lebt noch Frau Haldimanns Schwester Nicole.

A] Frau Haldimann stirbt und hinterlässt ein Nettovermögen von Fr. 120 000.–. Wer erbt in
dieser Konstellation wie viel, wenn Frau Haldimann kein Testament aufgestellt hat?
Machen Sie zuerst eine Zeichnung und verteilen Sie dann die Erbschaft, indem Sie sich auf
den relevanten Gesetzesartikel abstützen.

B] Frau Haldimann möchte, dass ihr langjähriger Lebenspartner, der nicht der Vater ihrer
Töchter ist, Fr. 20 000.– erhält. Ausserdem soll ihre Schwester Nico so viel wie möglich
erhalten. Sie stellt deshalb ein Testament auf. Wie viel kann sie darin ihrer Schwester
zuweisen? Stützen Sie sich bei Ihrer Antwort auf die relevanten Gesetzesartikel ab.

66 Errichtung eines Testaments

☐ **26**

Testament und
Erbvertrag unter-
scheiden

Frau Haldimann hat auf ihrem PC folgendes Testament aufgesetzt:

Testament von Gertrud Haldimann, 8888 Seldwyla

Ich verfüge heute wie folgt über das Schicksal meines Vermögens nach meinem Ableben:

1. Meine beiden Töchter Janet und Melanie erhalten den Pflichtteil.
2. Meinen langjährigen Lebenspartner, Moritz Studer, setze ich als Erben ein. Er erhält
    Fr. 20 000.–.
3. Meiner Schwester Nicole vermache ich Fr. 10 000.–.

8888 Seldwyla

[… eigenhändige Unterschrift …]

A] Es gibt drei Formen, um ein Testament zu errichten. Welche sind es?

B] Welche dieser Formen hat Frau Haldimann gewählt?

C] Das Testament von Frau Haldimann erfüllt das Formerfordernis in zwei Punkten nicht.
Wo sehen Sie die Probleme?

D] Wir behaupten: Moritz Suter und die Schwester Nicole erhalten eine unterschiedliche
Rechtsstellung. Worauf spielen wir an?

☐ **27**

Möglichkeiten der
Erben bei Anfall der
Erbschaft
beschreiben

Wer Erbe ist, übernimmt im Todesmoment des Erblassers dessen Rechte und Pflichten (ZGB 560). Nun kann es sein, dass jemand gar nicht Erbe sein will, oder es kann sein, dass jemand unsicher ist, ob die Erbschaft überschuldet ist und er aus seinem eigenen Sack die Schulden bezahlen muss. Es gibt deshalb vier Möglichkeiten, wie man sich als Erbe gegenüber einer Erbschaft verhalten kann. Welche sind es? Und welche Folgen haben sie für die Stellung des betreffenden Erben?

Teil C   Lösungen

1 Die Verhaltensregeln Seite 60

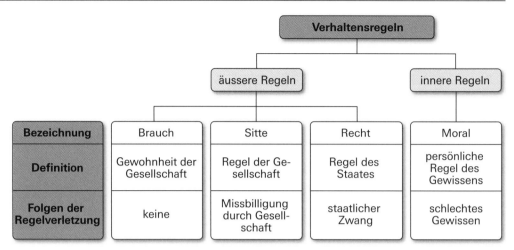

Ob der Einzelne die Regel gut findet, ist ohne Bedeutung. Die Überzeugung des Einzelnen ist das Entscheidende

2 Volksinitiative und Referendum Seite 61

Bei der **Volksinitiative** geht es um die **Änderung der Bundesverfassung.** Wenn es den Unterschriftensammlern gelingt, die nötigen **100 000 Unterschriften** zusammenzubringen, wird das Volk über die gewünschte Verfassungsänderung abstimmen. Beim **Referendum** geht es um ein neues **Gesetz, das vom Parlament bereits verabschiedet** worden ist. Die Unterschriftensammler wollen, dass auch das Volk darüber abstimmt. Sie brauchen dazu **50 000 Unterschriften.**

3 ZGB und OR im Überblick Seite 62

Das ZGB regelt die Lebensbereiche: 1. **«die Person»** im Personenrecht; 2. **«die Familie»** im Familienrecht; 3. **«das Erben»** im Erbrecht; 4. **«die Sachen»** im Sachenrecht. Das OR regelt den Lebensbereich: «die Geschäftsbeziehungen»

4 Von der Arbeit mit Gesetzen Seite 62

Art. 41 Abs. 1 OR, oder kürzer: OR 41 I.

5 Entstehungsgründe von Obligationen Seite 63

Vertrag (OR 1–40f), unerlaubte Handlung (OR 41–61) und ungerechtfertigte Bereicherung (OR 62–67)

6 Obligation entstanden? Seite 64

A] Der Händler stützt die Forderung auf den Entstehungsgrund der **ungerechtfertigten Bereicherung** ab (OR 62 I). Es handelt sich um einen nicht verwirklichten Rechtsgrund im Sinne von OR 62 II.

B] Der Sprecher beruft sich auf den Entstehungsgrund der **unerlaubten Handlung** (OR 41 I). Er behauptet, der andere habe unerlaubt sein Etui genommen **(Widerrechtlichkeit)**, dieses aus Unachtsamkeit fallen lassen **(Verschulden,** hier Fahrlässigkeit) und den

Kugelschreiber zerbrochen (**finanzieller Schaden**). Damit die Forderung entsteht, müsste auch noch der **adäquate Kausalzusammenhang** erfüllt sein.

C] Hier geht es um den **Entstehungsgrund des Vertrags** (OR 1). Offenbar haben die beiden abgemacht, dass der eine dem anderen eine CD verkauft. Der Sprecher hat sein Versprechen erfüllt und verlangt nun, dass der andere sein Versprechen auch erfüllt.

7   Ist ein Vertrag entstanden? Seite 66

Als 15-Jähriger ist Lukas beschränkt handlungsunfähig. Er ist urteilsfähig für den Kauf einer Fernsteuerung, er ist aber noch nicht mündig. Einen gültigen Kaufvertrag kann er unter folgenden Voraussetzungen abschliessen: Einwilligung des gesetzlichen Vertreters (der Eltern) oder Kauf aus eigenem Arbeitserwerb (ZGB 19 I und 323 I).
Der Verkäufer geht also ein Risiko ein, wenn er Lukas die Steuerung ohne Einwilligung der Eltern überlässt. Er muss damit rechnen, dass die Eltern die Zustimmug zum Vertrag verweigern (ZGB 410 f.). Was in ZGB in 410 f. für den Bevormundeten geregelt ist, gilt gemäss ZGB 305 auf für den Unmündigen.

8   Aus einem Vertrag aussteigen Seite 67

Grundsätzlich gilt, Verträge müssen erfüllt werden. Nur in besonderen Fällen kann der Vertrag wieder aufgelöst werden. Als Berater von Frau Peyer empfiehlt sich folgendes Vorgehen:

Ist ein **Aufhebungsvertrag möglich?** – Dies wird in der Regel der Fall sein. Allerdings wird die Buchhandlung in der Regel nur einwilligen, wenn Frau Peyer das Buch gegen ein anderes umtauscht. (So gesehen, handelt es sich eher um einen Änderungsvertrag als um einen Aufhebungsvertrag.)

Falls ein Aufhebungsvertrag nicht möglich ist, wäre zu prüfen, ob es ein **Rücktrittsrecht** gibt. Für den Buchkauf in einer Buchhandlung ist dies gesetzlich nicht vorgesehen, und es ist zu vermuten, dass auch nichts Entsprechendes abgemacht ist.

Daher wäre als Nächstes die **Anfechtung** des Vertrags zu prüfen. Anzeichen für eine Täuschung, Drohung oder Übervorteilung finden wir im Sachverhalt keine. In Frage käme allenfalls ein Erklärungsirrtum. Dazu müsste Frau Peyer aber belegen können, dass sie ein falsches Buch genommen hat.

Da es sich um einen Kaufvertrag handelt, **scheidet die Kündigung aus** (nur bei Dauerverträgen).

9   Wo ist der Erfüllungsort und wann muss man bar zahlen? Seite 68

A] Sie liegt falsch. Wenn nichts abgemacht ist, dann gelten die Regeln des OR für den Erfüllungsort. Beim Rasenmäher handelt es sich um eine Gattungssache. Erfüllungsort ist der Sitz der Toro AG in Zürich-Albisrieden (OR 74 II Ziff. 3).

B] Auch hier liegt Frau Zeller falsch. Sofern nicht eine andere Zahlungsart vereinbart wurde, kann die Toro AG auf Barzahlung bestehen. So sieht es die dispositive Erfüllungsregel des OR vor, die auch für Geldleistungen gilt (OR 75).

10 Vorgehen beim Schuldnerverzug Seite 69

A] Beim Mahngeschäft ist die Leistung jederzeit fällig. Mit der Mahnung kommt der Schuldner in **Verzug**. Erfolgt die Leistung nicht, muss der Gläubiger dem Schuldner eine **Nachfrist** ansetzen. Dies kann gleichzeitig mit der Mahnung geschehen (OR 120 I, 107 I).

B] Beim Verfalltagsgeschäft wird die Forderung mit unbenütztem Ablauf des Verfalltags **fällig**. Der Schuldner kommt damit gleichzeitig in **Verzug**. Danach muss der Gläubiger dem Schuldner mit der Mahnung eine **Nachfrist** ansetzen (OR 102 II, 107 I).

11 Zusammenhang von Allgemeinen Teil und Besonderem Teil des OR Seite 70

A] Wer bei einem besonderen Vertrag des OR die einschlägigen Gesetzesstellen finden will, muss wie folgt vorgehen:

1. **Schritt:** Nachschauen, ob sich bei den Regeln zum betreffenden Vertrag im Besonderen Teil des OR eine Bestimmung findet.
2. **Schritt:** Wenn sich keine Bestimmung findet: im Allgemeinen Teil nachschlagen (unter OR 1–67, wenn es um die Entstehung einer Obligation geht, unter OR 68–96, wenn es um die richtige Erfüllung einer Obligation geht, und unter OR 97–109, wenn es um einen Erfüllungsfehler geht).

B] Im Kaufrecht findet sich die Bestimmung von OR 189. Diese sagt aber nicht, unter welcher Voraussetzung der Verkäufer an den Schuldner liefern muss. Daher müssen wir im Allgemeinen Teil des OR nachschlagen. Da es um eine Frage der richtigen Erfüllung geht, kommen OR 68–96 zum Zug, und zwar OR 74 zum Erfüllungsort. Es handelt sich um eine Speziessache. Ihr Erfüllungsort ist am Ort, wo sie sich zur Zeit des Vertragsabschlusses befand (OR 74 II Ziff. 2). Der Garagist muss das Auto also nur liefern, wenn das so abgemacht ist. Sonst muss Herr Amberg es abholen.

12 Richtige Erfüllung durch den Verkäufer Seite 71

Im Kaufvertrag hat der Verkäufer die Pflicht, dem Käufer das Eigentum am Kaufgegenstand zu übertragen.

A] Bei beweglichen Sachen – wie einer Stereoanlage – muss er zur richtigen Erfüllung die Sache an den Käufer übergeben. Der Käufer wird im Moment der **Übergabe Besitzer** und damit **Eigentümer** (ZGB 714).

B] Bei Grundstücken – dazu gehört auch eine Eigentumswohnung – geht das Eigentum in dem Moment über, in dem der Käufer als Eigentümer im **Grundbuch** eingetragen ist (ZGB 656).

13 Lieferverzug im kaufmännischen Verkehr Seite 73

A] Kauf zum Wiederverkauf.

B] Der Wiederverkäufer ist in aller Regel selbst an einen Liefertermin gebunden. Deshalb wird er sich im Normalfall bei einem anderen Lieferanten um Ersatz bemühen müssen, was regelmässig höhere Kosten bedeuten wird (vgl. OR 190/191).

14 Zahlungsverzug Seite 73

A] Hier handelt es sich um einen **Barkauf,** bei dem der Verkäufer bei Zahlungsverzug des Käufers alle drei Wahlrechte hat. Nach der Spezialregel von OR 215 kann Kellermann beim Barkauf sofort vom Vertrag zurücktreten, wenn der Käufer nicht bezahlt. Kellermann kann aber auch an der Erfüllung des Vertrags festhalten oder einen Deckungsverkauf vornehmen und einen Mindererlös vom Käufer verlangen. Dazu muss er dem Käufer aber eine angemessene Nachfrist ansetzen. Da es sich hier um verderbliche Ware handelt und es für den Käufer leicht sein sollte, Geld zu beschaffen, dürfte hier eine Nachfrist von wenigen Stunden genügen.

B] Wenn der Käufer die Nachfrist unbenutzt verstreichen lässt, wird Kellermann einen Deckungsverkauf vornehmen und den Mindererlös von Fr. –.20 pro Kilo als Schadenersatz einfordern (OR 215).

C] Bei Zahlung auf Rechnung liegt ein **Kreditkauf** vor. Und beim Kreditkauf hat der Käufer grundsätzlich nur die Möglichkeit, auf Erfüllung des Vertrags zu bestehen (OR 214 III). Da es sich um ein Verfalltagsgeschäft handelt, kommt der Käufer automatisch in Verzug und mit Ablauf des Verfalltags beginnen die Verzugszinsen zu laufen.

Will Kellermann beim Kreditkauf sein Recht auf Vertragsrücktritt ausüben, dann muss im Vertrag ein Rücktrittsvorbehalt abgemacht sein (OR 214 III). Dies wäre hier aber sinnlos, weil die Aprikosen nach der Zahlungsfrist von 30 Tagen schon längst verfault sind.

15 Mangel der Mietsache Seite 75

A] Bei Mängeln an der Mietsache kommen folgende fünf Möglichkeiten in Betracht: Beseitigung verlangen (OR 259b lit. b), fristlose Kündigung (OR 259b lit. a – bei Wohnungen nur für schwere Mängel), Reduktion des Mietzinses (OR 259d), Schadenersatz bei Verschulden des Vermieters (OR 259e), Hinterlegung des Mietzinses (OR 259g–i).

B] Sie können **ausserordentlich kündigen,** denn bei den geschilderten Umständen handelt es sich um einen schweren Mangel und Sie können eine **Reduktion des Mietzinses** verlangen. Schadenersatz für das Hotelzimmer, das Sie allenfalls mieten müssen, können Sie dagegen nicht verlangen (OR 259d). Der Vermieter kann ja nichts dafür, dass sich nebenan eine Grossbaustelle befindet.

Die Beseitigung des Mangels und die Hinterlegung des Mietzinses kommen nicht in Betracht, weil sie ja sinnlos wären.

C] Vermutlich werden Sie von Ihrer Kündigungsmöglichkeit nicht Gebrauch machen, weil ja ein Ende der Bauarbeiten absehbar ist. Für die Reduktion des Mietzinses müssen Sie wie folgt vorgehen: Zuerst mit dem Vermieter Kontakt aufnehmen und eine Reduktion verlangen. Wie viel Sie verlangen können, bringen Sie am besten über den Mieterverband in Erfahrung. Falls sich der Vermieter nicht einverstanden erklärt, müssen Sie an die Schlichtungsstelle in Mietsachen gelangen, die dann entscheidet (OR 271 ff.).

16 Mieterschutz Seite 76

A] Hannah hat zwei Möglichkeiten. Sie kann bei der Schlichtungsbehörde innert Frist die **Kündigung ihres Vermieters anfechten** oder die Kündigung akzeptieren und bloss die **Erstreckung des Mietverhältnisses** beantragen.

B] Die **Anfechtung** der Kündigung ist nur erfolgversprechend, wenn sie missbräuchlich ist. Sobald der Vermieter einen sachlich plausiblen Grund vorbringen kann, scheidet Missbrauch aus. Erfolgversprechender scheint die **Erstreckung des Mietverhältnisses.** Hat Hannah Schwierigkeiten eine zahlbare und zumutbare neue Wohnung zu finden und kann der Vermieter nicht dringenden Eigenbedarf geltend machen, sind die Erfolgsaussichten gut (OR 272 II).

C] Die Anfechtung und die Mieterstreckung laufen nach dem folgenden Verfahren ab (OR 273).

1. Innert **30 Tagen** nach Erhalt der Kündigung muss Hannah ihr Begehren auf Anfechtung bzw. Mieterstreckung bei der **Schlichtungsbehörde** einreichen (OR 273 I und II). Wenn sie sich verspätet, hat sie ihr Recht verwirkt.
2. Die Behörde versucht eine Einigung zwischen den Parteien herbeizuführen. Kommt keine Einigung zustande, so fällt sie einen Entscheid über die Ansprüche der Vertragsparteien (OR 273 IV).
3. Wenn der Vermieter oder Hannah mit dem Entscheid der Schlichtungsbehörde nicht einverstanden ist, kann jeder innert **30 Tagen** den Richter anrufen. Andernfalls wird der Entscheid der Schlichtungsbehörde **rechtsverbindlich** (OR 273 V).

17 **Lohnfortzahlung** Seite 77

Im ersten Dienstjahr dauert die Lohnfortzahlungspflicht des Arbeitgebers gemäss OR 324a II 3 Wochen. Frau Segesser hat somit ihr dreiwöchiges Lohnfortzahlungsguthaben für das erste Dienstjahr schon um zwei Tage überschritten (Guthaben 15 Arbeitstage; 5 Tage Krankheit + 12 Tage Schwangerschaft = 17 Tage). Sofern nicht im EAV oder GAV eine günstigere Lösung vereinbart ist, muss der Arbeitgeber die letzten 2 der 17 Absenztage nicht mehr bezahlen. Erst für Absenzen des 2. Dienstjahres, d. h. ab dem 1. März (Beginn des 2. Dienstjahres) hat Frau Segesser wieder einen Lohnfortzahlungsanspruch.

18 **Kündigungsschutz** Seite 78

Nach OR 336c I lit. c darf der Arbeitgeber während der ganzen Schwangerschaft und während 16 Wochen nach der Geburt nicht kündigen. Erst danach ist eine Kündigung zulässig.

19 **Haftung für Verbindlichkeiten der Gesellschaft** Seite 80

A] Die «Bruno Holzer, Baubedarf» ist eine Einzelunternehmung. Hier haftet der Einzelunternehmer Bruno Holzer mit seinem ganzen Geschäfts- und Privatvermögen für seine Verbindlichkeiten. Das OR sieht dies für so selbstverständlich an, dass es dies nicht einmal regelt.

B] Die «Holzer Baubedarf AG» ist eine Aktiengesellschaft. Hier haftet nur das Gesellschaftsvermögen für die Verbindlichkeiten der Gesellschaft (OR 620).

C] Die «Holzer und Partner, Baubedarf» ist eine Kollektivgesellschaft. Für die Verbindlichkeiten haftet primär das Gesellschaftsvermögen und sekundär (sofern dieses nicht ausreicht) die Gesellschafter mit ihrem gesamten Privatvermögen (OR 552 und 568).

D] Die «Baubedarf GmbH» ist eine Gesellschaft mit beschränkter Haftung. Deshalb haftet nur das Gesellschaftsvermögen für die Verbindlichkeiten der Gesellschaft (OR 794).

20 Handelsregister Seite 82

A] Firma: GPS Technologies GmbH

B] Gerichtsstand/Betreibungsort: Gebenstorf

C] Rechtsform: GmbH

D] Zweck: «Serviecedienstleistungen an elektronischen Geräten, Handel mit solchen Geräten und mit Waren aller Art, Möglichkeit Zweigniederlassungen zu errichten, Liegenschaften und Wertschriften zu erwerben, zu verwalten und zu verkaufen.»

E] Haftung mit dem Gesellschaftsvermögen. Stammkapital Fr. 50 000.–

F] Gesellschafter: S. Baier und A. Gerspach

G] Geschäftsführungsberechtigung: S. Baier

H] Vertretungsberechtigung: S. Baier mit Einzelunterschrift

21 Verfahrensrecht Seite 83

A] Offenbar bestreitet Rudin, dass Frau Kollbacher eine Forderung gegen ihn hat. Dafür gibt es verschiedene Möglichkeiten. Entweder ist Rudin der Meinung, es sei überhaupt nie eine Forderung entstanden, oder er meint, dass eine entstandene Schuld nicht mehr besteht, z. B. weil er bereits bezahlt hat oder weil sie verjährt ist usw. Frau Kollbacher hat nun das Problem, dass sie den Bestand der Forderung beweisen muss (ZGB 8).

B] Sie kann entweder direkt die Betreibung einleiten (es geht ja um Geldforderungen) oder sie kann zuerst ein Gerichtsverfahren gegen Rudin einleiten.

Im Gerichtsverfahren beurteilt der Richter, ob Herr Rudin Frau Kollbacher tatsächlich etwas schuldet. Gewinnt sie diesen Prozess, hat sie für das später allenfalls folgende Betreibungsverfahren einen definitiven Rechtsöffnungstitel (rechtskräftiges Gerichtsurteil) in der Hand.

Die Betreibung wird Frau Kollbacher nur dann einleiten, wenn sie den Bestand ihrer Forderung mit Urkunden (Schriftstücken) belegen kann. Ist das nämlich nicht der Fall, wird Herr Rudin Rechtsvorschlag erheben und Frau Kollbacher wird in der Rechtsöffnung keinen Erfolg haben. Somit muss sie auch hier einen ordentlichen Prozess führen.

C] Gerichtsstand und Betreibungsort sind am Wohnsitz des Schuldners. Frau Kollbacher muss also in Winterthur klagen bzw. betreiben.

22 Ehegüterrecht Seite 85

A] Errungenschaftsbeteiligung (ZGB 196 ff.).

B] Herr Treu und Frau Treu haben keinerlei Eigengut in die Ehe gebracht. Alle Vermögenswerte sind Errungenschaft mit Ausnahme der Erbschaft, die Eigengut von Frau Treu ist. Bei der Errungenschaftsbeteiligung ist jeder Ehepartner zur Hälfte an der Errungenschaft des anderen beteiligt. Frau Treu erhält also Fr. 150 000.– von Herrn Treu und Herr Treu Fr. 35 000.– von Frau Treu (ZGB 197 f.).

TEIL C KOMMENTIERTE LÖSUNGEN

Frau Treu hat nach der Scheidung Fr. 215 000.– Vermögen.

Herr Treu hat nach der Scheidung Fr. 185 000.– Vermögen.

C] Die Gütertrennung und die Gütergemeinschaft (ZGB 221 ff. und 247 ff.).

23 Ethik und Recht Seite 60

A] Behandle andere so, wie du von ihnen behandelt werden möchtest.

B] Wir alle sind manchmal stärker als andere und manchmal schwächer. Wenn wir die Schwächeren sind, dann erwarten wir, von den Stärkeren rücksichtsvoll und fair behandelt zu werden. Daher sollten wir uns auch so verhalten, wenn wir die Stärkeren sind. Auf diese Weise lässt sich das Ziel, Schwächere zu schützen, aus der goldenen Regel der Ethik ableiten.

C] Hauptaufgabe des Rechts ist, den Frieden in der Gesellschaft zu sichern.

24 Volksinitiative und Referendum Seite 61

Für **Bundesgesetze,** wie das StGB eines ist, hat das Volk **kein Initiativrecht.** Darum können Sie keine Unterschriften für eine Gesetzesänderung sammeln. Trotzdem bleiben Ihnen viele Möglichkeiten. Sie könnten beispielsweise eine **Verfassungsinitiative** lancieren; Ihr Anliegen würde dann als neuer Verfassungsartikel den Weg in die Rechtsordnung finden. Ebenso könnten Sie versuchen, einen **Volksvertreter im Parlament** von Ihrem Anliegen zu überzeugen; dieser könnte die entsprechende Änderung des StGB beantragen.

25 Dispositives und zwingendes Recht Seite 62

zwingendes Recht: Rechtsnormen, die nicht abgeändert werden dürfen.

dispositives Recht: Rechtsnormen, die nur gelten, wenn nichts anderes abgemacht ist.

26 Von der Arbeit mit den Gesetzen Seite 62

A] Das 18. Altersjahr hat man zurückgelegt, wenn man den 18. Geburtstag gefeiert hat.

B] Das Schlüsselwort ist **«vernunftgemäss handeln».** Das heisst: Man muss die Folgen seines Tuns einschätzen können (= Vernunft) und sich entsprechend verhalten können (= handeln).

27 Voraussetzungen der unerlaubten Handlung Seite 63

A]

1. Finanzieller Schaden
2. Widerrechtlichkeit
3. Verschulden
4. Adäquater Kausalzusammenhang

B] Wenn eine der vier Voraussetzungen nicht erfüllt ist, besteht gemäss OR 41 auch keine Obligation aus unerlaubter Handlung.

28 Vier Voraussetzungen, damit Obligationen aus Vertrag entstehen Seite 65

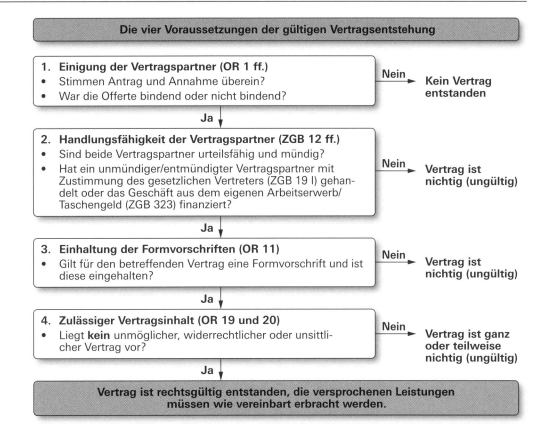

Die vier Voraussetzungen der gültigen Vertragsentstehung

1. **Einigung der Vertragspartner (OR 1 ff.)**
   - Stimmen Antrag und Annahme überein?
   - War die Offerte bindend oder nicht bindend?

   → **Nein** → **Kein Vertrag entstanden**

   Ja ↓

2. **Handlungsfähigkeit der Vertragspartner (ZGB 12 ff.)**
   - Sind beide Vertragspartner urteilsfähig und mündig?
   - Hat ein unmündiger/entmündigter Vertragspartner mit Zustimmung des gesetzlichen Vertreters (ZGB 19 I) gehandelt oder das Geschäft aus dem eigenen Arbeitserwerb/Taschengeld (ZGB 323) finanziert?

   → **Nein** → **Vertrag ist nichtig (ungültig)**

   Ja ↓

3. **Einhaltung der Formvorschriften (OR 11)**
   - Gilt für den betreffenden Vertrag eine Formvorschrift und ist diese eingehalten?

   → **Nein** → **Vertrag ist nichtig (ungültig)**

   Ja ↓

4. **Zulässiger Vertragsinhalt (OR 19 und 20)**
   - Liegt **kein** unmöglicher, widerrechtlicher oder unsittlicher Vertrag vor?

   → **Nein** → **Vertrag ist ganz oder teilweise nichtig (ungültig)**

   Ja ↓

Vertrag ist rechtsgültig entstanden, die versprochenen Leistungen müssen wie vereinbart erbracht werden.

29 Ist ein Vertrag entstanden? Seite 66

A] Für den Grundstückkauf verlangt das OR einen öffentlich beurkundeten Vertrag (OR 216 I).

B] Das OR sieht keine Regeln vor für den Kauf von beweglichen Sachen. Daher kann der Vertrag mündlich oder schriftlich abgeschlossen werden. Eine Ausnahme gilt beim Abzahlungskauf (Vgl. Konsumkreditgesetz KKG, das für den Abzahlungsvertrag qualifizierte Schriflichkeit vorsieht, KKG 10 und 9).

30 Widerruf und Vertragsaufhebung Seite 67

A] Der **Widerruf** der Offerte ist möglich, wenn der Widerruf vor der Offerte beim Vertragspartner eintrifft (OR 9). Sie könnten also der CompuZ sofort telefonisch mitteilen, dass Sie die Offerte widerrufen möchten, und ihr gleichzeitig die neue richtige Offerte mitteilen. Wenn Sie Glück haben, ist nämlich die Post noch nicht bei der CompuZ eingegangen.

B] Hier müssen Sie davon ausgehen, dass Ihre Offerte bei der CompuZ bereits eingegangen und zur Kenntnis genommen worden ist. Deshalb werden Sie mit dem Widerruf wohl nicht durchkommen. Nun können Sie natürlich hoffen, dass die CompuZ Ihre Offerte ablehnt. Das wird kaum der Fall sein. Der Vertrag kommt also zustande.

Jetzt haben Sie nur noch die Möglichkeit den Vertrag aufzulösen. Prüfen werden Sie drei Varianten: Vertragsaufhebung im gegenseitigen Einverständnis, Rücktritt oder Anfechtung. Die **Vertragsaufhebung** ist nur mit Zustimmung des Vertragspartners möglich. Das Gleiche gilt natürlich für eine Vertragsänderung (hier kleinere Bestellmenge), die Sie ja eigentlich anstreben. Im Normalfall wird die CompuZ kulant sein und auf Ihr Änderungsangebot eingehen. Falls die CompuZ an Ihrer Offerte festhält, werden Sie zum Vertragsrücktritt oder zur Anfechtung greifen müssen. Beide Möglichkeiten haben zur Folge, dass der Vertrag aufgehoben wird. Ob Sie einen neuen Vertrag abschliessen können mit dem von Ihnen gewünschten Inhalt, können Sie nicht mit Sicherheit vorhersagen. Ein **Rücktrittsrecht** besteht nur, wenn es ausdrücklich abgemacht oder gesetzlich vorgesehen ist (Haustürgeschäft und Abzahlungsvertrag). Da es sich weder um ein Haustürgeschäft noch um einen Abzahlungsvertrag handelt und eine vertragliche Vereinbarung fast sicher fehlt, scheidet das Rücktrittsrecht wohl aus. Mehr Erfolg werden Sie dagegen mit der **Anfechtung** haben. Ihr Versehen ist nämlich ein typischer Erklärungsirrtum (Irrtum über die Bestellmenge; OR 24 I Ziff. 3). Sie können den Vertrag also anfechten und so zur Auflösung bringen.

31 Erfüllungsreihenfolge und Erfüllungszeit Seite 68

Nach OR 75 kann die Leistung sofort verlangt und geleistet werden, wenn nichts anderes abgemacht ist. Und nach OR 82 müssen die Vertragspartner Zug um Zug leisten.

32 Rechte beim Schuldnerverzug Seite 69

A] Die drei **Wahlrechte**:

- Sie können am Vertrag festhalten, auf nachträglicher Erfüllung beharren und Schadenersatz für den Verspätungsschaden verlangen (OR 107 II erster Satzteil und OR 103 I).
- Sie können am Vertrag festhalten, Schadenersatz wegen Ausbleibens der Leistung und Schadenersatz wegen Nichterfüllung verlangen (OR 107 II zweiter Satzteil, OR 103 I).
- Sie können vom Vertrag zurücktreten und Schadenersatz wegen Dahinfallens des Vertrags verlangen (OR 107 II am Ende und OR 109).

B] Hasler muss Ihnen den Schaden ersetzen, z. B. den **entgangenen Gewinn** aus dem Geschäft mit den abgesprungenen Kunden (OR 107 II und 109 II).

C] Ihre Wahl hängt davon ab, ob Sie die bestellten Maschinenteile anderswo beschaffen können. Falls dies nicht möglich ist, werden Sie weiterhin auf der Lieferung bestehen wollen (Wahlrecht 1). Wenn Sie die Sache anderswo beschaffen können, aber nur zu einem teureren Preis, dann werden Sie Wahlrecht 2 wählen. Hier muss Ihnen nämlich Hasler die Differenz zum höheren Verkaufspreis vergüten. Sollten Sie dagegen anderswo billiger zur Ware kommen, werden Sie vom Vertrag zurücktreten. Dann fällt nämlich auch Ihre Pflicht dahin, den Preis zu bezahlen. Sie können die Einsparung behalten.

33 Entstehung eines Kaufvertrags Seite 71

Die **übereinstimmende Willensäusserung** ist gegeben (Sofa, geliefert in 1 Monat, gegen Fr. 4 000.–, sofort bezahlt). **Vertragsfähigkeit:** Mit 17 Jahren ist Frau Bühlmann beschränkt handlungsunfähig. Zwar ist sie urteilsfähig, denn mit 17 Jahren kann man die Folgen dieses Kaufs abschätzen. Sie ist aber nicht mündig, weil sie ihr 18. Altersjahr noch nicht vollendet hat. Der Kaufvertrag kommt nur zustande, wenn die **Eltern zustimmen** oder wenn sie das Sofa aus dem **eigenen Verdienst** bezahlt. **Form:** Die Abmachung erfolgte mündlich. Da es sich weder um einen Grundstückkauf noch um einen Abzahlungskauf handelt, genügt Mündlichkeit. Diese Voraussetzung ist also erfüllt. **Zulässiger Inhalt:** Ein Sofa zu kaufen ist weder widerrechtlich noch sittenwidrig.

Resultat: Ob der Vertrag gültig ist, hängt davon ab, ob Frau Bühlmann die Fr. 4000.– aus ihrem eigenen Verdienst bezahlt hat. Falls das nicht der Fall ist, müssen die Eltern vor Vertragsabschluss oder nachher zustimmen.

34 Kostenverteilung Seite 71

A] Die Übergabekosten gehen zulasten des Verkäufers, die Übernahmekosten zulasten des Käufers.

B] Die Regel gilt auch beim Versendungskauf. Nach der Bestimmung von OR 189 hat ja der Käufer die Transportkosten zu übernehmen, wenn nicht etwas anderes abgemacht ist.

C] Beide Bestimmungen sind dispositiv.

35 Sachgewährleistung Seite 73

Wandelung: Auflösung des Vertrags. **Minderung:** Reduktion des Kaufpreises (OR 205).

36 Entstehung des Mietvertrags Seite 74

A] Mit 17 Jahren ist Frau Eigenmann noch nicht mündig. Grundsätzlich kann sie deshalb den Mietvertrag nur mit Zustimmung ihrer Eltern gültig abschliessen. Etwas anderes gilt nur, wenn sie die Miete aus ihrem eigenen Einkommen bezahlt (ZGB 19, 323, 410 f.).

B] Das Mietrecht schreibt nicht vor, dass Mietverträge schriftlich abgeschlossen werden müssen. Daher genügt auch eine mündliche Einigung (OR 11).

C] Der von Frau Eigenmann gewünschte Vertrag müsste im Minimum die Einigung über den Mietgegenstand enthalten (Hauptpunkt 1). Ist aus den Umständen klar, dass die Vertragspartner einen Mietvertrag abschliessen wollen, dann muss der Hauptpunkt 2, die Höhe des Mietzinses, nicht unbedingt vereinbart werden. Geschuldet ist dann einfach die ortsübliche Miete. Die Minimallösung könnte deshalb sinngemäss wie folgt lauten:

Mietvertrag zwischen

Frau Eigenmann [.... Adresse ...] und Herr Dobler [.... Adresse ...]

Frau Eigenamm mietet die 3-Zimmer-Wohnung von Herrn Dobler
im 2. Stock an der XY-Strasse.

Ort und Datum,   Ort und Datum
die Mieterin   der Vermieter

[… eigenhändige Unterschrift …]   [… eigenhändige Unterschrift …]

Bemerkung: Natürlich würde niemand einen so knappen Mietvertrag aufsetzen. Mindestens den Mietzins (zweiter Hauptpunkt) und den Mietantritt (Nebenpunkt) würde man wohl auch noch ausdrücklich vereinbaren.

37 Mietzinsrückstand Seite 76

A] Die Zahlungsaufforderung muss folgenden Inhalt haben: Nachfrist von 30 Tagen und Androhung der ausserordentlichen Kündigung, falls der Mieter nicht bezahlt (OR 257d).

B] Nach Ablauf der Nachfrist Mitte Juni kann der Vermieter sofort die ausserordentliche Kündigung aussprechen. Dabei gilt eine Kündigungsfrist von mindestens 30 Tagen jeweils auf Ende eines Monats (Kündigungstermin). Der früheste Endigungstermin des Mietverhältnisses ist also der 31. Juli (OR 257d).

38 Der Arbeitsvertrag Seite 77

Damit ein Arbeitsvertrag entsteht, müssen sich die Vertragspartner über die Hauptpflichten **einigen,** also über die Arbeitsleistung und den Lohn (OR 319). Zwar haben sich die Vertragspartner hier nicht über den Lohn geeinigt, nach OR 320 II ist das aber auch nicht nötig. Elena Krüger hat einfach den üblichen Lohn zugut (OR 322).

Ausserdem müssen erfüllt sein: **Handlungsfähigkeit, Form, zulässiger Inhalt** (ZGB 12 ff., OR II und 19 f.). Es gibt keine Anhaltspunkte, dass eine dieser Voraussetzungen nicht erfüllt ist. Der Arbeitsvertrag kann ja abgesehen vom Lehrvertrag, vom Handelsreisendenvertrag und von einzelnen Vertragspunkten formfrei abgeschlossen werden.

39 Ferien Seite 78

A] Der Zeitpunkt der Ferien darf vom Arbeitgeber bestimmt werden (OR 329c II), wobei er auf die Wünsche des Arbeitnehmers so weit wie möglich eingehen soll. In der Regel sind (gerechtfertigte) betriebliche Gründe des Arbeitgebers höher zu gewichten als die individuellen Ferienwünsche des Arbeitnehmers. Daher ist die Anordnung von Betriebsferien zulässig.

B] Da der Arbeitgeber die Ferien festlegen darf, handelt Frau Zürcher auf eigenes Risiko, wenn sie Ferien bucht, ohne die Zusicherung des Arbeitgebers zu besitzen. Daher kann sie nicht verlangen, dass sie die Ferien im März anstatt im August beziehen kann.

40 Auflösung Seite 78

Beim Lehrvertrag sind nur die Kündigung während der Probezeit, die fristlose Kündigung wegen grober Pflichtverletzungen und die Auflösung im gegenseitigen Einverständnis möglich (OR 346).

41 Geschäftsführung und Vertretung Seite 80

	Geschäftsführung durch	Vertretung durch
Einzelunternehmung	Einzelunternehmer	Einzelunternehmer
Kollektivgesellschaft	Alle Gesellschafter (OR 557 II und 535)	Jeder Gesellschafter einzeln (OR 563)
AG	Verwaltungsrat (OR 716 II)	Jeder VR einzeln (OR 718 I)
GmbH	Alle Gesellschafter (OR 809)	Alle Gesellschafter (OR 814)

42 Handelsregister Seite 82

Geschäftspartner der eingetragenen Gesellschaft dürfen sich auf den Inhalt des Handelsregisters verlassen. Was dort steht, gilt, was nicht dort steht, gilt nicht (OR 933).

43 Betreibung Seite 84

A] Betreibungsbegehren an das Betreibungsamt (SchKG 67).

B] Zahlungsbefehl (SchKG 69).

C] Nicht reagieren, innert 10 Tagen Rechtsvorschlag erheben oder innert 20 Tagen an das Betreibungsamt zahlen (SchKG 69).

D] Die TV-Leasing AG muss nun den Rechtsvorschlag beseitigen. Wenn sie einen Rechtsöffnungstitel hat, kann sie dies mit dem Rechtsöffnungsbegehren an den Rechtsöffnungsrichter tun, wenn sie keinen Rechtsöffnungstitel hat, muss sie einen Prozess vor dem ordentlichen Gericht einleiten. Die beiden Schriftstücke sind provisorische Rechtsöffnungstitel. Daher kann die TV-Leasing AG provisorische Rechtsöffnung verlangen und so den Rechtsvorschlag beseitigen (SchKG 82).

E] Betreibung auf Pfändung (SchKG 38 ff.).

F] Fortsetzungsbegehren (Mittelbeschaffung, SchKG 88), Verwertungsbegehren (Verwertung der gepfändeten Vermögenswerte, SchKG 116).

G] Pfändungsverlustschein (SchKG 149 f.).

44 Gesetzliche Erbfolge Seite 85

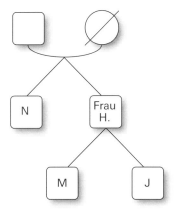

A] Die beiden Töchter Janet und Melanie gehören zur ersten Parentel. Die ganze Erbschaft fällt deshalb an sie, und zwar je zur Hälfte (ZGB 457). Frau Haldimanns Schwester Nicole geht leer aus, weil sie zur zweiten Parentel gehört. Janet und Melanie erhalten je Fr 60 000.–.

B] Frau Haldimann muss die Pflichtteile von Janet und Melanie beachten. Sie darf nur über die verfügbare Quote verfügen. Nach ZGB 471 I beträgt der Pflichtteil der Nachkommen (1. Parentel) $3/4$ des gesetzlichen Erbanspruchs. Die verfügbare Quote beträgt deshalb Fr. 30 000.– (Fr. 120 000.– : 4 = Fr. 30 000.–). Wenn Frau Haldimann ihrem Lebenspartner Fr. 20 000.– hinterlassen will, kann sie ihrer Schwester noch Fr. 10 000.– zuweisen. Weist sie mehr zu, sind die Pflichtteile verletzt und die beiden Töchter können mit der Herabsetzungsklage ihre Pflichtteile wieder herstellen (ZGB 522 ff.).

45 Das Wesen des Rechts Seite 60

- Das Recht besteht aus **Vorschriften** und nicht bloss aus unverbindlichen Vorschlägen oder Empfehlungen.
- Das Recht schreibt vor, wie man sich **verhalten** soll – das Denken und Fühlen sind Bereiche, die vom Recht nicht berührt werden.
- Die rechtlichen Vorschriften werden vom **Staat** erlassen. Die Polizei (und andere staatliche Organe) wachen bloss darüber, dass die Normen eingehalten werden.
- Das Recht schränkt uns zwar oft ein, aber es ist unverzichtbar: Das Zusammenleben in der heutigen Gesellschaft ist **ohne Recht undenkbar.**

46 Öffentliches Recht oder Privatrecht Seite 61

A] **Öffentliches Recht,** denn es verkehren zwei Behörden miteinander.

B] **Privatrecht,** denn es sind nur Privatpersonen (Bürger) an der Situation beteiligt.

C] **Öffentliches Recht,** denn der Staat befiehlt Herrn Gubler die Feuerschutzmassnahmen. Hier ist der Staat Herrn Gubler übergeordnet.

47 Dispositives und zwingendes Recht Seite 62

	zwingend	dispositiv	
• OR 74 I und II	☐	☒	Die Geschäftspartner **dürfen beliebig abmachen,** wo eine Leistung erbracht werden soll.
• OR 321c III	☐	☒	Im Arbeitsvertrag **kann** die Überstundenentschädigung **schriftlich anders vereinbart** werden.
• OR 100 I	☒	☐	Ein Vertragspartner **kann** seine Haftung für die richtige Erfüllung **nicht vollständig ausschliessen.**

48 Gläubiger und Schuldner einer Obligation Seite 63

A] Gläubiger: Frau Zehnder; Schuldner: Herr Kroll.

B] Gläubiger: Züblin AG; Schuldner: Herr Fretz.

C] Hier sind beide je Gläubiger und Schuldner, weil die Vereinbarung von Herrn Kühne mit Frau Wagner zwei Leistungsversprechen enthält:
- Bei der Forderung auf Benützung des Autos ist Frau Wagner die Gläubigerin und Herr Kühne der Schuldner.
- Bei der Forderung auf Bezahlung des Kilometerpreises ist Frau Wagner die Schuldnerin und Herr Kühne der Gläubiger.

49 Fallbeispiel zur unerlaubten Handlung Seite 64

1. **Finanzieller Schaden** gegeben in der Höhe von Fr. 2 500.–.
2. **Widerrechtlichkeit** gegeben. Schädigung fremden Eigentums.
3. **Verschulden** gegeben. Kugler verhält sich zumindest fahrlässig, sonst würde er nicht ohne Fremdeinwirkung die Kontrolle über das Board verlieren. Als 17-Jähriger ist er zweifellos urteilsfähig (vgl. in diesem Zusammenhang auch ZGB 19 III).

4. **Adäquater Kausalzusammenhang** gegeben. Wer mit dem Skateboard auf dem Trottoir fährt, die Kontrolle verliert und gegen eine Schaufensterscheibe stürzt, muss nach dem normalen Lauf der Dinge damit rechnen, dass diese in die Brüche geht.

Da alle vier Voraussetzungen der unerlaubten Handlung erfüllt sind, wird Kugler schadenersatzpflichtig.

50 Ist ein Vertrag entstanden? Seite 65

Nein, hier ist kein Vertrag entstanden, und zwar aus folgendem Grund:

Im ersten Telefongespräch hat A das Bike für Fr. 1 000.– angeboten und B hat abgelehnt. Weil es um eine Offerte unter Anwesenden geht, ist As Bindung an seine Offerte damit erloschen (vgl. OR 4 I und II).

Im zweiten Telefongespräch unterbreitet nun B eine neue Offerte. A, der nicht mehr an seine alte Offerte gebunden ist, lehnt ab und unterbreitet eine Gegenofferte zum Preis von Fr. 1 200.–. Diese lehnt B ab. Seine Behauptung, er könne den Vertrag für Fr. 1 000.– abschliessen, ist falsch. Die beiden haben sich nicht geeinigt (OR 1), weil A gemäss OR 4 I und II nicht mehr an seine erste Offerte gebunden war.

51 Aus einem Vertrag aussteigen Seite 66

Aufhebungsmöglichkeit	Im Gesetz geregelt	Stichworte zu den Voraussetzungen
1. Aufhebungsvertrag	OR 115	Funktioniert nur, wenn der Vertragspartner **einverstanden** ist.
2. Anfechtung des Vertrags	OR 21/23–31	Es muss ein **wesentlicher Irrtum,** eine **Täuschung,** eine **Drohung** oder eine **Übervorteilung** vorliegen.
3. Rücktritt vom Vertrag	OR 40c KKG 16	Nur, wenn **vereinbart** oder **gesetzlich vorgesehen.** Gesetzliche **Rücktrittsrechte** bei **Haustürgeschäften** und beim **Abzahlungskauf.**
4. Kündigung	OR 266 ff./ OR 335 ff.	Nur bei **Dauerverträgen** (Miete und Arbeitsvertrag).

52 Schlüsselfragen der richtigen Vertragserfüllung Seite 67

Wer muss in **welcher Reihenfolge, wann, wo, welche Leistung** erbringen?

53 Fachbegriffe im Zusammenhang mit der fehlerhaften Erfüllung Seite 68

Begriff	Bedeutung (je drei Stichworte)
a) Fälligkeit	Zeitpunkt, von dem an der Schuldner erfüllen muss bzw. der Gläubiger Erfüllung verlangen kann.
b) Verzug	Verspätung des Schuldners mit der Erfüllung.
c) Mahngeschäft	Kein bestimmter Erfüllungszeitpunkt vereinbart. Der Gläubiger muss den Schuldner mit Mahnung zur Leistung auffordern.

TEIL C KOMMENTIERTE LÖSUNGEN

d) Verfalltagsgeschäft	Bestimmter Erfüllungszeitpunkt abgemacht. Mit Ablauf des Zeitpunkts kommt der Schuldner automatisch in Verzug.
e) Fixgeschäft	Bestimmter Erfüllungszeitpunkt oder -zeitraum abgemacht und festgelegt, dass die Leistung genau zu diesem Zeitpunkt oder innerhalb dieses Zeitraums erwartet wird.
f) Nachfrist	Bevor der Gläubiger seine Wahlrechte ausüben kann, muss er beim Mahngeschäft und beim Verfalltagsgeschäft eine Nachfrist zur nachträglichen Erfüllung ansetzen.

Betreffend die Umschreibung der vorstehenden Begriffe vergleiche auch das Glossar, S. 127 ff.

54 Verjährung Seite 69

	richtig	falsch	
• Eine Schadenersatzforderung aus OR 41 verjährt in einem Jahr.	☒	☐	**OR 60**
• Man kann den Lohn noch 5 Jahre seit Fälligkeit beim Arbeitgeber einfordern.	☒	☐	**OR 128**
• Die Haftung des Verkäufers für Mängel an der Kaufsache erlischt nach einem Jahr.	☒	☐	**OR 210**

55 Formvorschriften beim Kaufvertrag Seite 71

A] Schriftform beim Abzahlungskauf bedeutet: eigenhändige Unterschrift unter die Vertragsurkunde und schriftliche Fixierung des Mindestinhalts gemäss Konsumkreditgesetz KKG 10 und 9.

B] Beim Grundstückkauf muss der Vertrag öffentlich beurkundet werden (OR 216 I).

56 Kostenverteilung Seite 72

Der Händler darf folgende Posten verrechnen: den Basispreis von Fr. 1 250.–. In diesem Basispreis muss die Mehrwertsteuer inbegriffen sein, weil es sich um ein Geschäft des Detailhandels handelt (vgl. Preisbekanntgabeverordnung PBV 4). Damit kann Frau Lehner einmal die Fr. 99.20 abziehen. Abziehen kann sie auch die Fr. 33.50 für die Bestellung ab Lager. Denn der Verkäufer muss die Kosten für die Übergabe übernehmen, wenn nichts anderes abgemacht ist (OR 188). Recht hat der Verkäufer dagegen mit den Fr. 21.70 für den Versand an die Wohnadresse von Frau Lehner. Diese darf er verrechnen, wenn nicht abgemacht wurde, dass er sie übernimmt (OR 189 I). **Frau Lehner muss deshalb bloss** die Fr. 1 250.– und die Fr. 21.70, also **Fr. 1 271.70 bezahlen.**

57 Sachgewährleistung Seite 73

Punkt 1: Der Käufer hat nach den Gewährleistungsregeln des OR mehr Wahlrechte. Er kann den Vertrag auflösen (Wandelung) oder Minderung des Kaufpreises verlangen (OR 205). Bei Gattungssachen kann er auch Ersatzlieferung verlangen, was hier aber ausscheidet, weil die Occasionsanlage eine Speziessache ist (OR 206). **Punkt 2:** Nach OR dauert die «Garantie» für versteckte Mängel 1 Jahr und nicht bloss 3 Monate wie im Beispiel (OR 210).

58 Mängel der Mietsache Seite 74

A] Ein defekter Sicherheitsgurt ist ein schwerer Mangel. Ganz sicher kann der Sicherheitsgurt nicht durch eine sofortige Ausbesserung behoben werden. Und ohne funktionierenden Sicherheitsgurt darf man sich nicht im Strassenverkehr bewegen.

B] Der defekte CD-Player ist sicher kein schwerer Mangel, weil man trotzdem noch mit dem Auto fahren kann, was ja der Hauptzweck ist. Es handelt sich unseres Erachtens um einen leichten Mangel, unter Umständen um einen mittleren Mangel.

C] Hier handelt es sich einerseits um einen leichten Mangel, da er bei Entgegennahme des Mietwagens vom Vermieter schnell und einfach behoben werden kann. Kann der Vermieter bei Mietantritt die Birne aber nicht sofort ersetzen, handelt es sich um einen schweren Mangel, da sich Frau Ardila ohne funktionierenden Blinker nicht im Strassenverkehr bewegen darf.

59 Rücksichtnahme Seite 76

Der Vermieter muss den Mieter schriftlich auffordern, die Nachtruhestörungen in Zukunft zu unterlassen. Kommt der Mieter dieser Aufforderung nicht nach, kann der Vermieter mit einer Kündigungsfrist von 30 Tagen auf das Ende eines Monats kündigen (OR 257 f. III).

60 Inhalt der Arbeitspflicht Seite 77

A] Bei dieser Frage geht es um den Inhalt der Arbeitspflicht. Dieser bestimmt sich zunächst einmal durch die Vereinbarungen im Einzelarbeitsvertrag (EAV) und durch ein allfälliges Pflichtenheft, sofern es Vertragsbestandteil ist. Lässt sich in dem EAV bzw. einem allfälligen Pflichtenheft keine Antwort finden, dann bestimmt sich der Inhalt der Arbeitsleistung nach dem im betreffenden Beruf **Üblichen.** Es wäre also abzuklären, ob Goldschmiede üblicherweise verpflichtet sind, Werkstatt und Ladenlokal zu reinigen.

B] Hier geht es um die Frage, was der Arbeitnehmer tun muss, um seinen Arbeitsvertrag richtig zu erfüllen. Fest steht, dass er keinen Erfolg schuldet. Allerdings muss der Arbeitnehmer die übertragenen Arbeiten **sorgfältig** ausführen (OR 321e). Das heisst: Er muss so sorgfältig arbeiten, wie man das von einem durchschnittlichen Arbeitnehmer in seinem Beruf erwarten kann, wobei die besonderen Eigenschaften des Arbeitnehmers zu berücksichtigen sind, soweit sie dem Arbeitgeber bekannt sein sollten. Wenn Fritz Gedeon keine solche unsorgfältige Arbeit vorgeworfen werden kann, hat er für die erfolglose Reparatur nicht einzustehen.

61 Rechtsfolgen von Pflichtverletzungen Seite 78

A] Die Zeugnispflicht des Arbeitgebers ist eine besondere Fürsorgepflicht (OR 330a). Ihre Verletzung bedeutet deshalb Schlechterfüllung. Der Arbeitnehmer hat einen Anspruch auf Erfüllung. Er kann vom Arbeitgeber die Ausstellung eines «richtigen» Zwischenzeugnisses verlangen (notfalls unter Anrufung des Richters).

B] Die Lohnzahlung ist die Hauptpflicht des Arbeitgebers. Ist von den Vertragsparteien kein anderer Termin (Zeitpunkt) für die Lohnzahlung verabredet oder üblich, und ist durch Gesamtarbeitsvertrag nichts anderes bestimmt, so ist dem Arbeitnehmer der Lohn Ende jedes Monats auszurichten (OR 323 I). Durch Übung, Einzelarbeitsvertrag und Gesamtarbeitsvertrag darf also bezüglich des Zahlungstermins von OR 323 I abgewichen werden. Allerdings dürfen einzig Zahlungstermine festgelegt werden, die höchstens einen Monat auseinander liegen. Falls der in der Aufgabenstellung angeführte Zahlungstermin (jeweils am 6. des folgenden Monats) auf einer Übung oder Abrede basiert, leigt keine Verletzung des Arbeitsvertrags vor. Fehlt es aber an einer entsprechenden Übung oder Abrede, ist der Lohn gemäss OR 323 I Ende jedes Monats fällig und der Arbeitnehmer kann das Inkasso vornehmen, d.h., den Arbeitgeber betreiben. Der Arbeitgeber gerät mit Ablauf des Zahlungstermins automatisch in Verzug (Verfalltagsgeschäft, OR 102 II) und muss Verzugszins sowie allenfalls Schadenersatz für die Verspätung bezahlen (OR 103 f.).

C] Streng juristisch gesehen, muss der Arbeitnehmer nur Arbeiten verrichten, die innerhalb des vereinbarten bzw. üblichen Tätigkeitsfeldes liegen. Der Arbeitgeber hat nicht das Recht, solche Tätigkeiten zuzuweisen. Daher verletzt der Arbeitnehmer den Vertrag nicht, wenn er sich weigert, Arbeiten zu übernehmen, die nicht zum Inhalt der Arbeitsleistung gehören. Dazu zwei weiterführende Erläuterungen:

1. Rechtlich gesehen kann der Arbeitnehmer zwar Arbeiten ausserhalb seines Pflichtenhefts verweigern. Praktisch ist das aber sehr schwierig. Denn oft gefährdet er mit einer Weigerung den Fortbestand des Arbeitsverhältnisses. Es besteht die Gefahr, dass der Arbeitgeber ihm bei der nächstmöglichen Gelegenheit kündigt oder dass er ihn nicht befördert usw.
2. Die allgemeine Treuepflicht kann dem Arbeitnehmer unter Umständen gebieten, auch Tätigkeiten ausserhalb seines Pflichtenhefts auszuüben; dann nämlich, wenn sich der Arbeitgeber in einer Notlage befindet (z. B. eine unvorhergesehene und einmalige Überlastung mit einem grossen Auftrag).

62 Einzelunternehmung und Gesellschaft Seite 79

Kriterien	Einzelunternehmung	Gesellschaft
1. Flexibilität	Bewertung: + Begründung: **Einzelunternehmer entscheidet allein**	Bewertung: – Begründung: **Gesellschafter entscheiden miteinander**
2. Unternehmerisches Risiko/Haftung	Bewertung: – Begründung: **Einzelunternehmer haftet allein und mit ganzem Vermögen**	Bewertung: + Begründung: **Haftung auf mehrere Schultern verteilt**
3. Unternehmer-Ressourcen	Bewertung: – Begründung: **beschränkt auf eine Person**	Bewertung: + Begründung: **verteilt auf mehrere Personen**
4. Kreditwürdigkeit	Bewertung: – Begründung: **alles hängt von einer Person ab**	Bewertung: + Begründung: **mehrere Personen bieten höhere Sicherheit**
5. Finanzierungs- möglichkeiten	Bewertung: – Begründung: **begrenzt**	Bewertung: + Begründung: **besser**

63 Wahl der Unternehmensform Seite 80

A]

	Gewinnanteil in Fr. Carla Bley	Gewinnanteil in Fr. José Corallo	Gewinnanteil in Fr. Daniel von Arx
Kollektivgesell- schaft – Verteilung nach: **Kopf**prinzip **(OR 533 I und 557 II)**	6 000.–	6 000.–	6 000.–
GmbH Verteilung nach: **Kapital**prinzip **(OR 804 I)**	7 200.– (2/5)	7 200.– (2/5)	3 600.– (1/5)
AG Verteilung nach: **Kapital**prinzip **(OR 660 I, 661)**	7 200.– (2/5)	7 200.– (2/5)	3 600.– (1/5)

B]

1. **Minimaler Kapitaleinsatz:** In Frage kommen die Kollektivgesellschaft oder die GmbH. In der Gründungsphase wird dagegen das Kapital der AG nicht erreicht. Es wäre aber möglich, eine AG zu gründen, weil die Gesellschafter nur Fr. 50 000.— liberieren müssen (OR 621 und 632). Allerdings müssen die Gesellschafter aus ihrem Privatvermögen ihren nicht liberierten Anteil nachschiessen, wenn die Gesellschaft es benötigt.

2. **Rolle und Gewicht der Gesellschafter:** Alle drei wollen am Anfang mitarbeiten. Das spricht für eine Kollektivgesellschaft oder eine GmbH. Sie planen aber, schon bald einen Kapitalgeber zu suchen. Da dieser kaum bereit sein wird, voll zu haften, scheidet die Kollektivgesellschaft wohl eher aus.

3. **Organisation:** Wer klein anfängt, möchte wohl am liebsten eine einfache Organisation. Das spricht für die Kollektivgesellschaft und für die GmbH und gegen die AG. Sobald die drei einen Kapitalgeber benötigen, werden sie aber – unabhängig von ihrer Rechtsform – ihre Buchführung durch einen unabhängigen Treuhänder überprüfen lassen müssen. Dieser will sich ja darauf verlassen können, dass alles mit rechten Dingen zugeht. Für die Zukunft ist die Organisation also kaum entscheidend.

4. **Risiko der Gesellschafter:** Bei der Kollektivgesellschaft haften die Gesellschafter auch mit ihrem Privatvermögen. Da die drei schnell wachsen und auch schon bald einen Kapitalgeber beiziehen wollen, wird es rasch um grosse Beträge gehen. Und da ist es sicher sinnvoll von der Haftungsbeschränkung der GmbH oder der AG zu profitieren. Daher wird die Kollektivgesellschaft eher ausscheiden. Zu beachten ist, dass die drei bei der AG zumindest am Anfang für den nicht liberierten Teil ihres Anteils am Aktienkapital einzustehen haben und damit eine wenn auch begrenzte Haftung mit ihrem Privatvermögen tragen.

5. **Kreditwürdigkeit der Gesellschaft.** Ein neu gegründetes Unternehmen ist für eine Bank so kreditwürdig, wie es die Gesellschafter persönlich sind. In der Regel verlangen die Banken Sicherheiten (z. B. Bürgschaft oder Pfand).

6. **Vergrösserung des Eigenkapitals.** Die drei wissen, dass sie bald einen Kapitalgeber wünschen. Am einfachsten wäre es deshalb, wenn sie eine AG gründen. Möglich ist aber auch eine GmbH. In beiden Fällen kann ein neuer Gesellschafter durch Kapitalerhöhung aufgenommen werden.

Begründung der Lösung: Es zeigt sich deutlich, dass die Kollektivgesellschaft gravierende Nachteile hat. In Frage kommen sowohl die GmbH und die AG, wobei vor allem die Haftungsbeschränkung und die Möglichkeit, einen reinen Kapitalgeber aufzunehmen, ins Gewicht fallen. Da die drei hoch hinaus wollen, würden sie vermutlich eine AG gründen und das Risiko der nicht liberierten Fr. 50 000.– sowie die etwas höheren Kosten für die vorgeschriebene Revisionsstelle in Kauf nehmen. Beide Lösungen sind aber vertretbar.

64 Verfahrensrecht Seite 83

A] Der Entscheid einer Behörde heisst **Verfügung.**

B] Verfügungen enthalten eine **Rechtsmittelbelehrung.** Darin ist angegeben, innert welcher Frist man welche **Rechtsmittel** gegen eine Verfügung ergreifen kann. Das Fachwort heisst «ein Rechtsmittel ergreifen».

C] Wenn die Rechtsmittelfrist abgelaufen ist, wird die Verfügung rechtskräftig. Grundsätzlich kann sich Herr Leu nun nicht mehr zur Wehr setzen.

65 Eheschliessung Seite 84

A] Herr Fischbach und seine Cousine müssen ehefähig sein (ZGB 94). Das sind sie, wenn beide mündig und urteilsfähig sind. Ausserdem dürfen keine Ehehindernisse vorliegen (ZGB 95). Unter Verwandten ist aber eine Eheschliessung nur in gerader Linie verboten. Cousin und Cousine sind nicht in gerader Linie verwandt. Deshalb dürfen sie sich heiraten. Vorausgesetzt ist ausserdem, dass keiner der beiden schon verheiratet ist (ZGB 96).

B] Die Eheschliessung würde in folgenden Schritten ablaufen: Verlobung (verlobt ist man spätestens dann, wenn man das Eheschliessungsverfahren einleitet), Vorbereitungsverfahren beim Zivilstandsamt, zivile Trauung auf einem beliebigen Zivilstandsamt (ZGB 90, 97–103).

66 Errichtung eines Testaments Seite 85

A] Die drei Formen der Testamentserrichtung sind: öffentliches Testament (ZGB 499–504), eigenhändiges Testament (ZGB 505), mündliches Testament (= Nottestament; ZGB 506–508).

B] Frau Haldimann hat ein eigenhändiges Testament aufgestellt.

C] Ja, denn das eigenhändige Testament muss vollständig handgeschrieben sein und es muss datiert sein (ZGB 505 I). Das Testament ist deshalb anfechtbar (ZGB 520), bei fehlendem Datum allerdings nur dann, wenn die exakte Datierung von Bedeutung ist (ZGB 520a).

D] Moritz Suter wird eingesetzter Erbe. Die Schwester Nicole ist dagegen Vermächtnisnehmerin («… ich vermache …»).

67 Aufbau unserer Rechtsordnung Seite 61

Die Verfassung ist unser oberstes Gesetz. Sie enthält die Grundprinzipien und sagt den Staatsorganen, was sie tun dürfen und was nicht. Jede Verfassungsänderung muss zwingend vom Volk abgesegnet werden (obligatorisches Referendum). Gesetze sind Konkretisierungen der Verfassung. Gesetze müssen immer eine Grundlage in der Verfassung haben. Dasselbe gilt für Verordnungen, die ihre Grundlage in den Gesetzen haben müssen.

68 Sachbereiche des öffentlichen Rechts Seite 61

A] **Strafrecht.** Es handelt sich um Art. 123 Ziff. 1 Abs. 1 des StGB, der die sogenannte «einfache Körperverletzung» unter Strafe stellt.

B] **Verfassungsrecht.** BV 27 garantiert dem Bürger, dass er grundsätzlich frei und ohne staatliche Einmischung wirtschaften kann.

C] **Verfahrensrecht.** § 93 der Zürcher Zivilprozessordnung schreibt vor, wie ein Zivilprozess beginnt, nämlich mit einer Aussprache vor dem Friedensrichter.

D] **Verwaltungsrecht.** Es handelt sich um Art. 10 Abs. 1 des eidgenössischen Forstgesetzes.

69 Grundsätze des Privatrechts Seite 62

A] ZGB 2 I: Gebot sich nach «Treu und Glauben» zu verhalten
ZGB 2 II: Verbot des Rechtsmissbrauchs

B] «Fairness»

70 Obligation, Forderung, Schuld Seite 63

A] ... Obligationen.

B] ... Forderung.

C] ... Schuld.

71 Sonderfälle von unerlaubten Handlungen Seite 64

A] Solche Haftungen heissen Kausalhaftungen.

B] Der Unterschied zur Haftung nach OR 41 ist, dass der Haftpflichtige unabhängig von seinem Verschulden haftet.

C] Richtig ist Ihre Antwort, wenn Sie zwei der folgenden Kausalhaftungen genannt haben: Geschäftsherrenhaftung (OR 55), Tierhalterhaftung (OR 56 und 57), Werkeigentümerhaftung (OR 58), Haftung des Motorfahrzeughalters (SVG 58/59), Haftung des Familienoberhaupts (ZGB 333), Produktehaftung (nach PrHG).

TEIL C KOMMENTIERTE LÖSUNGEN

72 Ist ein Vertrag entstanden? Seite 65

A] Nein. Die beiden haben sich zwar über den Vertragsinhalt geeinigt. Aber Frau Rossi will noch nicht gebunden sein! Wie die vertraglichen Forderungen aussehen, ist klar: Der Händler müsste den Teppich geben und Frau Rossi müsste Fr. 8 000.– bezahlen. Es fehlt aber noch der Wille von Frau Rossi, gebunden zu sein.

B] Nein. Der ursprüngliche Antrag des Händlers ist bis am nächsten Tag gültig. Denn er war damit einverstanden, dass Frau Rossi es sich nochmals überlegt (OR 3).

73 Aus einem Vertrag aussteigen Seite 66

Frau Ruckstuhl kann den Vertrag anfechten. Es liegt ein Erklärungsirrtum über das Vertragsobjekt vor. Die irrende Frau Ruckstuhl kann dem Versandhaus erklären, dass sie den Vertrag nicht halte und so den Vertrag einseitig aufheben (OR 24 I Ziff. 2 und 31 I).

74 Der Erfüllungsort von Obligationen Seite 67

A] **Bringschuld** bedeutet: Der Schuldner muss dafür sorgen, dass der Gläubiger das Geld an seinem Wohnsitz erhält. Erfüllungsort ist der Wohnsitz des Gläubigers (OR 74 II Ziff. 1). **Holschuld** bedeutet: Der Gläubiger muss die geschuldete Leistung holen.

B] Nach **OR 74** bedeutet Holschuld bei Gattungssachen und bei Speziessachen nicht das Gleiche. Bei Gattungssachen ist der Erfüllungsort am Wohnsitz des Schuldners, bei einer Speziessache am Ort, wo sich die Sache zur Zeit des Vertragsabschlusses befand (OR 74 II Ziff. 2 und 3).

75 Nichterfüllung oder Schlechterfüllung Seite 69

A] Hier liegt (eventuell) **Schlechterfüllung** vor, denn Herr Züger erfüllt seine Aufgabe, nur tut er dies nicht sachgemäss. **Nichterfüllung** würde bedeuten, dass Herr Züger überhaupt nicht arbeitet. Ob das Verhalten von Herr Züger tatsächlich eine Schlechterfüllung des Arbeitsvertrags darstellt, müsste man aufgrund der konkreten Ereignisse und der einschlägigen Bestimmung des Arbeitsrechts prüfen (OR 321e).

B] Hier handelt es sich um eine **Nichterfüllung.** Die Lieferung ist am vereinbarten Zeitpunkt (31. Mai) ausgeblieben.

C] Offenkundig liefert der Lieferant die falsche Sorte Kartoffeln. Und damit liegt **Nichterfüllung** vor. Der Gläubiger kann die Annahme der Kartoffeln verweigern und Lieferung der richtigen Sorte verlangen.

D] Es handelt sich um eine Teillieferung, die der Gläubiger nicht annehmen muss (OR 69, gilt nicht nur für Geldschulden, sondern für jede teilbare Leistung). Es liegt also ein Fall von **Nichterfüllung** vor. Falls der Gläubiger die Teillieferung annehmen will, kann er Nachlieferung der fehlenden 50 kg verlangen.

E] Hier liegt **Schlechterfüllung** vor. Kartoffeln, die bereits ausgeschlagen haben, entsprechen nicht der mittleren Qualität, die der Lieferant liefern muss (OR 71).

76 Die besonderen Verträge Seite 70

	richtig	falsch
• Bei den Verträgen, die in OR BT geregelt sind, spielen OR 1–183 keine Rolle.	☐	☒
• Es gibt nur die in OR BT geregelten besonderen Verträge.	☐	☒
• Da in der Schweiz Vertragsfreiheit herrscht, kommen auch Verträge vor, die im OR gar nicht besonders geregelt sind.	☒	☐
• Auftrag, Werkvertrag und Arbeitsvertrag sind drei im OR geregelte Arbeitsleistungsverträge.	☒	☐
• Für die im OR BT geregelten besonderen Verträge spielen unter anderem die allgemeinen Regeln der Vertragsentstehung und der richtigen Vertragserfüllung eine Rolle.	☒	☐
• Es gibt drei Eigentumsübertragungsverträge, den Kauf, die Miete und den Arbeitsvertrag.	☐	☒
• Gebrauchsüberlassungsverträge sind die Miete, die Pacht, die Gebrauchsleihe und das Darlehen.	☒	☐

77 Besitz und Eigentum Seite 71

Johanna ist sicher die Besitzerin des Motorrads, da sie die tatsächliche und körperliche Herrschaft über das Motorrad ausübt (ZGB 919). Damit ist aber noch nicht gesagt, dass Johanna auch Eigentümerin des Motorrads ist. Es könnte ja ausgeliehen, gemietet oder geleast sein. In diesem Fall ist Johanna Entleiherin, Mieterin oder Leasingnehmerin. Eigentümerin ist die Verleiherin, Vermieterin oder Leasinggeberin. Sie hat im Rahmen der vertraglichen Vereinbarung das Motorrad an Johanna übergeben und kann dieses nach Ablauf der Vertrags wieder zurückverlangen. Hat Johanna das Motorrad jedoch aufgrund eines gültigen Rechtsgeschäfts wie Kaufvertrag oder Schenkung erworben, ist sie nicht bloss Besitzerin, sondern auch Eigentümerin (ZGB 641).

78 Lieferverzug im nichtkaufmännischen Verkehr Seite 72

A] Herr Gagliardi stehen grundsätzlich folgende drei Wahlrechte zur Verfügung: Festhalten am Vertrag und Lieferung und Schadenersatz wegen Verspätung; Festhalten am Vertrag, Verzicht auf Lieferung und Schadenersatz wegen Nicherfüllung; Verzicht auf den Vertrag sowie auf die Lieferung und Schadenersatz wegen Vertragsrücktritts. Im Kaufrecht sind die Bestimmungen von OR 190 und 191 zum kaufmännischen Verkehr zu beachten. Da Herr Gagliardi die Bestellung für Privatgebrauch macht, gelten diese Sonderbestimmungen nur beschränkt.

Mit seinem Schreiben hat Herr Gagliardi sich für den Vertragsrücktritt entschieden.

B] Herr Gagliardi hat bei seiner ersten Mahnung etwas ganz Wichtiges vergessen, nämlich die **Nachfrist.** Wenn wir davon ausgehen, dass ein Verfalltagsgeschäft vorliegt, dann muss der Käufer unbedingt eine Frist zur nachträglichen Erfüllung ansetzen. Weil er dies unterlassen hat, hat er auch sein Wahlrecht nicht ausüben können. Daher ist die Lieferung zu Recht erfolgt.

TEIL C KOMMENTIERTE LÖSUNGEN

79 Sachgewährleistung Seite 73

Streng juristisch gesehen müssen Sie sofort, d.h. noch am Verkaufsort, prüfen, ob Mängel vorliegen (OR 201). Nun sind Sie kein Automechaniker. Deshalb kann man nicht von Ihnen erwarten, dass Sie z. B. den Zustand der Bremsbeläge einschätzen können usw. Erwarten kann man nur, dass Sie eine Funktionskontrolle vornehmen, die ein durchschnittlicher Autofahrer eben vornehmen kann. Sie werden also nachschauen müssen, ob der Lack in Ordnung ist, ob das Autoradio, die Apparaturen und das Licht funktionieren, ob die Pneus in Ordnung sind usw. Finden Sie Mängel, dann müssen Sie diese unmittelbar nach der Kontrolle rügen. Sobald Sie mit dem Auto wegfahren, haben Sie den Kaufgegenstand genehmigt und Ihr Recht auf Mängelrüge verwirkt. Oft wird der Verkäufer aber kulant sein und sich nicht auf die verpasste Frist für die Kontrolle und die Mängelrüge berufen.

80 Rechte und Pflichten von Mieter und Vermieter Seite 74

Die Pflichten der Vertragspartner im Mietvertrag	
Pflichten des Vermieters	**Pflichten des Mieters**
Zwei Hauptpflichten • **Übergabe** der Mietsache in gebrauchstauglichem Zustand (OR 256/258) • **Instandhaltung** der Mietsache (OR 259a ff.) **Drei Nebenpflichten** • **Bekanntgabe des Mietzinses** des Vormieters (OR 256a II) • **Einsicht in das Rückgabeprotokoll** des Vormieters (OR 256a I) • **Tragung von Lasten und Abgaben** (OR 256b)	**Zwei Hauptpflichten** • **Bezahlung** des Mietzinses (OR 257) und, sofern vereinbart, der Nebenkosten (OR 257a) • **Rückgabe** der Mietsache und deren Reinigung nach Gebrauch (geht aus OR 253 hervor) **Fünf Nebenpflichten** • **Sorgfaltspflicht** im Umgang mit der Mietsache (OR 257f I) • **Rücksichtnahme** auf Mitmieter (OR 257f II) • **Meldepflicht** für mittlere/schwere Mängel (OR 257g) • **Reinigung/Behebung von leichten Mängeln** auf eigene Kosten (OR 259) • **Duldung von Reparaturen sowie der Besichtigung** der Mietsache (OR 257h)

81 Beendigung des Mietverhältnisses Seite 76

A] Aufhebungsvertrag, Kündigung, Rücktritt, Anfechtung

B] Bei einer Mietwohnung hat Frau Faller eine Kündigungsfrist von 3 Monaten einzuhalten, wobei die Kündigung nur auf den ortsüblichen Kündigungstermin erfolgen kann (OR 266c). Mit der ordentlichen Kündigung würde das Mietverhältnis deshalb frühestens drei Monate nach Mietbeginn enden.

C] Frau Faller könnte ausserterminlich kündigen. Dazu muss sie einen zumutbaren und solventen Nachmieter finden, der bereit ist, dass Mietverhältnis zu den vereinbarten Bedingungen ab dem Mietbeginn zu übernehmen (OR 264).

82 Überstunden Seite 77

A] Alle erwähnten Regelungen der Überstundenvergütung sind zulässig, sofern folgende Voraussetzungen erfüllt sind:

- Variante von Herr Amstein: Blosser Stundenlohn ist zulässig, wenn es im EAV schriftlich vereinbart bzw. in einem geltenden GAV vorgesehen ist.
- Variante von Frau Bächer: siehe Antwort B.
- Variante von Herr Chrummenacher: Kompensation mit Freizeit gleich langer Dauer ist zulässig, sofern das so vereinbart ist. Mündlichkeit genügt (OR 321c II).
- Variante von Frau Degen: Die Überstundenvergütung (Lohn plus Zuschlag) kann ganz wegbedungen werden, sofern das schriftlich geschieht oder in einem GAV vorgesehen ist (OR 321c III).

B] Das Gesetz sieht als Überstundenvergütung die Variante von Frau Bächer vor, d. h. den Stundenlohn mit einem Zuschlag von 25 % (OR 321c III).

83 Beendigung des Arbeitsverhältnisses Seite 78

A] Der Arbeitnehmer befindet sich im zweiten Dienstjahr. Im zweiten Dienstjahr kann mit einer gesetzlichen Kündigungsfrist von zwei (Kalender-)Monaten gekündigt werden (OR 335c). Das Arbeitsverhältnis endet am 31. Dezember, sofern der EAV oder der GAV keine andere Kündigungsfrist vorsehen.

B] Sofern die Probezeit nicht vertraglich wegbedungen und bezüglich Kündigungsfrist und -termin nichts Besonderes vereinbart worden ist, gilt die gesetzliche Regelung: Kündigungsfrist von sieben Tagen, gerechnet vom Tag nach der Mitteilung an; kein Kündigungstermin. Das Arbeitsverhältnis endet also am 19. Februar (OR 335b).

84 Grundbegriffe des Gesellschaftsrechts Seite 79

A] Eine juristische Person ist ein künstlich geschaffenes Rechssubjekt, das wie ein Mensch aus «Fleisch und Blut» fähig ist, Rechte und Pflichten zu haben (ZGB 53).

B] Eine juristische Person handelt durch ihre **Organe** (ZGB 55).

C] Bei juristischen Personen **haftet** allein die Gesellschaft für die Gesellschaftsschulden. Das Privatvermögen der Gesellschafter ist vor dem Zugriff der Gläubiger geschützt.

85 Gründung einer Gesellschaft Seite 81

A] Kollektivgesellschaft: Gesellschaftsvertrag abschliessen (Mündlichkeit genügt, Schriftform und sachkundige Beratung aber empfehlenswert). Handelsregistereintrag rein deklaratorisch.

B] GmbH: 1. Statuten aufstellen, 2. Stammkapital im vorgeschriebenen Umfang einzahlen (liberieren), 3. öffentliche Gründungsurkunde, 4. Handelsregistereintrag (konstitutiv).

C] AG: gleich wie GmbH: 1. Statuten aufstellen, 2. Stammkapital im vorgeschriebenen Umfang einzahlen (liberieren), 3. öffentliche Gründungsurkunde, 4. Handelsregistereintrag (konstitutiv).

TEIL C KOMMENTIERTE LÖSUNGEN

Die vier Schritte sind: 1. Einleitung der Strafverfolgung, 2. Untersuchungsverfahren, 3. Strafprozess (erste Instanz, zweite Instanz, evtl. Bundesgericht als dritte Instanz), 4. Strafvollzug.

87 Scheidungsgründe Seite 84

Sie hat im Prinzip zwei Möglichkeiten.

Wenn es ihr gelingt, ihren Mann von der Scheidung zu überzeugen, dann kommt es zur Scheidung auf gemeinsames Begehren (ZGB 111). Dabei spielt es keine Rolle, ob sie sich über die Nebenfolgen der Scheidung einigen können. Fall es ihnen nicht gelingt eine Scheidungskonvention aufzusetzen, können sie vom Richter verlangen, dass dieser die strittigen Punkte regelt.

Falls ihr Mann nicht einwilligt, muss Frau Stoll die Scheidungsklage einreichen. Dazu muss sie aber während mindestens zwei Jahren von ihrem Mann getrennt gelebt haben (ZGB 114) oder ihr muss die Fortführung der Ehe unzumutbar sein (ZGB 115). Letzteres ist aber aufgrund der Sachlage nicht der Fall. Deshalb wird sie die zwei Jahre abwarten müssen.

88 Annahme der Erbschaft Seite 86

1. Ein Erbe kann die Erbschaft vorbehaltlos annehmen. Sobald er dies getan hat, haftet er auch mit seinem ganzen Privatvermögen für die Schulden der Erbschaft.
2. Ein Erbe kann die Erbschaft innert 3 Monate ausschlagen. Dann scheidet er als Erbe vollständig aus (ZGB 566–579).
3. Ein Erbe kann ein öffentliches Inventar über die Erbschaft verlangen. Aufgrund des öffentlichen Inventars kann er dann entscheiden, ob er annimmt oder ausschlägt bzw. unter öffentlichem Inventar annimmt. Im letzten Fall haftet er dann nur mit seinem Privatvermögen für die Schulden, die im öffentlichen Inventar aufgeführt sind (ZGB 580–592).
4. Er kann die amtliche Liquidation verlangen (ZGB 593–597). Wenn alle Erben dies tun, führt die Erbschaftsbehörde die Liquidation des Vermögens durch und bezahlt alle Schulden des Erblassers. Bleibt nach Abzug der Verfahrenskosten etwas übrig, fällt es an die Erben.

Teil D   Wichtige Bestimmungen des ZGB und OR

Hinweis

In der folgenden Tabelle sind die wichtigsten Gesetzesartikel des ZGB und des OR zusammengestellt.

Wir empfehlen Ihnen, diese Liste durchzuarbeiten, indem Sie die genannten Artikel im Gesetz nachschlagen. Auf diese Weise erlangen Sie Sicherheit über die Bedeutung der zum Teil eher schwer verständlich formulierten Gesetzesartikel.

Zivilgesetzbuch (ZGB)

Artikel	Thema	Inhalt
ZGB 1	Rechtsquellen	Rechtsquellen des schweizerischen Rechts sind: Gesetzesrecht, Gerichtspraxis und Gewohnheitsrecht (selten).
ZGB 8	Beweislast	Wer vor Gericht das Vorhandensein einer Tatsache behauptet und aus dieser Behauptung Rechte ableitet, muss das Vorhandensein der Tatsache beweisen.
ZGB 12	**Natürliche Personen Handlungsfähigkeit** (Definition)	Handlungsfähig ist, wer die **Fähigkeit** hat **durch seine Handlungen Rechte und Pflichten zu begründen.**
ZGB 13	Handlungsfähigkeit (Voraussetzung)	Handlungsfähig ist, wer mündig und urteilsfähig ist: • **Mündig** ist, wer das **18. Altersjahr** vollendet hat (ZGB 14). • **Urteilsfähig** ist, wer **vernunftgemäss handeln** kann (ZGB 16).
ZGB 19	Beschränkte Handlungs-unfähigkeit	Urteilsfähig Unmündige oder Entmündigte können sich nur mit **Zustimmung ihrer gesetzlichen Vertreter** (Eltern, Vormund) verpflichten. Ausnahmen siehe ZGB 19 II und 323.
ZGB 28 ff.	Schutz der Persönlichkeit	Wer in seiner **Persönlichkeit widerrechtlich verletzt** wird, kann zu seinem Schutz das Gericht anrufen und Schadenersatz u. a. verlangen.
ZGB 52	**Juristische Personen** (Persönlichkeit)	Juristische Personen sind künstlich geschaffene Rechtsgebilde und erlangen die Rechtspersönlichkeit mit dem **Handelsregistereintrag.**
ZGB 54	Juristische Person (Handlungsfähigkeit)	Juristische Personen sind handlungsfähig, sobald die nach Gesetz und Statuten hierfür **unentbehrlichen Organe** bestellt sind.
ZGB 90 ff.	**Eheschliessung**	Verlöbnis, Ehevoraussetzungen, Ehehindernisse und Trauung.
ZGB 111 ff.	Ehescheidung	Scheidung auf gemeinsames Begehren oder Scheidung auf Klage eines Ehegatten.
ZGB 159 ff.	Wirkungen der Ehe (allgemein)	Die Ehegatten sind verpflichtet, gemeinsam und in einträchtigem Zusammenwirken für das **Wohl der Gemeinschaft und der Kinder** zu sorgen.
ZGB 181 ff.	Güterrecht der Ehegatten	Der ordentliche Güterstand ist die **Errungenschaftsbeteiligung.** Der Güterstand der **Gütergemeinschaft** und der **Gütertrennung** kann durch öffentlich beurkundeten Ehevertrag begründet werden.
ZGB 323	Arbeitserwerb und Berufsvermögen des Kindes	Was das Kind **durch eigene Arbeit erwirbt** oder von den Eltern aus seinem Vermögen zur Ausübung eines Berufs herausbekommt, steht **unter seiner Verwaltung und Nutzung.**
ZGB 333	**Haftung des Familien-haupts**	Verursacht ein Unmündiger oder Entmündigter einen **Schaden,** so ist das **Familienhaupt** dafür **haftbar,** ausser es vermag nachzuweisen, dass es den Unmündigen oder Entmündigten sorgfältig beaufsichtigt hat.
ZGB 457 ff.	**Die gesetzlichen Erben**	Gesetzliche Erben sind die **(Bluts)Verwandten** und der **überlebende Ehegatte.**
ZGB 467 ff.	Die eingesetzten Erben	Durch Testament (ZGB 498 ff.) und Erbvertrag (ZGB 512 ff.) können **beliebige Personen** erbrechtlich **begünstigt** werden.
ZGB 471	Pflichtteil	Jener **Teil der Erbschaft, den der Erblasser seinen pflichtteilsgeschützten Erben** (Nachkommen, Eltern, überlebender Ehegatte) **belassen muss** und über den er durch Testament oder Erbvertrag nicht verfügen darf.
ZGB 641	**Eigentum** (Inhalt)	Eigentümer ist, wer **über eine Sache** nach seinem Belieben **verfügen** kann (verkaufen, verschenken, fortwerfen etc.).
ZGB 656	Grundeigentum (Erwerb)	Zum Erwerb des Grundeigentums bedarf es der **Eintragung in das Grundbuch.**
ZGB 714	Fahrniseigentum (Erwerb)	Zur Übertragung des Fahrniseigentums bedarf es des **Übergangs des Besitzes auf den Erwerber.**
ZGB 919	**Besitz**	Besitzer ist, **wer** die **tatsächliche Herrschaft über eine Sache hat.**

Obligationenrecht: Die Allgemeinen Bestimmungen (OR 1–183)

Artikel	Thema	Inhalt
OR 1	**Vertragsabschluss**	Zum Abschluss eines Vertrags ist die **übereinstimmende gegenseitige Willensäusserung** der Parteien erforderlich.
OR 4 f.	Antrag ohne Annahmefrist	• Antrag/Offerte unter **Anwesenden**: Offerte muss **sogleich** angenommen werden. Offerte am Telefon ist Offerte unter Anwesenden. • Antrag/Offerte unter **Abwesenden**: Offerte muss innert **5–7 Tagen** angenommen werden.
OR 7	Antrag ohne Verbindlichkeit	**Prospekte, Inserate, Preislisten** u. a. sind **keine verbindlichen Offerten.**
OR 9	Widerruf von Antrag und Annahme	Antrag und Annahme können **widerrufen** werden. Widerruf muss jedoch vor Antrag bzw. Annahme beim Verhandlungspartner eintreffen.
OR 11	Form der Verträge	**Formfreiheit:** Verträge bedürfen zu ihrer Gültigkeit nur dann einer besonderen Form, wenn das Gesetz eine solche vorschreibt.
OR 13 f.	Schriftlichkeit	Vertrag, für den das OR Schriftlichkeit vorschreibt, muss die eigenhändige Unterschrift oder elektronische Signatur aller Personen tragen, die durch ihn verpflichtet werden sollen.
OR 19	Inhalt des Vertrags	**Inhaltsfreiheit:** Der Inhalt des Vertrags kann innerhalb der Schranken des Gesetzes einen beliebigen Inhalt haben (z. B. gesetzlich nicht geregelte Innominatverträge wie Factoring, Franchising).
OR 20	Unzulässiger Vertragsinhalt	Nichtigkeit des Vertrags: Verträge mit **widerrechtlichem, unsittlichem** oder **unmöglichem** Inhalt sind **nichtig.**
OR 21	Übervorteilung	Wird durch einen Vertrag und Ausbeutung der Notlage, der Unerfahrenheit oder des Leichtsinns des Vertragspartners ein offenbares Missverhältnis zwischen Leistung und Gegenleistung begründet, so kann der Verletzte den **Vertrag innert Jahresfrist** nach Vertragsabschluss **anfechten.**
OR 23 ff.	Irrtum	Wird ein Vertrag aufgrund eines wesentlichen Irrtums (**Erklärungsirrtum, Grundlagenirrtum** gemäss OR 24 I) abgeschlossen, so kann der Irrende nach Entdeckung des Irrtums den **Vertrag innert Jahresfrist anfechten** (OR 31).
OR 28	Absichtliche Täuschung	Wird ein Vertragschliessender durch absichtliche Täuschung des andern zum Vertragsabschluss verleitet, so kann der Getäuschte nach Entdeckung der Täuschung den **Vertrag innert Jahresfrist anfechten** (OR 31).
OR 29	Furchterregung/Drohung	Wird ein Vertragschliessender durch Erregung von Furcht zum Abschluss des Vertrags bewegt, so kann der Bedrohte nach Beseitigung der Furcht den Vertrag **innert Jahresfrist anfechten** (OR 31).
OR 40a ff.	**Haustürgeschäfte** und ähnliche Verträge	Haustürgeschäfte und ähnliche Verträge, die am Arbeitsplatz, in Wohnräumen, öffentlichen Verkehrsmitteln oder auf Plätzen gemacht wurden, können **innert sieben Tagen schriftlich widerrufen** werden (OR 40e).
OR 41 ff.	**Haftung aus unerlaubter Handlung** (ausservertragliche Haftung)	**Verschuldenshaftung:** Wer einem andern widerrechtlich einen Schaden zufügt, sei es mit Absicht oder Fahrlässigkeit, wird zum Schadenersatz verpflichtet. Wenn der Schädiger die unerlaubte Handlung bestreitet, muss der Geschädigte den Schaden, das widerrechtliche Handeln, das Verschulden und den Kausalzusammenhang beweisen (OR 41). **Kausalhaftung:** Der Schädiger haftet unabhängig vom Verschulden. Bei der Geschäftsherren- (OR 55), Tierhalter- (OR 56) und Werkeigentümerhaftung (OR 58) kann sich der Schädiger jedoch wie bei der Haftung des Familienhauptes (ZGB 333) u. U. von der Haftung befreien, indem er nachweist, dass er alle nach den Umständen gebotene Sorgfalt getroffen hat, um einen Schaden zu vermeiden (sogenannter Entlastungs- oder Sorgfaltsbeweis). Der Anspruch auf Schadenersatz verjährt innert Jahresfrist (OR 60).
OR 62 ff.	**Ungerechtfertigte Bereicherung**	Wer ohne jeden gültigen Grund oder aus einem nicht verwirklichten oder nachträglich weggefallenen Grund aus dem Vermögen eines andern bereichert worden ist, hat die Bereicherung zurückzuerstatten. Der Anspruch auf Rückerstattung verjährt ein Jahr nach Kenntnis des Anspruchs (OR 67).

Obligationenrecht: Die Allgemeinen Bestimmungen (OR 1–183)

Artikel	Thema	Inhalt
OR 74	Erfüllungsort von Obligationen	Je nach Schuldart, ist der Erfüllungsort verschieden: **1. Geldschulden** sind Bringschulden, d. h., sie sind am **Wohnsitz des Gläubigers** zu erfüllen (OR 74 II Ziff. 1). **2. Speziesschulden** sind am Ort zu erfüllen, **wo sich die Sache** zur Zeit des Vertragsabschlusses **befand** (OR 74 II Ziff. 2). **3. Gattungsschulden** sind Holschulden, d. h., sie sind **am Wohnsitz des Schuldners** zu erfüllen (OR 74 II Ziff. 3).
OR 75	Zeitpunkt der Erfüllung von Obligationen	Ist der Zeitpunkt der Erfüllung einer Obligation weder durch Vertrag noch durch die Natur des Rechtsverhältnisses bestimmt, so kann die Erfüllung **sogleich** geleistet und gefordert werden.
OR 91 ff.	**Gläubigerverzug**	Folgen, wenn Gläubiger die gehörig angebotene Leistung nicht annimmt.
OR 97	**Haftung bei Nichterfüllung eines Vertrags** (vertragliche Haftung)	Kann die Erfüllung der Verbindlichkeit überhaupt nicht oder nicht gehörig bewirkt werden oder ist sie nicht gehörig bewirkt worden, so hat der Schuldner Schadenersatz zu leisten, sofern er nicht beweist, dass ihn kein Verschulden trifft.
OR 102	**Schuldnerverzug**	**1. Mahngeschäft:** Beim Mahngeschäft gerät der Schuldner **mit Mahnung** der fälligen Forderung in Verzug (OR 102 I). **2. Verfalltagsgeschäft:** Beim Verfalltagsgeschäft gerät der Schuldner **automatisch mit unbenutztem Ablauf** des verabredeten Verfalltags in Verzug (OR 102 II).
OR 104	Verzugszins	Ist der Schuldner mit der Zahlung einer Geldschuld in Verzug, so hat er **5 % Verzugszins** zu bezahlen.
OR 107	Rücktritt und Schadenersatz	Befindet sich bei einem Vertrag der Schuldner in Verzug, muss der Gläubiger dem Schuldner eine **Nachfrist setzen** (vgl. jedoch die Ausnahmen in OR 108, 190 I und 214). Nach Ablauf der Nachfrist kann er eines der folgenden **Wahlrechte ausüben:** 1. Beharren auf Vertragserfüllung und Schadenersatz wegen Verspätung. 2. Festhalten am Vertrag, Verzicht auf nachträgliche Vertragserfüllung und Schadenersatz wegen Nichterfüllung des Vertrags. 3. Vertragsrücktritt und Schadenersatz wegen Dahinfallens des Vertrags.
OR 108	Fixgeschäft	Wenn die Parteien vereinbaren, dass die Leistung genau zu einer bestimmten oder bis zu einer bestimmten Zeit zu erfolgen hat, ist eine **Nachfrist nicht erforderlich** (OR 108 Ziff. 3).
OR 120	**Verrechnung**	Zwei Personen, die einander gleichartige Leistungen schulden (z. B. Geld), können ihre Schulden verrechnen, sofern sie beide fällig sind.
OR 127 ff.	**Verjährung**	**Grundsatz: Zehn Jahre** für alle Forderungen, für die das Zivilrecht (OR, ZGB, u. a.) nicht etwas anderes bestimmt (OR 127). **Ausnahmen:** **1. Fünf Jahre** für Mietzinse, Kaufpreise im Detailhandel, Forderungen aus Arbeitsvertrag u. a. (OR 128) sowie **2. Ein Jahr** für Gewährleistungsansprüche im Kaufvertrag (OR 210), unerlaubte Handlung (OR 60) u. a. **Unterbrechung der Verjährung und Neubeginn der Verjährungsfrist:** bei Schuldanerkennung, Teilzahlung, Schuldbetreibung, Klage u. a. (OR 135, 137).

TEIL D WICHTIGE BESTIMMUNGEN DES ZGB UND OR

Obligationenrecht: Die Allgemeinen Bestimmungen (OR 1–183)

Artikel	Thema	Inhalt
OR 143 ff.	Solidarität	Erklären mehrere Schuldner, dem Gläubiger gegenüber solidarisch haften zu wollen, kann der Gläubiger **von jedem einzelnen Schuldner die Erfüllung der ganzen Schuld fordern.**
OR 164 ff.	Abtretung (Zession)	Der Gläubiger kann eine ihm zustehende Forderung ohne Einwilligung des Schuldners an einen andern übertragen (abtreten), soweit nicht Gesetz oder Vereinbarung entgegenstehen. Die Abtretung heisst auch Zession. Vergleiche auch die Schuldübernahme in OR 175 ff.

Die einzelnen Vertragsverhältnisse (OR 184–551)

Artikel	Thema	Inhalt
OR 184	Kaufvertrag (Definition)	Durch den Kaufvertrag verpflichtet sich der Verkäufer, dem Käufer den **Kaufgegenstand** zu übergeben und ihm das Eigentum daran zu verschaffen, und der Käufer dem Verkäufer den **Kaufpreis** zu bezahlen.
OR 185	Nutzen und Gefahr	Sofern nicht besondere Verhältnisse oder Verabredungen eine Ausnahme begründen, gehen Nutzen und Gefahr bei **Speziessachen** mit dem **Vertragsabschluss** auf den Erwerber über, bei **Gattungssachen** durch deren **Ausscheiden** bzw. deren **Versendung.** Nutzen heisst Ertrag, den die Sache vor der Übergabe abwirft. **Gefahr** heisst Kaufpreisgefahr: Risiko für die zufällige Beschädigung oder den zufälligen Untergang der Sache. Beim Grundstückkauf gilt die Sonderbestimmung von OR 220.
OR 190 f.	**Lieferverzug des Verkäufers** (Wahlrechte und Schadenersatz des Käufers)	**Verfalltagsgeschäft im kaufmännischen Verkehr:** Ist im kaufmännischen Verkehr (Kauf zum Wiederverkauf) ein bestimmter Liefertermin verabredet und kommt der Verkäufer in Verzug, so wird vermutet, dass der Käufer auf die Lieferung verzichte und Schadenersatz wegen Nichterfüllung beanspruche. Beharrt er auf Lieferung der Kaufsache, so muss er dies dem Verkäufer unverzüglich anzeigen. **Mahngeschäft im kaufmännischen Verkehr:** Beim Mahngeschäft im kaufmännischen Verkehr gelten die allgemeinen Regeln von OR 107 ff. **Mahngeschäft und Verfalltagsgeschäft im nichtkaufmännischen Verkehr:** Im nichtkaufmännischen Verkehr gelten die allgemeinen Regeln von OR 107. Beim Lieferverzug des Verkäufers wählt der Käufer häufig Wahlrecht 2: Der Käufer verzichtet auf die nachträgliche Lieferung der Kaufsache, hat Anspruch auf Schadenersatz wegen Nichterfüllung und das Recht auf Deckungskauf (gemäss Gerichtspraxis auch im nichtkaufmännischen Verkehr).
OR 197 ff.	**Sachgewährleistung**	Der Verkäufer haftet dem Käufer, dass die Kaufsache keine körperlichen oder rechtlichen Mängel hat, d.h., **der Verkäufer haftet für eine einwandfreie Kaufsache.** Unterscheiden: Rechtsgewährleistung (selten, z.B. bei gestohlener Kaufsache, OR 192 ff.).
OR 201	Mängelrüge	Der Käufer muss zweimal schnell sein: beim **Prüfen** und beim **Rügen.** Der Käufer muss die Kaufsache umgehend auf Mängel hin prüfen und dem Verkäufer allfällige Mängel **sofort** anzeigen, sonst verliert er seine Sachgewährleistungsansprüche.
OR 205 f.	Wandelung, Minderung, Ersatzlieferung	Liegt ein Fall von Sachgewährleistung vor, so kann der Käufer **vom Vertrag zurücktreten** (Wandelung), **Herabsetzung des Kaufpreises** (Minderung) oder **Lieferung einer einwandfreien Kaufsache** (Ersatzlieferung) verlangen.
OR 210	Verjährung des Sachgewährleistungsanspruchs	Die Klagen wegen Mängel der Kaufsache (Sachgewährleistung) **verjähren mit Ablauf eines Jahres nach Ablieferung der Sache, bei Kulturgütern ein Jahr, nachdem der Käufer den Mangel entdeckt hat.** Beim Grundstückkauf beträgt die Gewährleistung für Mängel fünf Jahre (OR 219 III).

Die einzelnen Vertragsverhältnisse (OR 184–551)

Artikel	Thema	Inhalt
OR 214 f.	Zahlungsverzug des Käufers	**Vorauszahlungs-, Bargeschäft:** Ist der Käufer mit der Bezahlung des Kaufpreises in Verzug, kann der Verkäufer **ohne Nachfrist vom Vertrag zurücktreten.** Er muss jedoch den Vertragsrücktritt dem Käufer sofort anzeigen. Kommt der Käufer seiner Vertragspflicht nicht nach, so hat der Verkäufer Anspruch auf Schadenersatz und das Recht auf Deckungsverkauf (gemäss Gerichtspraxis auch im nichtkaufmännischen Verkehr). **Kreditgeschäft:** Der Verkäufer kann bei Zahlungsverzug des Käufers **vom Vertrag nur zurücktreten, wenn er** dies mit dem Käufer **vereinbarte.** Im Übrigen gelten die allgemeinen Regeln des Schuldnerverzugs (OR 102 ff.).
OR 237	Tauschvertrag	Vertragsparteien tauschen nicht wie beim Kaufvertrag Geld gegen Sache, sondern eine **Sache gegen eine andere Sache.** Beim Tauschvertrag kommt weitgehend Kaufvertragsrecht zur Anwendung.
OR 239	Schenkungsvertrag	Beim Schenkungsvertrag macht der Schenkende dem Beschenkten eine Zuwendung aus seinem Vermögen **ohne entsprechende Gegenleistung** und der Beschenkte nimmt die Schenkung an (Schenkungs**vertrag**!).
OR 253	Mietvertrag (Definition)	Durch den Mietvertrag verpflichtet sich der Vermieter dem Mieter eine **Sache zum Gebrauch zu überlassen,** und der Mieter, dem Vermieter dafür einen **Mietzins** zu leisten.
OR 257d	Zahlungsrückstand des Mieters	Ist der Mieter mit der Zahlung des Mietzinses in Verzug, so kann ihm der Vermieter schriftlich eine Zahlungsfrist setzen und ihm androhen bei unbenutztem Ablauf der Nachfrist das Mietverhältnis zu kündigen. Die **Zahlungsfrist beträgt bei Wohn- und Geschäftsräumen mindestens 30 Tage.** Bezahlt der Mieter innert der gesetzten Frist nicht, kann der Vermieter kündigen. Die **Kündigungsfrist beträgt bei Wohn- und Geschäftsräumen mindestens 30 Tage.**
OR 257e ff.	Nebenpflichten des Mieters	**1. Mietzinskaution.** Die Vertragsparteien können eine Mietzinskaution **von höchstens drei Monatszinsen** vereinbaren, die bei einer Bank hinterlegt werden muss (OR 257e). **2. Sorgfalt und Rücksichtnahme.** Der Mieter muss die Sache sorgfältig gebrauchen. Verletzt der Mieter trotz schriftlicher Mahnung die Pflicht zur Sorgfalt und Rücksichtnahme, kann der Vermieter kündigen. **Die Kündigungsfrist beträgt bei Wohn- und Geschäftsräumen mindestens 30 Tage** (OR 257f). **3. Meldepflicht.** Der Mieter muss dem Vermieter mittlere und schwere Mängel der Mietsache melden (OR 257g). **4. Duldungspflicht.** Der Mieter muss Arbeiten an der Mietsache und Besichtigung der Mietsache dulden (OR 257h). **5. Beseitigung kleiner Mängel.** Der Mieter muss kleinere Mängel auf eigene Kosten beseitigen (OR 259).
OR 259a ff.	Mängel der Mietsache, Rechte des Mieters	Bei Mängel der Mietsache hat der Mieter folgende Rechte: 1. Der Mieter kann bei schweren Mängeln der Mietsache **fristlos kündigen,** bei mittlerem Mangel den **Mangel auf Kosten des Vermieters** beseitigen lassen (OR 259b), 2. die **Herabsetzung des Mietzinses** verlangen (OR 259d), 3. **Schadenersatz** fordern (OR 259e), 4. den **Mietzins hinterlegen** (OR 259g).
OR 264	Vorzeitige Rückgabe der Mietsache	Der Mieter kann die Mietsache ohne Kündigungsfrist und Kündigungstermine einzuhalten dem Vermieter jederzeit zurückgeben, wenn er diesem einen **zumutbaren** und **zahlungsfähigen Nachmieter** vorschlägt.

TEIL D WICHTIGE BESTIMMUNGEN DES ZGB UND OR

Die einzelnen Vertragsverhältnisse (OR 184–551)

Artikel	Thema	Inhalt
OR 266	Beendigung des befristeten Mietverhältnisses	Das befristete Mietverhältnis endet durch Ablauf der vereinbarten Frist.
OR 266a ff.	Beendigung des unbefristeten Mietverhältnisses	**1. Wohnungen.** Bei der Miete von Wohnungen können die Parteien mit einer **Kündigungsfrist von drei Monaten auf einen ortsüblichen Termin** kündigen (OR 266c). **2. Geschäftsräume.** Bei der Miete von Geschäftsräumen können die Parteien mit einer **Kündigungsfrist von sechs Monaten auf einen ortsüblichen Termin** kündigen (OR 266d). **3. Bewegliche Sachen.** Bei beweglichen Sachen können die Parteien mit einer **Kündigungsfrist von drei Tagen auf einen beliebigen Zeitpunkt** kündigen (OR 266f). Die Kündigungsfristen dürfen verlängert, aber nicht verkürzt werden (OR 266a I).
OR 266l ff.	Form der Kündigung (bei Wohn- und Geschäftsräumen)	**1. Vermieter und Mieter** müssen Wohn- und Geschäftsräume **schriftlich** kündigen. Der Vermieter muss das **amtliche Kündigungsformular** verwenden (OR 266 l). **2. Familienwohnung.** Erfolgt die Kündigung einer Familienwohnung **durch den Mieter,** muss sein **Ehegatte** der Kündigung ausdrücklich **zustimmen** (OR 266m). Erfolgt die Kündigung **durch den Vermieter,** muss dieser die Kündigung dem Mieter und seinem **Ehegatten separat zustellen** (OR 266n).
OR 270 ff.	Anfechtung des Mietzinses und von Mietzinserhöhungen	Der Mieter kann **missbräuchliche Mietzinse oder Mietzinserhöhungen** bei der Schlichtungsbehörde anfechten und **Herabsetzung des Mietzinses** verlangen.
OR 271	Anfechtbarkeit der Kündigung	Die Vertragsparteien können bei der Schlichtungsstelle jede **Kündigung anfechten,** die gegen den Grundsatz von Treu und Glauben verstösst.
OR 272	Erstreckung des Mietverhältnisses	Der Mieter kann die **Erstreckung eines befristeten oder unbefristeten Mietverhältnisses** verlangen.
OR 273	Verfahren bei Anfechtung der Kündigung und Erstreckung des Mietverhältnisses	Will eine Partei die Kündigung anfechten oder will der Mieter die Erstreckung des Mietverhältnisses verlangen, so müssen sie innert der gesetzlich vorgesehenen Fristen bei der Schlichtungsbehörde ihre Begehren einreichen.
OR 275	**Pachtvertrag**	Durch den Pachtvertrag verpflichtet sich der Verpächter, dem Pächter eine **nutzbare Sache** oder ein **nutzbares Recht zum Gebrauch und zum Bezug der Früchte oder Erträge** zu überlassen, und der Pächter, dafür einen **Pachtzins** zu leisten.
OR 305	**Gebrauchsleihe**	Durch den Gebrauchsleihevertrag verpflichtet sich der Verleiher, dem Entleiher eine **Sache unentgeltlich** zum Gebrauch zu **überlassen,** und der Entlehner dieselbe Sache nach gemachtem Gebrauch dem Verleiher **zurückzuerstatten.**
OR 312	**Darlehen**	Durch den Darlehensvertrag verpflichtet sich der Darleiher zur **Übertragung des Eigentums** einer Summe Geldes oder von Gattungssachen, der Borger dagegen zur **Rückerstattung von gleich viel der nämlichen Art und Qualität.** Darlehen im nichtkaufmännischen Verkehr sind nur verzinslich, wenn Zinse verabredet sind (OR 313 I).
OR 319	**Arbeitsvertrag** (Definition)	Durch den Einzelarbeitsvertrag verpflichtet sich der **Arbeitnehmer** zur **Leistung von Arbeit** im Dienste des Arbeitgebers und der Arbeitgeber zur **Entrichtung eines Lohns.**
OR 321a ff.	Nebenpflichten des Arbeitnehmers	Treuepflicht wie Verbot von **Schwarzarbeit, Geheimhaltungspflicht** (OR 321a), **Rechenschafts- und Herausgabepflicht** (OR 321b), **Überstundenarbeit** (OR 321c), **Befolgung von Anordnungen und Weisungen** (OR 321d). Haftung des Arbeitnehmers für Schaden, den er dem Arbeitgeber verschuldet zufügt (OR 321e).

TEIL D WICHTIGE BESTIMMUNGEN DES ZGB UND OR

Die einzelnen Vertragsverhältnisse (OR 184–551)

Artikel	Thema	Inhalt
OR 324a	Lohn bei Verhinderung an der Arbeitsleistung	Ist der Arbeitnehmer wegen **Krankheit, Unfall, Militärdienst** u. a. ohne Verschulden an der Arbeitsleistung verhindert und hat das Arbeitsverhältnis mehr als drei Monate gedauert oder wurde es für mehr als drei Monate eingegangen, so ist der Arbeitgeber verpflichtet ihm für eine beschränkte Zeit (siehe entsprechende Gerichtsskalen) den Lohn weiter zu bezahlen. Das Gleiche gilt bei **Schwangerschaft** der Arbeitnehmerin.
OR 327 ff.	Nebenpflichten des Arbeitgebers	**Arbeitsgeräte und Material** sind dem Arbeitnehmer zur Verfügung zu stellen (OR 327).
		Auslagen, die dem Arbeitnehmer durch die Ausführung der Arbeit entstehen (z. B. für Motorfahrzeug), hat der Arbeitgeber zu ersetzen (OR 327a f.).
		Schutz der Persönlichkeit. Der Arbeitgeber hat die Gesundheit des Arbeitnehmers zu schützen, seine Persönlichkeit zu achten und insbesondere sexuelle Belästigungen zu verhindern (OR 328).
		Freizeit und Ferien. Der Arbeitgeber hat dem Arbeitgeber Freizeit sowie die üblichen freien Tage (bei Geburten, Eheschliessung, Berufsprüfungen u. a.) sowie Ferien zu gewähren (OR 329 I, 329 III und 329a ff.).
		Zeugnispflicht. Der Arbeitnehmer kann jederzeit ein Arbeitszeugnis verlangen (OR 330a).
OR 334	Beendigung des befristeten Arbeitsverhältnisses	Das befristete Arbeitsverhältnis endet durch Ablauf der vereinbarten Frist.
OR 335 ff.	Beendigung des unbefristeten Arbeitsverhältnisses	Das unbefristete kann von jeder Vertragspartei gekündigt werden.
		Während der **Probezeit** kann das Arbeitsverhältnis jederzeit mit einer **Kündigungsfrist von sieben Tagen** gekündigt werden und nach Ablauf der Probezeit mit einer **Kündigungsfrist von einem bis drei Monaten** (abhängig von Dienstjahren) auf Ende eines Monats.
		Für Arbeitgeber und Arbeitnehmer dürfen keine verschiedenen Kündigungsfristen festgesetzt werden, bei widersprechender Vereinbarung gilt für beide die längere Frist (OR 335a I).
OR 336 ff.	Kündigungsschutz	**1. Missbräuchliche Kündigung.** Kündigt eine Vertragspartei, weil die andere Partei Ansprüche aus dem Arbeitsverhältnis geltend macht oder wegen Eigenschaften, die der anderen Partei kraft ihrer Persönlichkeit zustehen u. a., hat die kündigende Partei der anderen Partei eine **Entschädigung** von höchstens sechs Monatslöhnen zu bezahlen (OR 336 ff.).
		2. Kündigung zur Unzeit. Nach Ablauf der Probezeit darf der Arbeitgeber während den gesetzlich vorgeschriebenen Sperrfristen bei **Krankheit, Unfall, Militärdienst** u. a. nicht kündigen. Die Dauer der Sperrfrist ist abhängig von der Anzahl der Dienstjahre. Die während einer Sperrfrist ausgesprochene Kündigung ist nichtig. Das Gleiche gilt bei **Schwangerschaft** der Arbeitnehmerin (OR 336c).
OR 337 ff.	Fristlose Kündigung	Aus **wichtigen Gründen** kann das Arbeitsverhältnis fristlos gekündigt werden. Bei **ungerechtfertigter Entlassung** durch den Arbeitgeber hat der Arbeitnehmer Anspruch auf den **Lohn,** den er bei ordentlicher Beendigung des Arbeitsverhältnisses verdient hätte, sowie eine **Entschädigung** von höchstens sechs Monatslöhnen (OR 337c).
OR 361 f.	Zwingende Vorschriften des Arbeitsvertragsrechts	OR 361 enthält eine Liste **absolut zwingender,** d. h. unabänderlicher Vorschriften und OR 362 eine Liste **relativ zwingender,** d. h. nur zu Gunsten des Arbeitnehmers abänderlicher **Vorschriften.**
OR 363	**Werkvertrag**	Durch den Werkvertrag verpflichtet sich der Unternehmer zur **Herstellung eines Werkes** und der Besteller zur Leistung einer **Vergütung.**
OR 394	**Einfacher Auftrag**	Durch den einfachen Auftrag verpflichtet sich der Beauftragte, die ihm übertragenen **Geschäfte oder Dienste** vertragsgemäss zu besorgen, und der Auftraggeber zur Leistung einer Vergütung.

TEIL D WICHTIGE BESTIMMUNGEN DES ZGB UND OR

Die einzelnen Vertragsverhältnisse (OR 184–551)

Artikel	Thema	Inhalt
OR 458	**Prokura**	Wer vom Inhaber eines kaufmännisch geführten Gewerbes ermächtigt wird, für ihn **das Geschäft zu betreiben** und im Namen der Unternehmung «per procura» (pp oder ppa) zu zeichnen, ist Prokurist.
OR 492	**Bürgschaft**	Durch den Bürgschaftsvertrag verpflichtet sich der Bürge gegenüber dem Gläubiger des Hauptschuldners, für die **Erfüllung der Schuld** einzustehen, **falls der Hauptschuldner nicht leistet.**
OR 530	**Einfache Gesellschaft**	Die einfache Gesellschaft ist die vertragsmässige **Verbindung** von zwei oder mehreren **Personen zur Erreichung** eines **gemeinsamen Zweckes** mit gemeinsamen Kräften oder Mitteln. Die Gesellschafter **haften** gegenüber Dritten **unbeschränkt und solidarisch** (OR 544 III).

Die Handelsgesellschaften und die Genossenschaft (OR 552–926)

Artikel	Thema	Inhalt
OR 552	**Kollektivgesellschaft** (Definition)	Die Kollektivgesellschaft ist eine **Gesellschaft,** in der zwei oder mehrere natürliche Personen **ohne Beschränkung der Haftung** gegenüber den Gesellschaftsgläubigern, sich zum Zwecke eines **kaufmännisch geführten Gewerbes** zusammenschliessen.
OR 557	Kollektivgesellschaft (Verweisung auf einfache Gesellschaft)	Das Rechtsverhältnis der Kollektivgesellschafter richtet sich nach dem **Gesellschaftsvertrag.** Soweit keine Vereinbarung getroffen ist, kommen die allgemeinen **Regeln der Kollektivgesellschaft** zur Anwendung. Kann diesem Titel keine Vorschrift entnommen werden, kommen die **Regeln der einfachen Gesellschaft** zur Anwendung.
OR 568	Kollektivgesellschaft (Haftung)	Die Gesellschafter **haften** für alle Verbindlichkeiten der Gesellschaft **unbeschränkt und solidarisch** mit ihrem ganzen Vermögen.
OR 594	**Kommanditgesellschaft**	Eine Kommanditgesellschaft ist eine Gesellschaft, in der sich zwei oder mehrere Personen zum Zwecke vereinigen, ein **kaufmännisch geführtes Gewerbes,** unter einer gemeinsamen Firma zu betreiben. Wenigstens ein Mitglied **(Komplementär) haftet unbeschränkt** und wenigstens ein Mitglied **(Kommanditär) haftet beschränkt** und nur bis zum Betrag einer bestimmten Vermögenseinlage (Kommanditsumme).
OR 620	**Aktiengesellschaft (AG)** (Definition)	Die Aktiengesellschaft ist eine Gesellschaft mit eigener Firma, deren Kapital (Aktienkapital) in Teilsummen (Aktien) zerlegt ist und für deren Verbindlichkeiten **nur das Gesellschaftsvermögen** haftet.
OR 621	AG (Mindestkapital)	Das Aktienkapital muss mindestens CHF 100 000.– betragen.
OR 629	AG (Gründung)	Die Gründung der AG erfolgt in vier Schritten: **1. Statuten aufstellen.** Die Gründer stellen die Statuten mit dem vorgeschriebenen Mindestinhalt auf (OR 629 I, 626 ff.). **2. Aktien zeichnen und liberieren.** Sämtliche Aktien müssen gültig gezeichnet sein (OR 629 II, 630). Die Aktien müssen im statutarisch vorgesehenen Umfang liberiert sein. Bei der Errichtung der AG muss die Einlage für **mindestens 20 % des Nennwertes jeder Aktie** geleistet sein. In allen Fällen müssen die geleisteten Einlagen mindestens CHF 50 000.– betragen. Einlagen in Geld müssen bei einer Bank zur ausschliesslichen Verfügung der AG einbezahlt werden (OR 632 ff.). **3. Öffentliche Urkunde.** Die Gesellschaft wird errichtet, indem die Gründer in öffentlicher Urkunde erklären, eine AG zu gründen. Die Gründer legen in der öffentlichen Urkunde die Statuten fest und bestellen die Organe (OR 629 I). **4. Handelsregistereintrag.** Die AG muss ins Handelsregister eingetragen werden (OR 640).
OR 685 ff.	AG (vinkulierte Aktien)	Die Statuten können bestimmen, dass Namenaktien nur mit Zustimmung der Gesellschaft übertragen werden dürfen.

Die Handelsgesellschaften und die Genossenschaft (OR 552–926)

Artikel	Thema	Inhalt
OR 689 ff.	AG (persönliche Mitgliedschaftsrechte des Aktionärs)	**1. Teilnahme an der Generalversammlung** (OR 689 ff.). **2. Stimmrecht** (OR 692 ff.). **3. Kontrollrechte** (Auskunfts- und Einsichtsrecht, Recht auf Einleitung einer Sonderprüfung, OR 696 ff.). Vgl. auch die vermögensrechtlichen Mitgliedschaftsrechte des Aktionärs wie das **Recht auf Gewinn- und Liquidationsanteil** (OR 660) oder das **Bezugsrecht neuer Aktien** (OR 652b).
OR 698 ff.	AG (Organe)	**1. Generalversammlung,** GV (OR 698 ff.). **2. Verwaltungsrat,** VR (OR 707 ff.). **3. Kontrollstelle** (OR 727 ff.).
OR 725	AG (Anzeigepflicht bei Kapitalverlust)	Zeigt sich ein **Kapitalverlust,** beruft der VR unverzüglich eine GV ein und beantragt **Sanierungsmassnahmen.** Bei **Überschuldung** (Fremdkapital > Aktiven) muss VR den **Richter benachrichtigen** und die Bilanz deponieren.
OR 754 ff.	AG (Verantwortlichkeit der Organe)	Die Mitglieder des VR und der Kontrollstelle haften für den Schaden, den sie durch Verletzung ihrer Pflichten verursacht haben.
OR 772	**Gesellschaft mit beschränkter Haftung (GmbH) (Definition)**	Die GmbH ist eine Gesellschaft mit eigener Firma und einem bestimmten Kapital (Stammkapital). Sie kann von einer oder mehreren Personen oder Handelsgesellschaften gegründet werden (OR 775).
OR 773	GmbH (Stammkapital)	Das Stammkapital der GmbH muss mind. **CHF 20 000.–** betragen. Es muss voll liberiert sein.
OR 774	GmbH (Stammeinlage)	**Der Betrag der Stammanteile** der einzelnen Gesellschafter kann verschieden sein, muss aber auf **mindestens CHF 100.–** lauten.
OR 779	GmbH (Gründung)	Die Gründung der GmbH erfolgt in vier Schritten: **1. Statuten aufstellen.** Die Gründer stellen die Statuten auf mit dem vorgeschriebenem Mindestinhalt (OR 776). **2. Stammanteile zeichnen und liberieren.** Sämtliche Stammanteile müssen von den Gesellschaftern gültig übernommen und vollsändig liberiert sein (OR 774). **3. Öffentliche Urkunde.** Die Gesellschaft wird errichtet, indem die Gründer in öffentlicher Urkunde erklären, eine GmbH zu gründen (OR 777). **4. Handelsregistereintrag.** GmbH muss ins Handelsregister eingetragen werden (OR 778ff.).
OR 795	GmbH (Nachschusspflicht)	Die Statuten können die Gesellschafter **über die Stammeinlagen hinaus** zu Nachschüssen verpflichten. Die Höhe der Nachschüsse muss bestimmt sein.
OR 798	GmbH (Anspruch auf Gewinnanteil)	Die Gesellschafter haben **im Verhältnis** der auf ihre **Anteile** einbezahlten Beträge Anspruch auf den Reingewinn (Kapitalprinzip).

TEIL D WICHTIGE BESTIMMUNGEN DES ZGB UND OR

Die Handelsgesellschaften und die Genossenschaft (OR 552–926)

Artikel	Thema	Inhalt
OR 804 ff.	GmbH (Organe)	1. **Gesellschafterversammlung** (OR 804 ff.). 2. **Geschäftsführung** (OR 809 ff.). 3. **Revisionsstelle** (OR 818ff.).
OR 820	GmbH (Anzeigepflicht bei Kapitalverlust)	Zeigt sich ein **Kapitalverlust,** muss die Geschäftsführung die Gesellschafterversammlung einberufen und dieser **Sanierungsmassnahmen** beantragen. Bei **Überschuldung** (Fremdkapital > Aktiven) **muss der Richter benachrichtigt** und die Bilanz deponiert werden.
OR 827	GmbH (Verantwortlichkeit der Organe)	Die Mitglieder der Geschäftsführung und der Revisionsstelle **haften für den Schaden,** den sie durch Verletzung ihrer Pflichten verursacht haben.
OR 828	**Genossenschaft**	Die Genossenschaft ist eine als Körperschaft organisierte **Verbindung einer nicht geschlossenen Zahl von Personen** oder Handelsgesellschaften, die in der Hauptsache die **Förderung oder Sicherung wirtschaftlicher Interessen ihrer Mitglieder in gemeinsamer Selbsthilfe bezweckt.**

Handelsregister, Geschäftsfirmen, Kaufmännische Buchführung, Wertpapiere (OR 927–1186)

Artikel	Thema	Inhalt
OR 927 ff.	Handelsregister	In jedem Kanton wird ein Handelsregister geführt, das Informationen enthält über die im Wirtschaftsleben tätigen Unternehmen (Sitz, Kapital, Haftung, Zeichnungsberechtigte u. a.).
OR 944 ff.	Geschäftsfirmen	Der Titel über die Geschäftsfirmen enthält die **Grundsätze, wie der Name einer Unternehmung (Firma) gebildet wird.**
OR 957 ff.	Kaufmännische Buchführung	Wer verpflichtet ist, seine Firma ins Handelsregister eintragen zu lassen, muss seine **Geschäftsbücher** ordnungsgemäss **führen,** ein Inventar, eine Betriebsrechnung und Bilanz aufstellen sowie **Korrespondenz und Buchungsbelege zehn Jahre aufbewahren.**
OR 965 ff.	Wertpapierrecht	Wertpapier ist jede Urkunde, mit der ein Recht derart verknüpft ist, dass es ohne die Urkunde weder geltend gemacht noch auf andere übertragen werden kann (z.B. Aktie, Anleihensobligation, Wechsel, Check).

Teil E Fachwörterverzeichnis

Hinweise

In diesem Teil finden Sie ein Glossar (Fachwörterverzeichnis). Das Glossar bietet Ihnen eine ausführliche Erklärung der Schlüsselbegriffe.

Normalerweise werden Sie das Glossar aufschlagen, wenn Sie beim Bearbeiten von Lerntext, Beispielen oder Übungen nicht mehr ganz sicher sind, was ein bestimmter Fachbegriff bedeutet. Sie können das Glossar aber durchaus auch als Ausgangspunkt für einen eigenen Lernpfad benutzen. Beim Schlüsselbegriff, der Sie interessiert, finden Sie zwei Dinge, die für das «Weitersurfen» von Nutzen sind:

- Nummer unterhalb des Glossarstichworts. Die Nummer verweist auf das Kapitel im Lehrbuch, in dem der Begriff eingeführt und erklärt wird.
- Querverweise (Begriffe mit einem Pfeil davor). Die meisten Erklärungen zu den Schlüsselbegriffen enthalten in der letzten Zeile Begriffe mit Pfeilen davor. Diese Begriffe können Oberbegriffe, Unterbegriffe oder Parallelbegriffe des erklärten Fachworts sein.

Aufbau eines Begriffs im Glossar:

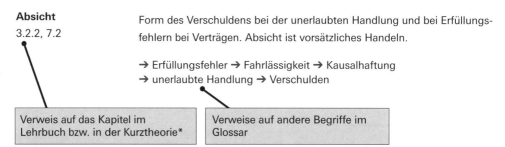

Absicht
3.2.2, 7.2

Form des Verschuldens bei der unerlaubten Handlung und bei Erfüllungsfehlern bei Verträgen. Absicht ist vorsätzliches Handeln.

→ Erfüllungsfehler → Fahrlässigkeit → Kausalhaftung
→ unerlaubte Handlung → Verschulden

| Verweis auf das Kapitel im Lehrbuch bzw. in der Kurztheorie* | Verweise auf andere Begriffe im Glossar |

* Beachten Sie, dass im Glossar zum Teil auf die dritte Ebene der Titelhierarchie referenziert wurde (z. B. 3.2.2). Diese Referenzierung finden Sie nur im Lehrbuch. In der Kurztheorie finden Sie die entsprechende Stelle unter dem Titel 3.2.

Fachwörterverzeichnis

A

Absicht
3.2.2, 7.2

Form des Verschuldens bei der unerlaubten Handlung und bei Erfüllungsfehlern bei Verträgen. Absicht ist vorsätzliches Handeln.

→ Erfüllungsfehler → Fahrlässigkeit → Kausalhaftung → Unerlaubte Handlung → Verschulden

Absichtliche Täuschung
5.2

Wer durch absichtliche Täuschung zum Abschluss eines Vertrags verleitet worden ist, kann diesen Vertrag **anfechten** und damit zur Auflösung bringen (OR 28).

→ Anfechtung eines Vertrags

Absolut zwingende Bestimmung
2.6, 17.2

Bestimmung, die überhaupt nicht abgeändert werden darf. Vor allem im **Arbeitsrecht** und im **Mietrecht** von Bedeutung, die zum Teil auch relativ zwingende Bestimmungen kennen. Letztere dürfen nur zugunsten des Arbeitnehmers/Mieters geändert werden.

→ Dispositives Recht → Relativ zwingende Bestimmung

Abzahlungsvertrag
4.3, 9.2

Kaufvertrag, bei dem der Käufer die Kaufpreisschuld in **Raten** abzahlt (Konsumkreditgesetz KKG 10 und 9). Zum Schutz des Käufers gilt für den Abzahlungsvertrag die qualifizierte Schriftform (KKG 10 und 9). Ausserdem wird der Käufer durch zahlreiche zwingende Vorschriften geschützt (Widerrufsrecht, KKG 16 u.a.).

→ Kaufvertrag → Qualifizierte Schriftform

Adäquater Kausalzusammenhang
3.2.2

→ Kausalzusammenhang

AG

→ Aktiengesellschaft (AG)

AGB

→ Allgemeine Geschäftsbedingungen (AGB)

Aktiengesellschaft (AG)
22.2, 23.2

Gesellschaftsform für Grossunternehmen, die aber auch von kleinen und mittleren Unternehmen verwendet wird (OR 620–763).

- Die AG ist eine **juristische Person** mit den drei Organen Generalversammlung (GV), Verwaltungsrat (VR) und Revisionsstelle.
- Die AG hat ein zum **Voraus bestimmtes Aktienkapital,** das in Aktien von mindestens 1 Rappen Nennwert unterteilt ist. Es beträgt mindestens Fr. 100 000.–.
- Für **Verbindlichkeiten der AG haftet nur das Gesellschaftsvermögen.**
- Die Aktionäre sind **Kapitalgeber.** Sie haben abgesehen von der Liberierungspflicht keine Pflichten gegenüber der Gesellschaft.

→ Gesellschaft → Gesellschafter → Haftung des Unternehmens → Juristische Person → Liberierungspflicht

Allgemeine Geschäftsbedingungen (AGB)
4.1

Vertragsbedingungen, die von einer Partei im Voraus aufgestellt werden. AGB gelten nur dann, wenn die andere Partei ihnen zustimmt. Die Zustimmung kann «blind» erfolgen, die zustimmende Partei muss aber die Möglichkeit gehabt haben, die AGB vor Vertragsabschluss **einzusehen.**

→ Vertrag

Allgemeiner Teil des OR (OR AT)
2.4, 8.2

Bezeichnung für die Bestimmungen von OR 1–183, die sich allgemein mit der **Entstehung** (OR 1–67), **richtigen Erfüllung** (OR 68–96), **fehlerhaften Erfüllung** (OR 97–109), **Erlöschen** (OR 110–142) von Obligationen und weiteren Fragen, wie Solidarität und Zession befassen.

Die Regeln des OR AT gelten immer dann, wenn nicht im Besonderen Teil des Obligationenrechts OR BT (OR 184–551) für besondere Vertragsverhältnisse etwas Abweichendes bestimmt ist.

→ Besonderer Teil des OR (OR BT)

Anfechtung des Mietzinses 16.1	Der Mieter von Wohn- und Geschäftsräumen kann sich gegen **überhöhte Mietzinsen** zur Wehr setzen (OR 270–270e). Möglich ist das in folgenden Fällen: überhöhter Anfangsmietzins (OR 270), ausbleibende Mietzinssenkungen bei sinkenden Hypothekarzinsen (OR 270a), übermässige Mietzinserhöhungen (OR 270b). → Mieterschutz → Mietvertrag
Anfechtung eines Vertrags 5.2	Ein rechtsgültig abgeschlossener Vertrag kann durch Anfechtung einseitig wieder aufgelöst werden, wenn der Anfechtende sich auf einen **Willensmangel** berufen kann (OR 21 und 23–31). → Erklärungsirrtum → Furchterregung → Täuschung → Übervorteilung
Annahme 4.1	Zustimmung zu einem Antrag (Offerte). Wenn der Annehmende einer **verbindlichen Offerte zustimmt,** stimmen die Willensäusserungen der Vertragspartner überein und der Vertrag entsteht, sofern die anderen drei Voraussetzungen der Vertragsentstehung erfüllt sind. → Antrag → Vertrag → Widerruf
Annahmeverzug	→ Gläubigerverzug
Antrag 4.1	Auch Offerte genannt. **Verbindlicher Vorschlag zum Abschluss eines Vertrags.** Der Offertsteller kann seine Offerte **befristen** und ist dann während dieser Frist an seine Offerte gebunden (OR 3). Ohne Befristung ist er so lange an seine Offerte gebunden, wie es üblicherweise braucht, damit der Verhandlungspartner darauf reagieren kann (vgl. OR 4 und 5). → Annahme → Vertrag → Widerruf
Arbeitsgesetz (ArG) 17.2	**Öffentlich-rechtliche Vorschriften zur Regelung der Arbeitswelt.** Das Arbeitsgesetz regelt schwergewichtig die Gesundheitsvorsorge und enthält deshalb Vorschriften zur Höchstarbeitszeit, zur Nachtruhe, zur Sonntagsarbeit, zum Schutz während Schwangerschaft und Niederkunft sowie zum Schutz von Jugendlichen. Das Arbeitsgesetz gilt im Prinzip für alle Arbeitnehmenden. Bestimmte Gruppen von Arbeitnehmenden sind jedoch ausgenommen, so insbesondere die höheren leitenden Angestellten. → Öffentliches Arbeitsrecht
Arbeitsleistungs-verträge 8.3	Verträge des Besonderen Teils des OR, bei denen der eine Vertragspartner eine **Arbeitsleistung verspricht.** Man unterscheidet: den Arbeitsvertrag (OR 319–362), den Werkvertrag (OR 363–379) und den Auftrag mit seinen Sonderformen (OR 394–457). Nur im Verlagswesen von Bedeutung ist der in OR 380–393 geregelte Verlagsvertrag. → Auftrag → Besonderer Teil des OR (OR BT) → Einzelarbeitsvertrag (EAV) → Werkvertrag
Arbeitspflicht 18.1	**Hauptpflicht des Arbeitnehmenden** im Arbeitsvertrag (OR 319). Da der Arbeitnehmende «im Dienste» des Arbeitgebenden steht, schuldet er keinen Arbeitserfolg, sondern bloss ein **Tätigwerden** im Rahmen der vertraglich vereinbarten Arbeitszeit. Welche Arbeiten der Arbeitnehmende wann und wie zu erledigen hat, legt der Arbeitgeber mit **Weisungen** fest, die der Arbeitnehmende zu befolgen hat (OR 321d). Für **unsorgfältige Arbeit** haftet der Arbeitnehmende nach den Prinzipien von OR 321e. → Einzelarbeitsvertrag (EAV)
Arbeitsvertrag	→ Einzelarbeitsvertrag (EAV)
Arbeitszeugnis 18.4	Der Arbeitnehmende kann **jederzeit** ein Arbeitszeugnis verlangen und dabei wählen zwischen einer Arbeitsbestätigung und einem Vollzeugnis. Dies gilt auch nach Beendigung des Arbeitsverhältnisses (OR 330a). → Einzelarbeitsvertrag (EAV)

Aufhebungsvertrag
5.1

Vertrag, mit dem ein zuvor abgeschlossener **Vertrag** im gegenseitigen Einverständnis wieder **aufgehoben** wird. Für den Aufhebungsvertrag gelten die allgemeinen Voraussetzungen der Vertragsentstehung. Er bedarf selbst dann keiner Form, wenn für den ursprünglichen Vertrag eine Formvorschrift galt (OR 115).

→ Form → Vertrag

Auftrag
8.3

Vertrag auf **Arbeitsleistung,** bei dem der Beauftragte dem Auftraggeber die Besorgung von Diensten verspricht. Er schuldet keinen Erfolg, sondern nur ein **Tätigwerden.** Der Auftraggeber schuldet ein Honorar, wenn dies vereinbart oder üblich ist. Man unterscheidet den einfachen Auftrag und die besonderen Aufträge wie Agenturvertrag, Kommission, Mäklervertrag usw. (OR 394 ff.).

→ Arbeitsleistungsverträge

Ausserordentliche Kündigung
15.3

Beim Mietvertrag kann die eine Partei den Vertrag ausserordentlich kündigen, wenn für sie die **Fortführung des Mietverhältnisses aus objektiven Gründen** unzumutbar ist (OR 266g). Das ist vor allem dann der Fall, wenn die andere ihre Pflichten verletzt (OR 257d, 257f III, 259b lit. a).

→ Mietvertrag

Ausserterminliche Kündigung
15.2

Der Mieter kann seine Verpflichtungen aus dem Mietvertrag vorzeitig beenden, wenn er dem Vermieter einen **zahlungsfähigen** und **zumutbaren Nachmieter** stellt, der bereit ist, den Mietvertrag zu den gleichen Bedingungen zu übernehmen (OR 264).

→ Mietvertrag

B

Barkauf
11.3

Kaufvertrag, bei dem die Vertragspartner ihre Leistungen **Zug um Zug** erfüllen müssen. Das heisst: Der Käufer muss in dem Moment zahlen, in dem ihm der Verkäufer die Ware gibt. Beim Barkauf gilt die Sonderregel von OR 214. Danach kann der Verkäufer ohne Nachfristansetzung vom Vertrag zurücktreten, wenn der Käufer nicht sofort bezahlt.

→ Kaufvertrag

Befristeter Arbeitsvertrag
17.1, 20.1

Arbeitsverhältnis, bei dem die Dauer zum Vornherein bestimmt ist. Befristete Arbeitsverträge können nicht ordentlich gekündigt werden. Die fristlose Kündigung ist dagegen möglich, wenn die Voraussetzungen dazu erfüllt sind.

→ Arbeitsvertrag → Fristlose Kündigung → Ordentliche Kündigung → Unbefristeter Arbeitsvertrag

Befristeter Mietvertrag
12.1, 15

Mietvertrag, bei dem die Mietdauer zum Vornherein bestimmt ist. Befristete Mietverträge können nicht ordentlich gekündigt werden. Die ausserordentliche Kündigung ist dagegen möglich, wenn die Voraussetzungen dazu erfüllt sind.

→ Ausserordentliche Kündigung → Mietvertrag → Unbefristeter Mietvertrag

Beschränkte Handlungsunfähigkeit
4.2

Beschränkt handlungs**un**fähig sind **urteilsfähige Unmündige/Entmündigte** (ZGB 19). Sie können unter drei Voraussetzungen gültige Rechtsgeschäfte tätigen: Zustimmung des gesetzlichen Vertreters, Finanzierung aus dem Taschengeld oder eigenen Arbeitserwerb, unentgeltliche Vorteile. Aus unerlaubter Handlung werden urteilsfähige Unmündige/Entmündigte Schadenersatzpflichtig (ZGB 19 III).

→ Entmündigung → Handlungsfähigkeit → Handlungsunfähigkeit → Urteilsfähigkeit

Besitz
10.1.1

Tatsächliche Herrschaft über eine Sache. Besitzer ist, wer die Sache hat (ZGB 919 I).

→ Eigentum

Besonderer Teil des OR (OR BT) 8	Bezeichnung für die Bestimmungen von OR 184–551, die sich mit den **besonderen Vertragsverhältnissen** befassen. Man unterscheidet unter anderem:

- **Eigentumsübertragungsverträge** (Kauf, Tausch, Schenkung)
- **Gebrauchsüberlassungsverträge** (Miete, Pacht, Gebrauchsleihe, Darlehen)
- **Arbeitsleistungsverträge** (Arbeitsvertrag, Werkvertrag, Auftrag)

Verträge, die nicht im OR BT geregelt sind, heissen Innominatverträge (z. B. Franchising).

→ Allgemeiner Teil des OR (OR AT) → Arbeitsleistungsverträge
→ Eigentumsübertragungsverträge → Gebrauchsüberlassungsverträge → Innominatvertrag

Betreibung 26.1	Kurzbezeichnung für die **Zwangsvollstreckung von Geldforderungen** (SchKG 38). Der Gläubiger leitet das Betreibungsverfahren ein, indem er das Betreibungsbegehren an das Betreibungsamt am Wohnsitz/Sitz des Schuldners stellt. → Betreibungsbegehren → Betreibungsort → Zwangsvollstreckung
Betreibung auf Konkurs 26.2, 26.3, 26.5	Diese Betreibungsart kommt für Schuldner zur Anwendung, die als Unternehmen oder **Unternehmer im Handelsregister** eingetragen sind (SchKG 39). Sie führt zur **Generalexekution.** Sämtliches Vermögen des Schuldners wird beschlagnahmt, um daraus die Forderungen aller Gläubiger zu befriedigen. → Betreibung → Betreibungsbegehren → Fortsetzungsbegehren → Generalexekution → Konkurs → Konkursbegehren → Konkurseröffnung → Konkursverlustschein
Betreibung auf Pfändung 26.2, 26.3, 26.4	Diese Betreibungsart kommt für Schuldner zur Anwendung, **die nicht der Konkursbetreibung** unterstehen (SchKG 42, Privatpersonen). Für Forderungen der öffentlichen Hand und für Forderung auf Unterhaltszahlung kommt sie auch bei Personen zur Anwendung, die der Konkursbetreibung unterstehen (SchKG 43). Die Betreibung auf Pfändung führt zur **Spezialexekution.** Es wird nur so viel Vermögen beschlagnahmt wie zur Befriedigung des betreibenden Gläubigers nötig. → Betreibung → Betreibungsbegehren → Fortsetzungsbegehren → Pfändung → Pfändungsverlustschein → Spezialexekution → Verwertung
Betreibung auf Pfandverwertung 26.2	Diese Betreibungsart kommt zum Zug für Forderungen, die mit einem **Pfand** (v. a. Grundpfand, aber auch Faustpfand) gesichert sind (SchKG 41). → Betreibung → Betreibungsbegehren
Betreibungsbegehren 26.3.1	Gesuch des Gläubigers einer Geldforderung **an das Betreibungsamt** am Wohnsitz des Schuldners um Zustellung des Zahlungsbefehls an den Schuldner. Das Betreibungsbegehren ist der Startpunkt des Betreibungsverfahrens (SchKG 67). → Betreibung → Betreibungsort → Zwangsvollstreckung
Betreibungsort 26.2	Ort, an dem die Betreibung eingeleitet werden muss. Betreibungsort ist nach schweizerischem Recht der **Sitz/Wohnsitz des Schuldners** (SchKG 46; mit Besonderheiten für Spezialfälle in SchKG 48–52). → Betreibung → Betreibungsbegehren
Bewegliche Sache	→ Fahrnis
Beweisregel 2.5, 25.3	ZGB 8 stellt die Beweisregel auf, die für das ganze Privatrecht gültig ist. Danach muss **derjenige eine behauptete Tatsache beweisen, der aus ihr Rechte ableitet.**
Bringschuld 6.4	Schuld, die am Sitz/Wohnsitz des Gläubigers erfüllt werden muss. Der Schuldner muss die geschuldete Leistung **zum Gläubiger bringen.** Nach OR 74 II Ziff. 1 sind Geldschulden Bringschulden. → Holschuld

D

Darlehensvertrag
8.3

Gebrauchsüberlassungsvertrag. Der Darlehensgeber verspricht dem Darlehensnehmer eine bestimmte Menge einer Sache (meistens Geld) zu Eigentum. Der Darlehensnehmer verspricht Rückgabe der gleichen Menge der betreffenden Sache. Zinsen sind im gewöhnlichen Verkehr geschuldet, wenn es verabredet ist, unter Kaufleuten auch ohne Abrede (OR 312 ff.).

→ Gebrauchsüberlassungsverträge

Deckungskauf
11.2.1

Der Verkäufer ist ausserstande zu liefern und kommt in den **Schuldnerverzug.** Nach Ablauf einer evtl. vorgeschriebenen Nachfrist kann sich der Käufer den Kaufgegenstand bei einem anderen Lieferanten beschaffen und dem Verkäufer die **Mehrkosten für den Deckungskauf** belasten (OR 107 II und 190/191).

→ Kaufmännischer Verkehr → Nachfrist → Schuldnerverzug → Wahlrechte beim Schuldnerverzug

Deckungsverkauf
11.3

Der Käufer bezahlt nicht und kommt damit in den **Schuldnerverzug.** Nachdem der Verkäufer eine eventuell vorgeschriebene Nachfrist gesetzt hat, kann er einen Deckungsverkauf vornehmen, um die Ware loszuwerden. Der Käufer haftet für einen **allfälligen Preisnachlass,** den der Verkäufer beim Deckungsverkauf hinnehmen musste (OR 107 II und 214/215).

→ Nachfrist → Schuldnerverzug → Wahlrechte beim Schuldnerverzug

Dispositives Recht
2.6

Auch **nachgiebiges** Recht. Rechtsnormen, die durch die Parteien **abgeändert** werden können. Dispositives Recht gilt nur dann, wenn die Vertragspartner nichts anderes abgemacht haben.

→ Absolut zwingende Bestimmung → Relativ zwingende Bestimmung

Distanzkauf

→ Versendungskauf

**Dreizehnter
Monatslohn**
18.3.1

Fest vereinbarte Zusatzvergütung des Arbeitgebers am Ende eines Kalenderjahres in der Höhe eines Monatslohns. Endet das Arbeitsverhältnis während des Kalenderjahrs, ist der dreizehnte Monatslohn anteilsmässig geschuldet (OR 322d).

→ Arbeitsvertrag → Gratifikation → Lohn

Drohung

→ Furchterregung

E

Ehe
27

Auf Lebensdauer ausgelegte Verbindung von Mann und Frau (ZGB 90–251).

Ehefähigkeit
27.1

Wer heiraten will, muss **urteilsfähig** sein und das **18. Altersjahr** vollendet haben (ZGB 94 I).

Unmündige und urteilsunfähige Personen können auf keinen Fall heiraten. Entmündigte, aber urteilsfähige Personen können mit Zustimmung des Vormunds heiraten (ZGB 94 II).

→ Ehehindernis → Handlungsfähigkeit

**Ehegüterrechtliche
Auseinandersetzung**
27.4

Aufteilung des ehelichen **Vermögens** bei Ende der Ehe durch Tod eines Ehepartners oder durch Scheidung (ZGB 181 ff.).

→ Eheliches Güterrecht

Ehehindernis
27.1

Heiratsverbot für nahe Verwandte, Stiefeltern/Stiefkinder sowie bereits Verheiratete (ZGB 95 und 96).

→ Ehefähigkeit

**Eheliche
Gemeinschaft**
27.2

Lebensgemeinschaft der Ehepartner (ZGB 159).

Eheliches Güterrecht 27.4	**Vermögensrechtliche Beziehungen der Ehepartner** (ZGB 181 ff.). Wenn die Ehepartner nichts vereinbaren, unterstehen sie dem ordentlichen Güterstand der Errungenschaftsbeteiligung. Daneben haben die Ehepartner zwei Möglichkeiten – per Ehevertrag können sie die Gütergemeinschaft oder die Gütertrennung vereinbaren. ➔ Ehevertrag ➔ Errungenschaftsbeteiligung ➔ Gütergemeinschaft ➔ Gütertrennung
Ehescheidung 27.3	Auflösung der Ehe durch richterliches Urteil. Es gibt **zwei Möglichkeiten:** • Wenn sich die Ehepartner über die Scheidung einig sind, können sie jederzeit die Scheidung auf gemeinsames Begehren einreichen (ZGB 111 und 112). • Ist ein Ehepartner mit der Scheidung nicht einverstanden, dann muss der Scheidungswillige die Scheidungsklage einreichen. Die Scheidung wird aber nur ausgesprochen, wenn das Paar mindestens zwei Jahre getrennt gelebt hat oder wenn die Fortführung der Ehe für den Scheidungswilligen unzumutbar ist (ZGB 114 und 115). ➔ Nebenfolgen der Scheidung
Eheschutz 27.2	**Richterliches Verfahren** mit dem Ziel, bei Streit der Eheleute über die gegenseitigen Rechte und Pflichten eine Lösung herbeizuführen und damit die **Ehe zu erhalten** (ZGB 171 ff.). ➔ Eheliche Gemeinschaft
Ehevertrag 27.4	Vertrag, mit dem die Ehepartner ihre **vermögensrechtlichen Beziehungen** regeln. Der Vertrag muss **öffentlich beurkundet** werden (ZGB 184). Inhaltlich können die Ehepartner nur aus den Möglichkeiten auswählen, die das eheliche Güterrecht zur Verfügung stellt (ZGB 182 II). ➔ Eheliches Güterrecht ➔ Errungenschaftsbeteiligung ➔ Gütergemeinschaft ➔ Gütertrennung
Eigengut 27.4	Vermögenswerte, die einem Ehepartner allein zustehen und die er auch nach Auflösung der Ehe nicht mit dem anderen teilen muss (Errungenschaftsbeteiligung ZGB 198 und 199; Gütergemeinschaft ZGB 225). ➔ Eheliches Güterrecht ➔ Errungenschaftsbeteiligung ➔ Gütergemeinschaft
Eigentum 10.1.1	Umfassendes **Herrschaftsrecht** an einer Sache. Man unterscheidet bewegliche Sachen (Fahrnis) und unbewegliche Sachen (Grundstücke). Geregelt im Sachenrecht (ZGB 641 ff.). ➔ Fahrnis ➔ Grundstück
Eigentums- übertragung 10.1.1	Zur Übertragung des Eigentums bedarf es: • Bei beweglichen Sachen (Fahrnis): einen gültigen Rechtsgrund (v.a. Kaufvertrag) und die **Übergabe der Sache** (ZGB 714 I). • Bei Grundstücken: einen gültigen Rechtsgrund (v.a. öffentlich beurkundeten Kaufvertrag) und den **Grundbucheintrag** (ZGB 656 I). ➔ Besitz ➔ Eigentum ➔ Grundstückkauf
Eigentumsübertra- gungsverträge 8.3	Verträge, bei denen mindestens der eine Vertragspartner die Pflicht übernimmt, dem anderen das **Eigentum** an einem Gegenstand zu verschaffen. Eigentumsübertragungsverträge sind: der Kaufvertrag (OR 184–236), der Tausch (OR 237/238) und die Schenkung (OR 239–252). ➔ Kaufvertrag ➔ Schenkungsvertrag ➔ Tauschvertrag ➔ Vertrag
Eigentumsvorbehalt 11.4	Bei beweglichen Sachen geht das Eigentum auf den Käufer über, wenn der Verkäufer dem Käufer die Sache übergibt. Ob der Käufer den Kaufpreis bezahlt hat, ist unerheblich. Mit dem Eigentumsvorbehalt können die Vertragspartner aber vereinbaren, dass das Eigentum erst auf den Käufer übergeht, wenn der Kaufpreis vollständig bezahlt ist. Damit der Eigentumsvorbehalt wirkt, muss er im Eigentumsvorbehaltsregister eingetragen sein (ZGB 715 und 716). ➔ Eigentum ➔ Eigentumsübertragung

Einfache Gesellschaft 22.1	Grundform der Gesellschaft (OR 530–551). Der Eintrag ins Handelsregister ist nicht möglich. → Gesellschaft
Einfache Schriftform 4.3	Formvorschrift, bei welcher der Vertragsinhalt **schriftlich aufgesetzt** und von den Verpflichteten **handschriftlich unterschrieben** werden muss. Es ist nicht notwendig, dass die Vertragspartner auf der gleichen Urkunde unterschreiben. Der eingenhändigen Unterschrift gleichgestellt ist die elektronische Signatur (OR 13 und 14). → Form → Öffentliche Beurkundung → Qualifizierte Schriftform → Vertrag
Eingesetzter Erbe 28.2	Erbe, der vom Erblasser durch Verfügung von Todes wegen zum Erben bestimmt worden ist (ZGB 483). → Erbeinsetzung → Erbvertrag → Letztwillige Verfügung
Einzelarbeitsvertrag (EAV) 17	Vertrag, den der Arbeitgeber und der Arbeitnehmer miteinander abschliessen und damit ihr Arbeitsverhältnis begründen (OR 319–355). Man unterscheidet den allgemeinen Einzelarbeitsvertrag (OR 319–343) und die besonderen Einzelarbeitsverträge Lehrvertrag (OR 344–346a), Handelsreisendenvertrag (OR 347–350a), Heimarbeitsvertrag (OR 351–354). → Arbeitspflicht → Fürsorgepflicht → Gesamtarbeitsvertrag (GAV) → Lohn → Lohnfortzahlungspflicht → Normalarbeitsvertrag (NAV) → Treuepflicht
Einzelunternehmen 22.1	Unternehmen einer Einzelperson, die das gesamte unternehmerische Risiko allein trägt. Ein Einzelunternehmen ist zum Handelsregistereintrag verpflichtet, wenn sein Bruttoumsatz höher als Fr. 100 000.– im Jahr ist. Bei einem Brottoumsatz von weniger als Fr. 100 000.– ist der Eintrag freiwillig (Handelsregisterverordnung HRegV 54). → Gesellschaft → Handelsregister
Einzelunterschrift 24	Ermächtigung, für ein Unternehmen allein rechtsverbindliche Willensäusserungen abzugeben, d. h. dieses zu vertreten. → Handelsregister → Vertretung einer Gesellschaft
Entmündigung 4.2	Entzug der Handlungsfähigkeit durch die Vormundschaftsbehörde (ZGB 369 ff.).
Entstehung einer Obligation 3.2	Das OR kennt **drei Entstehungsgründe** von Obligationen, den **Vertrag** (gegenseitiges Leistungsversprechen, OR 1 ff.), die **unerlaubte Handlung** (widerrechtliche Vermögensschädigung, OR 41 ff.) und die **ungerechtfertigte Bereicherung** (rechtsgrundlose Bereicherung aus dem Vermögen eines anderen, OR 62 ff.). → Obligation → Unerlaubte Handlung → Ungerechtfertigte Bereicherung → Vertrag
Erbe 28.1, 28.2	Person, die im Moment des Todes eines Erblassers dessen Rechte und Pflichten übernimmt. → Eingesetzter Erbe → Gesetzlicher Erbe
Erbeinsetzung 28.2	Verfügung des Erblassers, dass jemand Erbe sein soll (ZGB 483). → Eingesetzter Erbe → Letztwillige Verfügung
Erbvertrag 28.2	Vertrag zwischen einem Erblasser und einer anderen Person über erbrechtliche Fragen. Ein Erbvertrag muss öffentlich beurkundet werden (ZGB 512 ff.). → Erbvertrag → Letztwillige Verfügung → Testament
Erfüllung einer Obligation 6	Ist eine Obligation entstanden, muss sie erfüllt werden. Das OR stellt Regeln für die richtige Erfüllung auf für den Fall, dass Gläubiger und Schuldner nichts anderes abgemacht haben (OR 68–96). → Erfüllungsfehler → Erfüllungsort → Erfüllungsreihenfolge → Erfüllungszeit → Obligation

TEIL E FACHWÖRTERVERZEICHNIS

Erfüllungsfehler
7.1

Ein Erfüllungsfehler liegt dann vor, wenn der Schuldner die geschuldete Leistung **nicht richtig erfüllt** (OR 97–109). Man unterscheidet: **Nichterfüllung** (die geschuldete Leistung bleibt ganz aus) und **Schlechterfüllung** (die geschuldete Leistung wird zwar erbracht, weist aber einen Mangel auf).

→ Nichterfüllung → Schlechterfüllung

Erfüllungsort
6.4

Ort, an dem eine **geschuldete Leistung erfüllt** werden muss. Die Vertragspartner können über den Erfüllungsort der Vertragsleistungen beliebige Vereinbarungen treffen. Falls eine Vereinbarung fehlt, gilt die Bestimmung von OR 74.

→ Bringschuld → Gattungssache → Geldschuld → Holschuld → Speziessache

Erfüllungsreihenfolge
6.3

Wenn die Vertragspartner nichts abgemacht haben, müssen sie gleichzeitig **(Zug um Zug)** erfüllen (OR 82). Oft wird aber abgemacht, dass der eine Vertragspartner zuerst erfüllen muss. Dann kann er seine Forderung erst geltend machen, wenn er erfüllt hat.

Erfüllungszeit
6.3

Wenn nichts anderes abgemacht ist, müssen Forderungen **sofort** erfüllt werden, wenn sie entstanden sind (OR 75). Bei Verträgen heisst das, dass jeder Vertragspartner den anderen sofort zur Leistung auffordern kann. Er muss aber seine Leistung auch anbieten.

→ Erfüllungsreihenfolge → Fälligkeit → Verzug

Erklärungsirrtum
5.2

Die Willensäusserung eines Vertragspartners stimmt bei Vertragsabschluss nicht mit dem Willen überein. Der Vertragspartner sagt aus Versehen etwas anderes, als er sagen will. Ein Erklärungsirrtum berechtigt zur **Anfechtung** des Vertrags (OR 24 Ziff. 1–3).

→ Anfechtung eines Vertrags

Errungenschaft
27.4

Bei der Errungenschaftsbeteiligung das Vermögen, das während der Ehe erwirtschaftet wurde (ZGB 197). Bei Ende der Ehe ist jeder Ehepartner zur Hälfte an der Errungenschaft des anderen beteiligt (ZGB 215 und 210).

→ Eigengut → Errungenschaftsbeteiligung

Errungenschafts-beteiligung
27.4

Ordentlicher Güterstand. Er gilt, wenn die Ehepartner nicht per Ehevertrag einen anderen Güterstand gewählt haben. Das Vermögen ist unterteilt in Eigengut und Errungenschaft. Bei Ende der Ehe hat jeder Anspruch auf die Hälfte der Errungenschaft des anderen (ZGB 196 ff.).

→ Eheliches Güterrecht → Eigengut → Errungenschaft

Ethik
1.1

Die Ethik ist die Lehre des «richtigen Verhaltens». Die goldene Regel der Ethik lautet: Sei fair, behandle andere so, wie du von ihnen behandelt werden möchtest.

→ Moral

Existenzminimum
26.4.1

Begriff für das, was eine Person zum Überleben unbedingt braucht. Verschiedene Bereiche des Rechts kennen unterschiedliche Berechnungskriterien für das Existenzminimum. Im Schuldbetreibungsrecht ist das Existenzminimum von Bedeutung, weil es festlegt, wie viel Einkommen und Vermögen beim Schuldner im Maximum gepfändet werden können. Das **betreibungsrechtliche Existenzminimum** setzt sehr strenge Kriterien an (SchKG 92 und 93).

→ Pfändung

F

Fahrlässigkeit
3.2.2, 7.2

Form des Verschuldens bei der unerlaubten Handlung und bei Erfüllungsfehlern bei Verträgen. Fahrlässigkeit liegt vor, wenn jemand einen Schaden aus **pflichtwidriger Unsorgfalt** verursacht. Man kann dem Betreffenden dann vorwerfen: «Das hätte dir nicht passieren dürfen.»

→ Erfüllungsfehler → Kausalhaftung → Unerlaubte Handlung → Verschulden

Fahrnis
9.1, 10.1.1

(Veralteter) Begriff des ZGB und des OR für bewegliche Sachen (ZGB 713 ff., OR 187 ff.).

Fälligkeit
6.3, 7.2

Zeitpunkt, an dem der Gläubiger die Erfüllung einer Obligation verlangen darf und der Schuldner zur Leistung verpflichtet ist (OR 75–83). Wenn die Vertragspartner nichts abmachen, ist eine Forderung **sofort** nach Vertragsabschluss fällig. Der Gläubiger kann die Leistung jederzeit verlangen (Mahngeschäft). Ist ein Zeitpunkt für die Erfüllung abgemacht, dann ist die Forderung zum vereinbarten Zeitpunkt fällig (Verfalltagsgeschäft).

→ Erfüllungszeit → Fixgeschäft → Mahngeschäft → Verfalltagsgeschäft → Verzug

Familienname
27.2

Name der Familie nach Eheschluss (ZGB 160 und 30 II).

Ferien
18.4

Der Arbeitgeber muss dem Arbeitnehmer Ferien geben, und zwar minimal 4 Wochen pro Dienstjahr und für Mitarbeitende unter 20 Jahren 5 Wochen (OR 329a). Der Zeitpunkt der Ferien wird vom Arbeitgeber festgelegt, wobei dieser auf die Bedürfnisse des Arbeitnehmers Rücksicht zu nehmen hat (OR 329 c II).

→ Einzelarbeitsvertrag (EAV) → Fürsorgepflicht

Firma
23

Name, unter dem eine Unternehmung im Geschäftsleben auftritt (OR 944 ff.). Im Handelsregister eingetragene Unternehmen profitieren vom Exklusivrecht im Gebrauch ihres Namens.

Firmenreglement
17.2

Allgemeine Geschäftsbedingungen im Arbeitsverhältnis.

→ Allgemeine Geschäftsbedingungen (AGB)

Fixgeschäft
6.3, 7.2

Forderung, bei der ausdrücklich abgemacht ist oder aus den Umständen klar ersichtlich ist, dass die Erfüllung **genau zum abgemachten Zeitpunkt bzw. innerhalb des vereinbarten Zeitraums** zu erfolgen hat. Verspätet sich der Schuldner mit der Erfüllung, so muss der Gläubiger keine Nachfrist zur nachträglichen Erfüllung ansetzen, sondern kann direkt seine Wahlrechte ausüben. Bei Kaufverträgen sind alle Geschäfte des kaufmännischen Verkehrs mit festgelegter Erfüllungszeit Fixgeschäfte (OR 190 und 191).

→ Kaufmännischer Verkehr → Schuldnerverzug → Verfalltagsgeschäft

Forderung
3.1

Bezeichnung für Obligation aus der Sicht des Gläubigers. Der Gläubiger hat eine Forderung gegen den Schuldner.

→ Obligation → Schuld

Form
4.3

Eine der vier Gültigkeitsvoraussetzungen für die Entstehung eines Vertrags. Nach OR 11 gilt für einen Vertrag nur dann eine Formvorschrift, wenn das Gesetz dies ausdrücklich vorsieht.

Man unterscheidet einfache Schriftform, qualifizierte Schriftform und öffentliche Beurkundung.

→ Einfache Schriftform → Öffentliche Beurkundung → Qualifizierte Schriftform → Vertrag

Fortsetzungs-begehren
26.3.5

Mit dem Fortsetzungsbegehren an das Betreibungsamt leitet der Gläubiger nach erfolgreichem Abschluss des Einleitungsverfahrens die zweite Phase der Betreibung ein (SchKG 88).

Bei der Betreibung auf Pfändung geht es in dieser Phase um die Pfändung der schuldnerischen Vermögenswerte, die nötig sind, um die Forderung des Gläubigers zu befriedigen (SchKG 89 ff.).

Bei der Betreibung auf Konkurs geht es um die Konkursandrohung, die dem Konkursbegehren des Gläubigers vorgeschaltet ist (SchKG 159 ff.).

→ Betreibung auf Konkurs → Betreibung auf Pfändung → Konkursandrohung
→ Konkursbegehren

TEIL E FACHWÖRTERVERZEICHNIS

Fristlose Kündigung
20.3

Beim Arbeitsvertrag kann die eine Vertragspartei fristlos kündigen, wenn ein **wichtiger Grund** vorliegt (OR 337 I). Ein wichtiger Grund liegt vor allem vor, wenn die Fortführung des Arbeitsverhältnisses wegen krasser Pflichtverletzungen der anderen Partei **unzumutbar** ist (OR 337 II). Eine fristlose Kündigung ist bei einem befristeten und bei einem unbefristeten Arbeitsverhältnis möglich. Die fristlose Kündigung hat zur Folge, dass das Arbeitsverhältnis sofort endet.

→ Arbeitsvertrag → Ausserterminliche Kündigung

Furchterregung
5.2

Wer mit einer ernsthaften Drohung zum Abschluss eines Vertrags gezwungen wird, kann diesen Vertrag **anfechten** und damit zur Auflösung bringen (OR 29 und 30).

→ Anfechtung eines Vertrags

Fürsorgepflicht
18.4

Bündel von **Nebenpflichten des Arbeitgebers** im Arbeitsvertrag. Die wichtigsten Fürsorgepflichten sind: Persönlichkeitsschutz (OR 328), Freizeit/Ferien (OR 329 ff.) und Zeugnispflicht (OR 330a).

→ Arbeitszeugnis → Einzelarbeitsvertrag (EAV) → Ferien → Persönlichkeitsschutz

G

Garantie
11.2.2

Im Kaufrecht Bezeichnung für die Haftung bei mangelhafter Kaufsache (vgl. OR 197 ff.).

Fabrik- oder Werksgarantien sind ein Versprechen des Herstellers. Wenn der Verkäufer seine Sachmängelhaftung nicht ausdrücklich ausschliesst, gelten sie neben der Fabrik- oder Werkgarantie, so dass der Käufer wählen kann, ob er gestützt auf OR 197 ff. oder nach Fabrik-/Werksgarantie vorgehen will.

→ Mangel der Kaufsache

Gattungssache
6.2

Gegenstand, der im Vertrag nur nach seiner Art und Menge umschrieben ist.

→ Erfüllungsort → Speziessache

Gebrauchsleihe
8.3

Gebrauchsüberlassungsvertrag. Der Verleiher verpflichtet sich, eine Sache dem Entlehner **gratis** zu überlassen. Der Entlehner muss dieselbe Sache zurückgeben (OR 305 ff.).

→ Gebrauchsüberlassungsverträge

**Gebrauchs-
überlassungsverträge**
8.3

Verträge, bei denen der eine Vertragspartner die Pflicht übernimmt, dem anderen einen Gegenstand oder Vermögenswert **zur Benützung zu überlassen.**

Gebrauchsüberlassungsverträge sind: Der Mietvertrag (OR 253–274g), der Pachtvertrag (OR 275–304), die Gebrauchsleihe (OR 305–311) und das Darlehen (OR 312–318). Zu den Gebrauchsüberlassungsverträgen kann man ausserdem den Leasingvertrag zählen, der aber im OR nicht geregelt ist (vgl. Konsumkreditgesetz KKG 10 und 9).

→ Darlehensvertrag → Gebrauchsleihe → Mietvertrag → Pachtvertrag

Geldschuld
6.2

Der Schuldner ist zur Zahlung eines bestimmten Geldbetrags verpflichtet. Geldschulden sind in gesetzlichen Zahlungsmitteln der geschuldeten Währung, also in **Bargeld,** zu bezahlen (OR 84 I), sofern nichts anderes abgemacht ist. Heute ist **bargeldlose Zahlung üblich.** Geldschulden sind **Bringschulden** und am Wohnsitz/Sitz des Gläubigers zu bezahlen, wenn nichts anderes abgemacht ist (OR 74 II Ziff. 1).

→ Erfüllungsort

Generalexekution
26.2, 26.5

Beschlagnahmung aller Vermögenswerte des Schuldners zur Befriedigung aller Gläubiger im Konkurs (SchKG 197 I).

→ Betreibung auf Konkurs

Generalversammlung
22.2, 23.2

Organ der Aktiengesellschaft, das die Grundsatzentscheide fällt (z. B. Statutenänderung), über die Verteilung des Gewinns beschliesst und den VR sowie die Revisionsstelle wählt (OR 698 ff.). Die GV wird von allen Aktionären gebildet. Diese beschliessen nach dem Kapitalprinzip.

→ Aktiengesellschaft (AG)

Genugtuung
3.2.2

Anspruch auf Geldleistung für nicht finanzielle Schädigungen durch einen Dritten (OR 47 und 49). Man spricht auch von **Schmerzensgeld.**

→ Unerlaubte Handlung

Gerichtsstand
25

Ort, an dem gegen eine Person **Klage** erhoben werden muss. Grundsätzlich muss der Kläger am Wohnsitz/Sitz der beklagten Person klagen. Es gibt aber zahlreiche Ausnahmen, die im Gerichtsstandsgesetz (GestG) geregelt sind.

→ Betreibungsort → Verfahrensrecht

Gerichtsstandsgesetz (GestG)
25

Gesetz, in dem die Regeln über den Gerichtsstand (Gerichtsort) bei privatrechtlichen Streitigkeiten enthalten sind.

→ Gerichtsstand

Gerichtsurteil
25

Entscheid einer Gerichtsbehörde.

Gesamtarbeitsvertrag (GAV)
17.2

Vertrag zwischen einer **Gewerkschaft und einem Arbeitgeber oder einem Arbeitgeberverband** unter anderem über Mindestarbeitsbedingungen der Arbeitnehmenden (OR 356–358).

Gesamtarbeitsverträge können vom Bund oder von den Kantonen für allgemein verbindlich erklärt werden und gelten dann für alle Arbeitsverhältnisse einer Branche.

→ Einzelarbeitsvertrag (EAV) → Normalarbeitsvertrag (NAV)

Geschäftsfähigkeit

→ Handlungsfähigkeit

Geschäftsführung
22.2, 23.3

Bei der **GmbH. Exekutivorgan** (entspricht dem VR bei der AG). Sofern die Statuten der GmbH nichts anderes vorsehen, sind alle Gesellschafter Mitglied der Geschäftsführung (OR 811 ff.).

→ Gesellschaft mit beschränkter Haftung (GmbH)

Geschäftsgeheimnis
18.2

Der Arbeitnehmer ist zur **Geheimhaltung von Geschäftsgeheimnissen** verpflichtet, und zwar während der Dauer des Arbeitsverhältnisses und auch nach dessen Beendigung (OR 321a IV). Die Geheimhaltungspflicht ist ein Element der Treuepflicht.

→ Einzelarbeitsvertrag (EAV) → Treuepflicht

Geschäftssitz

→ Sitz

Gesellschaft
22.1

Zusammenschluss mehrerer Personen zur Verfolgung eines gemeinsamen Zwecks mit gemeinsamen Mitteln.

Grundform einer Gesellschaft ist die einfache Gesellschaft (OR 530–551). Daneben kennt das schweizerische Recht sieben weitere Gesellschaften: die Kollektivgesellschaft, die Kommanditgesellschaft, die Aktiengesellschaft, die Kommanditaktiengesellschaft (sehr selten), die Gesellschaft mit beschränkter Haftung, die Genossenschaft und den Verein. Der Verein ist im ZGB geregelt, die übrigen Gesellschaften im OR.

Für gewinnstrebige unternehmerische Zwecke sind die AG, die GmbH und die Kollektivgesellschaft verbreitet.

→ Aktiengesellschaft (AG) → Einfache Gesellschaft → Gesellschaft mit beschränkter Haftung (GmbH) → Kollektivgesellschaft

Gesellschaft mit beschränkter Haftung (GmbH) 22.2, 23.3	Gesellschaftsform für kleinere und mittlere Unternehmen (OR 772–827). • Die GmbH ist eine **juristische Person** mit den Organen Gesellschafterversammlung, Geschäftsführung und in der Regel auch Revisionsstelle. • Die GmbH hat ein zum **Voraus bestimmtes Stammkapital,** das in Stammanteile von mindestens Fr. 100.– unterteilt ist. Es beträgt minimal Fr. 20 000.–. • Für **Verbindlichkeiten haftet nur das Gesellschaftsvermögen** (OR 802). • Die Gesellschafter sind aktive **Mitarbeiter** und **Kapitalgeber.** Daher sind sie automatisch zur Geschäftsführung und Vertretung berechtigt, wenn nichts anderes abgemacht ist. Für die Macht- und Gewinnverteilung gilt das Kapitalprinzip. → Geschäftsführung → Gesellschafterversammlung → Haftung des Unternehmens → Kapitalprinzip
Gesellschafter 22	Mitglied einer Gesellschaft. Bei der AG heissen die Gesellschafter Aktionäre. Die Rechte und Pflichten hängen von der Gesellschaftsform ab. → Aktiengesellschaft (AG) → Gesellschaft → Gesellschaft mit beschränkter Haftung (GmbH) → Kollektivgesellschaft
Gesellschafterversammlung 22.2, 23.3	Bei der **GmbH** Organ, das die **Grundsatzentscheide** fällt (entspricht der GV bei der AG). In der Gesellschafterversammlung sind alle Gesellschafter vertreten. Es gilt das Kapitalprinzip. → Gesellschaft mit beschränkter Haftung (GmbH) → Kapitalprinzip
Gesellschaftsbeschluss 22, 23	Grundsatzentscheid in einer Gesellschaft. Bei der Kollektivgesellschaft werden Gesellschaftsbeschlüsse durch die Gesellschafter gefällt, bei der AG durch die Generalversammlung, bei der GmbH durch die Gesellschafterversammlung. → Aktiengesellschaft (AG) → Gesellschaft mit beschränkter Haftung (GmbH) → Kollektivgesellschaft
Gesellschaftsvertrag 22, 23	Vertrag zur **Gründung** einer Gesellschaft. Heisst bei der AG und der GmbH Gründungsurkunde, die auch die Statuten enthält (OR 629, 779). → Gesellschaft → Statuten
Gesetzlicher Erbe 28.1	Vom Gesetz bestimmte Erben (ZGB 457 ff.). → Eingesetzter Erbe → Erbe → Pflichtteil
Gläubiger 3.1	Person, die von einer anderen Person etwas fordern kann. Da es bei Verträgen fast immer um wechselseitige Leistungsversprechen geht, sind Vertragspartner regelmässig Gläubiger der einen Leistung und Schuldner der anderen. → Forderung → Obligation → Schuld → Schuldner → Vertrag
Gläubigerverzug 7.3	Der Gläubiger nimmt die vom Schuldner richtig angebotene Leistung nicht an (vgl. OR 91–96). → Schuldnerverzug
GmbH	→ Gesellschaft mit beschränkter Haftung (GmbH)
Goldene Regel der Ethik	→ Ethik

Gratifikation 18.3	Zusätzliche Auszahlung des Arbeitgebers an seine Mitarbeitenden zu bestimmten Anlässen (z. B. Ende Jahr). Eine Gratifikation ist freiwillig. Geschuldet ist sie nur, wenn ihre Ausrichtung **vertraglich vereinbart** ist (OR 322d I). In der Praxis wird eine solche Abmachung angenommen, wenn der Arbeitgeber mindestens dreimal hintereinander eine Gratifikation ausbezahlt hat, ohne auf die Freiwilligkeit hinzuweisen. Anders als beim **dreizehnten Monatslohn** besteht eine anteilsmässige Auszahlung der Gratifikation bei Austritten während des Jahres nur, wenn dies abgemacht ist (OR 322 d II). → Einzelarbeitsvertrag (EAV) → Dreizehnter Monatslohn
Grundbucheintrag 10.1.1	Mit dem Grundbucheintrag wird das **Eigentum** an einem Grundstück von einer Person auf eine andere **übertragen** (ZGB 656 I). → Grundstückkauf
Grundstück 10.1.1	Liegenschaften (Land allein oder Land mit Bauten) und Miteigentumsanteile an Grundstücken (ZGB 655). Zu den Miteigentumsanteilen gehört vor allem das Stockwerkeigentum, wobei man in der Umgangssprache oft von Eigentumswohnungen spricht (ZGB 712a ff.). → Eigentum → Fahrnis → Grundstückkauf
Grundstückkauf 10.1.1	Kaufvertrag über ein Grundstück. Es gelten einige Spezialbestimmungen (OR 216–221). Wichtig ist vor allem, dass der Kaufvertrag **öffentlich beurkundet** sein muss. Sonst ist er nichtig. Die Eigentumsübertragung, d. h. die Erfüllung des Kaufvertrags, erfolgt durch den **Grundbucheintrag.** → Eigentumsübertragung → Grundbucheintrag → Grundstück → Kaufvertrag
Gründung 23	Massnahmen, die nötig sind, damit eine Gesellschaft rechtsgültig entsteht.
Gütergemeinschaft 27.4	Eheverträglicher Güterstand, bei dem die Ehepartner ihre Verbindung auch in vermögensrechtlicher Hinsicht betonen (ZGB 221–246). → Eheliches Güterrecht → Ehevertrag → Errungenschaftsbeteiligung → Gütertrennung
Gütertrennung 27.4	Eheverträglicher Güterstand, bei dem die Ehepartner ihre Vermögen vollkommen getrennt halten (ZGB 247 ff.). → Eheliches Güterrecht → Ehevertrag → Errungenschaftsbeteiligung → Gütergemeinschaft
GV	→ Generalversammlung

H

Haftung des Unternehmens 22.2, 23	Je nach Unternehmensform ist die Haftung der Unternehmer verschieden geregelt: • Der **Einzelunternehmer** haftet mit seinem ganzen Geschäfts- und Privatvermögen. • Bei der **Kollektivgesellschaft** haftet primär das Gesellschaftsvermögen, die Gesellschafter haften subsidiär und solidarisch mit ihrem ganzen Privatvermögen (OR 552 I, 568). • Bei der **GmbH** haftet nur das Gesellschaftsvermögen; die Gesellschafter haften mit ihrem Privatvermögen für nicht liberiertes Stammkapital (OR 802). • Bei der **AG** haftet nur das Gesellschaftsvermögen (OR 620 und 680). → Aktiengesellschaft (AG) → Einzelunternehmen → Gesellschaft mit beschränkter Haftung (GmbH) → Kollektivgesellschaft
Handelsregister 24	Offizielles und öffentliches Verzeichnis der in der Schweiz tätigen Unternehmen; Abkürzung HR (OR 927 ff.). → Publizitätswirkung

TEIL E FACHWÖRTERVERZEICHNIS

Handlungsfähigkeit
4.2

Voraussetzung, um **gültige Rechtsgeschäfte tätigen** zu können (ZGB 12). Im Zusammenhang mit Verträgen spricht man auch von der Geschäftsfähigkeit oder Vertragsfähigkeit. Handlungsfähig ist, wer urteilsfähig und mündig ist (ZGB 13). Urteilsfähig ist, wer die Konsequenzen seiner Handlungen durchschauen und sich entsprechend verhalten kann (ZGB 16); mündig ist, wer das 18. Altersjahr vollendet hat (ZGB 14) und nicht entmündigt ist.

→ Beschränkte Handlungsunfähigkeit → Handlungsunfähigkeit

Handlungsunfähigkeit
4.2

Vollkommen handlungsunfähig sind Personen, die **nicht urteilsfähig** sind (ZGB 18). Rechtshandlungen solcher Personen haben keinerlei Wirkungen (vgl. aber OR 54).

Anstelle urteilsunfähiger Personen handelt deren gesetzlicher Vertreter (Eltern oder Vormund). Rechtshandlungen, die man nur persönlich vornehmen kann, sind unmöglich (z. B. Heirat).

→ Beschränkte Handlungsunfähigkeit → Handlungsfähigkeit

Handlungsvollmacht
24

Normierte Stellvertretungsmacht im Geschäftsleben (OR 462). Handlungsbevollmächtigte unterschreiben mit «i. V.».

→ Prokura

Haustürgeschäft
3.1

Das Haustürgeschäft ist eines der Geschäfte, bei dem ein gesetzliches Rücktrittsrecht besteht (OR 40a–f).

→ Rücktritt vom Vertrag

Höchstarbeitszeit
18.1

Maximal zulässige Wochenarbeitszeit für Personen, die dem Arbeitsgesetz unterstellt sind (45 Stunden für Angestellte, 50 Stunden für Arbeiter). Arbeit, die die Höchstarbeitszeit übersteigt, ist als Überzeitarbeit nur ausnahmsweise zulässig.

→ Arbeitsgesetz (ArG) → Einzelarbeitsvertrag (EAV) → Überzeit

Holschuld
6.4

Schuld, die am Sitz/Wohnsitz des Schuldners erfüllt werden muss. Der Gläubiger muss die geschuldete Leistung beim Schuldner abholen. Nach OR 74 II Ziff. 3 sind Gattungsschulden Holschulden. Nach OR 74 II Ziff. 2 sind Speziesschulden in dem Sinne Holschulden, als dass sie am Ort zu erfüllen sind, an dem sich die Speziessachen zur Zeit des Vertragsabschlusses befanden.

→ Bringschuld → Erfüllungsort → Gattungssache → Speziessache

I

Incoterms
10.2

Im internationalen Warenhandel gebräuchliche Abreden über die Kosten und Risikoverteilung für den Transport der Waren.

→ Kaufvertrag → Versendungskauf

Innominatvertrag
8.1

Verträge, die nicht im Besonderen Teil des Obligationenenrechts OR BT besonders geregelt sind. Wichtige Beispiele sind das Franchising und das Factoring.

→ Besonderer Teil des OR (OR BT)

J

Juristische Person
22.2

Rechtliches Gebilde, das wie ein Mensch **rechtsfähig** ist und damit Rechte und Pflichten haben und erwerben kann (ZGB 52–59). Eine juristische Person handelt durch ihre Organe. Juristische Personen sind unter anderem **die AG und die GmbH.**

→ Aktiengesellschaft (AG) → Gesellschaft mit beschränkter Haftung (GmbH) → Natürliche Person

K

Kapitalprinzip
22.2

Verteilung der Macht- und Gewinnverhältnisse nach dem geleisteten **finanziellen Beitrag.** Gilt bei AG und GmbH.

→ Aktiengesellschaft (AG) → Gesellschaft mit beschränkter Haftung (GmbH) → Kopfprinzip

Kaufmännischer Verkehr
11.2.1

Kauf zum Wiederverkauf bzw. zur Weiterverarbeitung. Das Kaufrecht kennt eine Reihe von Sonderbestimmungen im kaufmännischen Verkehr. So stellt insbesondere OR 190 die Vermutung auf, dass der Käufer beim Lieferverzug des Verkäufers einen Deckungskauf tätigt und Schadenersatz für den teureren Deckungskauf geltend macht.

→ Deckungskauf → Kaufvertrag

Kaufvertrag
9

Der wichtigste **Eigentumsübertragungsvertrag.** Der Verkäufer verpflichtet sich, dem Käufer das Eigentum an einem Kaufgegenstand zu verschaffen, und der Käufer, den Kaufpreis zu bezahlen (OR 184 ff., vgl. auch KKG 10 und 9).

→ Eigentum → Eigentumsübertragung → Mangel der Kaufsache

Kausalhaftung
3.2.2

Spezialfälle von unerlaubten Handlungen, bei denen eine Haftung auch **ohne Verschulden** des Schädigers eintritt. Es genügt also, wenn die drei Voraussetzungen (finanzieller) Schaden, Widerrechtlichkeit und adäquater Kausalzusammenhang erfüllt sind. Allerdings kann sich der Haftpflichtige bei den meisten Kausalhaftungen von der Haftung befreien, wenn er beweist, dass ihn keinerlei Verschulden trifft. Die wichtigsten Kausalhaftungen sind: Geschäftsherrenhaftung (OR 55), Tierhalterhaftung (OR 56), Werkeigentümerhaftung (OR 58), Haftung des Motorfahrzeughalters (SVG 58/59), Haftung des Familienoberhaupts (ZGB 333), Haftung für Mangelfolgeschäden (nach PrHG).

→ Kausalzusammenhang → Produktehaftpflicht → Schaden → Unerlaubte Handlung
→ Verschulden → Widerrechtlichkeit

Kausalzusammenhang
3.2.2

Verhältnis von **Ursache und Wirkung.** Damit eine Forderung aus unerlaubter Handlung entsteht, muss der Zusammenhang zwischen der Handlung des Schädigers und dem Schaden eine gewisse Nähe haben, d. h. adäquat sein. Das ist der Fall, wenn eine Handlung (Ursache) nach dem **gewöhnlichen Lauf der Dinge geeignet ist, ein bestimmtes Resultat zu erzielen.**

→ Kausalhaftung → Unerlaubte Handlung

Kollektivgesellschaft
22.2, 23.1

Gesellschaftsform für kleine und mittlere Unternehmen (OR 552–593).

* Die Kollektivgesellschaft ist keine juristische Person.
* Die Rechte und Pflichten richten sich in erster Linie nach dem Gesellschaftsvertrag.
* Für Gesellschaftsschulden haften das Gesellschaftsvermögen und die Gesellschafter mit ihrem Privatvermögen (OR 552 I).
* Die Gesellschafter sind aktive Mitarbeiter und Kapitalgeber. Gewinnverteilung und Machtverhältnisse nach Kopfprinzip.

→ Gesellschaft → Haftung des Unternehmens → Kopfprinzip

Kollektivunterschrift
24

Im Handelsregister eintragbare Beschränkung der Vertretungsmacht. Wer Kollektivunterschrift hat, darf für das Unternehmen nicht allein, sondern nur mit anderen rechtsgültig unterschreiben. Verbreitet ist die Kollektivunterschrift zu zweien.

→ Einzelunterschrift → Prokura → Vertretung einer Gesellschaft

Kollokationsplan
26.5

Rangordnung der Gläubiger. Zusammenstellung der Forderungen im Konkurs und evtl. auch bei der Pfändung. Die Forderungen werden in drei Klassen eingeteilt, die der Reihe nach befriedigt werden (SchKG 146 und 219).

→ Betreibung auf Konkurs → Betreibung auf Pfändung

TEIL E FACHWÖRTERVERZEICHNIS

Kompetenz-gegenstand 26.4.1	Gegenstände eines Schuldners, die **nicht gepfändet** werden können und die nicht in die Konkursmasse fallen (SchKG 92). → Konkursmasse → Pfändung
Konkurs 26.5	Konkurs ist die Beschlagnahmung des **gesamten Vermögens** bei Zahlungsunfähigkeit eines Schuldners (Generalexekution). Zum Konkurs kommt es, wenn ein Gläubiger gegen einen der Konkursbetreibung unterstehenden Schuldner das Betreibungsverfahren durchführt, ohne dass der Schuldner im Laufe des Verfahrens bezahlt, oder wenn ein zahlungsunfähiger Schuldner von sich aus beim Konkursrichter die Eröffnung des Konkurses verlangt (SchKG 159 ff., 190 ff.). → Betreibung → Generalexekution → Privatkonkurs
Konkursamt 26.5	Behörde, die nach der Konkurseröffnung für die Konkursmasse (schuldnerisches Vermögen) zuständig ist.
Konkursandrohung 26.5	Ankündigung des Betreibungsamts an den Schuldner, dass über ihn der Konkurs eröffnet werden kann, wenn er die betriebene Forderung nicht innert 20 Tagen bezahlt. Zur Konkursandrohung kommt es, wenn der Gläubiger einer Forderung nach erfolgreichem Abschluss des Einleitungsverfahrens das Fortsetzungsbegehren stellt (SchKG 159). → Betreibung auf Konkurs → Fortsetzungsbegehren
Konkursbegehren 26.5	Gesuch des Gläubigers an den Konkursrichter um **Eröffnung des Konkurses** gegen einen Schuldner, der bereits die Konkursandrohung erhalten hat (SchKG 166). → Betreibung auf Konkurs → Konkursandrohung → Konkurseröffnung
Konkurseröffnung 26.5	**Verfügung des Konkursrichters,** dass über einen zahlungsunfähigen Schuldner der Konkurs eröffnet wird (SchKG 171). Zur Konkurseröffnung kommt es entweder auf Verlangen des Gläubigers (Konkursbegehren) oder auf Verlangen des Schuldners selbst. Die überschuldete AG und GmbH müssen die Konkurseröffnung verlangen (OR 725 und 817). → Konkurs → Privatkonkurs
Konkursmasse 26.5	**Gesamtes Vermögen eines Schuldners** nach der Konkurseröffnung mit Ausnahme der Kompetenzstücke und des laufenden Einkommens (SchKG 197). Mit der Konkurseröffnung verliert der Schuldner die Verfügungsmacht über sein Vermögen. Diese geht zuerst an das Konkursamt über und dann allenfalls an eine durch die Gläubiger gewählte Konkursverwaltung. → Generalexekution → Konkurseröffnung
Konkursverlustschein 26.5	Ist der Schuldner eine natürliche Person, erhalten Gläubiger, die nach Abschluss des Konkursverfahrens zu Verlust kommen, einen Konkursverlustschein (SchKG 265). → Betreibung auf Konkurs → Kompetenzgegenstand → Konkurs
Kopfprinzip 22.2	Verteilung der Machtverhältnisse und des Gewinns nach **Köpfen** (evtl. sogar Einstimmigkeit). Gilt bei Kollektivgesellschaft, sofern nichts anderes abgemacht ist. → Kapitalprinzip
Kreditkauf 11.3	Kaufvertrag, bei dem zuerst der Verkäufer die Ware liefern muss und der Käufer erst nach Erhalt der Ware bezahlen muss. Die Besonderheit beim Kreditkauf liegt darin, dass der Verkäufer nur eingeschränkte Wahlrechte hat, wenn der Käufer nicht zahlt. Grundsätzlich kann er nur auf Bezahlung bestehen (Betreibung). Vom Vertrag zurücktreten und die schon gelieferte Waren zurückfordern kann er nur dann, wenn er sich den Rücktritt im Vertrag vorbehalten hat (OR 214 III). Ein Eigentumsvorbehalt gilt als Rücktrittsrecht. → Eigentumsvorbehalt → Kaufvertrag → Schuldnerverzug

Kündigung
15, 20.2, 20.3

Einseitige Auflösung von Dauerverträgen, insbesondere des Einzelarbeitsvertrags und des Mietvertrags.

→ Ausserordentliche Kündigung → Ausserterminliche Kündigung → Fristlose Kündigung
→ Ordentliche Kündigung

Kündigungsfrist
15, 20.2

Frist zwischen der Kündigung und dem tatsächlichen Ende des Vertrags. Für das Mietrecht gelten bei der ordentlichen Kündigung die Kündigungsfristen von OR 266a–f, für das Arbeitsrecht diejenigen von OR 335a–c.

→ Ausserordentliche Kündigung → Ausserterminliche Kündigung → Fristlose Kündigung
→ Kündigungstermin

Kündigungsschutz
16, 20.2

Im Mietrecht und im Arbeitsrecht gelten für Kündigungen Schutzbestimmungen, die vor allem zugunsten des Mieters bzw. des Arbeitnehmers wirken (OR 271 ff. und OR 336 ff.).

Kündigungstermin
15, 20.2

Termin, an dem ein Miet- oder Arbeitsverhältnis beendet werden kann. Nach Ablauf der Probezeit enden Arbeitsverhältnisse gemäss OR 335c Ende eines Monats. Mietverhältnisse enden in der Regel an den ortsüblichen Terminen.

L

Leasingvertrag
2.4

Vertragstyp, der je nach Ausgestaltung ein modifizierter Mietvertrag ist oder eher die Züge eines Abzahlungskaufs hat. Leasingverträge, die eine bewegliche, dem privaten Gebrauch des Leasingnehmers dienende Sache betreffen, bedürfen qualifizierter Schriftlichkeit und sind im Konsumkreditgesetz KKG 11 geregelt.

→ Innominatvertrag

Lehrvertrag
21

Besonderer Einzelarbeitsvertrag mit Sonderbestimmungen, die den Ausbildungszweck des Lehrverhältnisses garantieren sollen (OR 344–346a).

→ Einzelarbeitsvertrag (EAV)

Letztwillige Verfügung
28.2

Gesetzlicher Ausdruck für Testament.

→ Testament

Liberierungspflicht
23.2, 23.3

Einzahlungspflicht für das übernommene Aktienkapital bzw. das Stammkapital.

→ Aktiengesellschaft (AG) → Gesellschaft mit beschränkter Haftung (GmbH)

Lieferschein
6.2

Bestätigung des Gläubigers, dass er die Lieferung des Schuldners empfangen hat. Der Lieferschein kann ein wichtiges Beweisstück sein. Der Schuldner hat ein Recht, einen Lieferschein zu verlangen. Dieses Recht wird aus OR 88 abgeleitet, wo allerdings nur von der Quittung die Rede ist.

→ Quittung → Rapport

Lieferverzug
11.2.1

Spezialbegriff im Kaufrecht für die verspätete Lieferung des Verkäufers; hat die gleiche Bedeutung wie **Schuldnerverzug** (OR 190 f.).

→ Nichterfüllung → Schuldnerverzug → Verzug

Lohn
18.3

Hauptleistung des Arbeitgebers im Arbeitsverhältnis. Es gilt der Grundsatz: «Ohne Arbeit kein Lohn».

Lohn (OR 322 ff.) ist **Geldlohn oder Naturallohn** (z. B. Kost und Logis) und die Lohnhöhe kann nach der Zeit als **Zeitlohn,** nach der Einzelleistung als **Leistungslohn** (Akkordlohn oder Provision) oder als **Gruppenleistung** (Gewinnanteile usw.) bemessen werden. Häufig sind Kombinationen dieser Lohnarten.

Die Lohnhöhe kann im Prinzip beliebig vereinbart werden, wobei das Gleichstellungsgesetz Diskriminierungen von Frauen gegenüber Männern verbietet (gleicher Lohn für gleiche Arbeit). Gesamtarbeitsverträge enthalten zum Teil Bestimmungen über Mindestlöhne (vgl. auch OR 360a–360f).

→ Einzelarbeitsvertrag (EAV) → Gesamtarbeitsvertrag (GAV) → Lohnfortzahlungspflicht

Lohnfortzahlungs-pflicht
18.3.2

Der Arbeitgeber muss in Abweichung vom Prinzip «Ohne Arbeit kein Lohn» für eine beschränkte Zeit Lohn zahlen, wenn **der Arbeitnehmer ohne eigenes Verschulden an der Arbeitsleistung verhindert** ist (v. a. Krankheit, Unfall und Schwangerschaft).

Die Lohnfortzahlung dauert im ersten Dienstjahr 3 Wochen, danach erhöht sich die Lohnfortzahlung (OR 324a und Berner, Basler bzw. Zürcher Skala). Die Arbeitnehmerin hat Anspruch auf einen bezahlten 14-wöchigen Mutterschaftsurlaub (Erwerbsersatzgesetz EOG 16b ff.).

→ Einzelarbeitsvertrag (EAV) → Lohn

M

Mahngeschäft
7.2, 11.2.1, 11.3

Forderung, bei der die Vertragspartner **keinen Erfüllungszeitpunkt** vereinbart haben. Nach OR 75 ist die Forderung sofort nach Vertragsabschluss fällig. Der Gläubiger kann also den Schuldner jederzeit durch Mahnung zur Erfüllung auffordern. Damit kommt der Schuldner in Verzug. Ist auch die Gegenforderung ein Mahngeschäft, muss der Gläubiger gleichzeitig seine eigene Leistung anbieten (Zug-um-Zug-Regel von OR 82).

→ Fälligkeit → Fixgeschäft → Mahnung → Verfalltagsgeschäft → Verzug

Mahnung
7.2, 11.2.1, 11.3

Leistungsaufforderung beim Mahngeschäft, die den Schuldner in **Verzug** setzt (OR 102 I). Im Geschäftsleben ganz generell eine Leistungsaufforderung des Gläubigers an den Schuldner. Damit die Mahnung – abgesehen vom Verzug beim Mahngeschäft – den Gläubiger im Schuldnerverzug voranbringt, sollte sie eine Nachfrist zur nachträglichen Erfüllung enthalten. Diese **Nachfrist** entfällt beim Fixgeschäft, wo der Gläubiger seine Wahlrechte sofort bei Verzugseintritt ausüben kann (OR 102 und OR 107).

→ Fälligkeit → Fixgeschäft → Mahngeschäft → Nachfrist → Schuldnerverzug
→ Verfalltagsgeschäft → Wahlrechte beim Schuldnerverzug → Verzug

Mangel der Kaufsache
11.2.2

Der Verkäufer **haftet für Mängel der Kaufsache.** Man bezeichnet sie als Sachmängel und die Haftung als Sachgewährleistung.

Ein Sachmangel liegt vor, wenn der Sache eine vom Verkäufer zugesicherte Eigenschaft fehlt, wenn körperliche oder rechtliche Mängel die Gebrauchstauglichkeit erheblich mindern oder wenn der Wert durch den Mangel erheblich gemindert wird (OR 197). Bei einem Sachmangel kann der Käufer nach OR **Wandelung** (Aufhebung des Vertrags), **Minderung** (Reduktion des Kaufpreises) oder **Ersatzlieferung** (nur bei Gattungssachen) verlangen (OR 205 und 206). Mangelfolgeschäden kann er gestützt auf OR 197 ff. nur sehr eingeschränkt geltend machen (OR 208 III). Dafür ist die Kausalhaftung nach dem Produktehaftpflichtgesetz konzipiert. Die Regeln von OR 197 ff. sind dispositiv und können deshalb aufgehoben oder abgeändert werden (OR 199).

→ Garantie → Mangelfolgeschaden → Mängelrüge → Produktehaftpflichtgesetz (PrHG)

Mangel der Mietsache 13.1.1	Im Mietrecht unterscheidet man **schwere, mittlere und leichte** Mängel (OR 258 ff.): Bei Mietantritt kann der Mieter verlangen, dass die Sache vollkommen mängelfrei ist (keine schweren, mittleren und leichten Mängel). Während der Mietdauer muss der Mieter dagegen leichte Mängel selbst und auf eigene Kosten beheben. Er kann vom Vermieter nur verlangen, dass dieser mittlere und schwere Mängel behebt. → Mietvertrag
Mangelfolgeschaden 11.2.2	Sach- und Personenschäden, die durch einen mangelhaften Gegenstand verursacht werden. **Das Produktehaftpflichtgesetz** stellt eine strenge Kausalhaftung für solche Mangelfolgeschäden auf. Haftpflichtig sind alle an der Wertschöpfungskette Beteiligten. → Produktehaftpflichtgesetz (PrHG)
Mängelrüge 11.2.2	Vorgehen des Käufers, wenn er wegen eines Sachmangels Ansprüche gegen den Verkäufer erheben will. Für offene Mängel hat der Käufer eine **sofortige** Prüfungs- und Meldepflicht. Verpasst er diese, entfällt auch sein Anspruch. Versteckte Mängel muss der Käufer sofort melden, wenn er sie entdeckt, sonst erlischt sein Anspruch (OR 201). Bei beweglichen Sachen haftet der Verkäufer während eines Jahres für versteckte Mängel (OR 210), bei Grundstücken während 5 Jahren (OR 219 III). → Garantie → Mangel der Kaufsache → Sachgewährleistung → Sachmängelhaftung
Materielles Recht 25	Rechtsnormen, die Rechte und Pflichten definieren, im Unterschied zum Verfahrensrecht, das sich mit der Anwendung und Durchsetzung des Rechts befasst. → Verfahrensrecht
Mediation 1.2	Aussergerichtliche Streitschlichtung. Versuch, einen Streit zu schlichten, ohne dass es zu einem teuren Streit vor Gericht kommt, dessen Ausgang oft unsicher ist.
Mieterkaution 13.3	Vereinbarung im Mietvertrag, dass der Mieter einen bestimmten Betrag auf ein **Mietdepot** einzahlen muss (OR 257e).
Mieterschutz 16	Schutzbestimmung des Mietrechts zugunsten der Mieter von Wohn- und Geschäftsräumen. → Kündigungsschutz → Mieterstreckung → Missbräuchliche Mietzinse
Mieterstreckung 16.2	Ein Instrument des **Mieterschutzes** bei Wohn- und Geschäftsräumen. Wenn die Kündigung eine Härte für den Mieter darstellt, kann er Mieterstreckung verlangen. Zuständig ist zuerst die Schlichtungsbehörde und danach gegebenenfalls das Mietgericht (OR 272 ff.).
Mietvertrag 12	Wichtiger **Gebrauchsüberlassungsvertrag** (OR 253–274g). Der Vermieter verspricht Übergabe einer Sache in gebrauchstauglichem Zustand und Erhalt der Sache in gebrauchstauglichem Zustand. Der Mieter verspricht Zahlung des Mietzinses und Rückgabe der Sache nach Beendigung des Vertrags. Bei Wohn- und Geschäftsräumen besteht ein **ausgebauter Mieterschutz** (Anfechtung überhöhter Mietzinse, Kündigungsschutz und Erstreckung des Mietverhältnisses; vgl. OR 269 ff.).
Mietzinserhöhung 13.2, 16.1	Bei unbefristeten Mietverhältnissen kann der Mietzins erhöht werden; **Anfechtung überhöhter Mietzinsen** (OR 269 ff.). → Mietvertrag
Minderung des Kaufpreises 11.2.2	Bei Vorliegen eines Sachmangels kann der Käufer eine **Reduktion des Kaufpreises** verlangen (OR 205). → Mangel der Kaufsache → Mängelrüge → Sachgewährleistung → Sachmängelhaftung
Missbräuchliche Mietzinse	→ Mietzinserhöhung

Moral 1.1	Innere Regeln, die sich jeder Mensch für sein Verhalten aufstellt. → Ethik → Sitte
Mutterschaftsurlaub 18.4	Nach der Niederkunft hat die Arbeitnehmerin Anspruch auf einen bezahlten Mutterschaftsurlaub von mindestens 14 Wochen (OR 329f und Erwerbsersatzgesetz EOG 16b ff.).
Mündigkeit 4.2	Vollendetes 18. Altersjahr (ZGB 14). → Ehefähigkeit → Entmündigung → Handlungsfähigkeit

N

Nachfrist 7.2	**Angemessene Frist,** die der Gläubiger dem verspäteten Schuldner beim Schuldnerverzug zur **nachträglichen Erfüllung** ansetzen muss. Beim Mahngeschäft und beim gewöhnlichen Verfalltagsgeschäft ist eine Nachfrist nötig. Keine Nachfrist ist nötig beim Fixgeschäft. → Fixgeschäft → Mahngeschäft → Nachfrist → Schuldnerverzug → Verfalltagsgeschäft
Nachlassverfahren 26.6	Verfahren, um den Konkurs einer Unternehmung abzuwenden (SchKG 293 ff.).
Nachträgliche objektive Unmöglichkeit 7.3	**Seltener Fall der Nichterfüllung.** Die Erbringung der Leistung wird objektiv unmöglich, ist also durch **niemanden mehr zu erbringen** (OR 119). Blosses Unvermögen des Schuldners ist kein Fall der objektiven Unmöglichkeit. Sonderregel für den Kaufvertrag (OR 185 und OR 119 III). → Nichterfüllung
Natürliche Person 4.2	Dazu gehören alle **Menschen.** ZGB 11 bezeichnet sie als rechtsfähig und meint damit, dass alle natürlichen Personen Rechte und Pflichten haben können (z. B. Erbrecht). Ob sie auch über ihre Rechte und Pflichten verfügen können, hängt davon ab, ob sie handlungsfähig sind (ZGB 12 ff.). → Handlungsfähigkeit → Juristische Person
Nebenbeschäftigung 18.4	Nebentätigkeit eines Arbeitnehmers. Nebenbeschäftigungen sind grundsätzlich erlaubt. Verboten ist aber die **Schwarzarbeit** (OR 321a III). → Einzelarbeitsvertrag (EAV) → Treuepflicht
Nebenfolgen der Scheidung 27.3, 27.4	Hauptfolge der Scheidung ist die **Auflösung der Ehe.** Daneben müssen eine Reihe von Nebenfolgen geregelt sein. Die Scheidungswilligen können sich darüber in einer Scheidungskonvention einigen oder sie können den Entscheid an den Richter übertragen. Nebenfolgen sind (ZGB 119–133): ehegüterrechtliche Auseinandersetzung, Aufteilung der beruflichen Vorsorge, Zuteilung der ehelichen Wohnung, Festsetzung der Unterhaltsleistungen an einen Ehepartner, Zuteilung der Kinder (Sorgerecht) und Besuchsrecht, Festsetzung der Unterhaltsleistungen an die Kinder. → Ehescheidung
Nebenkosten beim Mietvertrag 13.2	Nebenkosten sind Kosten, die aus der Benutzung der Mietsache durch den Mieter entstehen. Sie dürfen auf den Mieter abgewälzt werden, was allerdings eine entsprechende **Abmachung** bedingt (OR 257a und b).
Nichterfüllung 7.1	Nichterfüllung eines Vertrags liegt vor, wenn die versprochene Leistung **ausbleibt,** obwohl sie fällig ist. → Nachträgliche objektive Unmöglichkeit → Schlechterfüllung → Schuldnerverzug
Normalarbeitsvertrag (NAV) 17.2	Von den Behörden aufgestellter Rahmenvertrag für Arbeitsverhältnisse in schlecht organisierten Branchen (OR 359 ff.). → Einzelarbeitsvertrag (EAV) → Gesamtarbeitsvertrag (GAV)

O

Obligation
3.1

Schuldverhältnis zwischen einem Gläubiger und einem Schuldner, das aus Vertrag, unerlaubter Handlung oder ungerechtfertigter Bereicherung entsteht.

→ Forderung → Schuld → Unerlaubte Handlung → Ungerechtfertigte Bereicherung → Vertrag

Offener Mangel

→ Mangel der Kaufsache → Mängelrüge

Öffentliche Beurkundung
4.3

Strengste Formvorschrift nach schweizerischem Recht. Der Vertrag wird von einem Notar aufgesetzt und bestätigt.

Öffentliches Arbeitsrecht
17.2

Gesetzesvorschriften des öffentlichen Rechts, die sich mit der Arbeitswelt befassen. Im Unterschied zum Arbeitsvertragsrecht des OR sorgen die Behörden von sich aus für die Anwendung des öffentlichen Arbeitsrechts.

→ Arbeitsgesetz (ArG) → Öffentliches Recht

Öffentliches Recht
2.2, 2.3

Normen, die das Verhältnis zwischen **Bürger und Staat** sowie zwischen staatlichen Organisationen und Behörden regeln. Die Behörden wenden öffentliches Recht von sich aus an und sind dem Bürger übergeordnet. Wichtige Bereiche sind: Verfassungsrecht, Verwaltungsrecht, Strafrecht und Verfahrensrecht.

→ Verfügung

Offerte

→ Antrag

Ordentliche Kündigung
15.1, 20.2

Normale Auflösung des unbefristeten Arbeitsvertrags oder des unbefristeten Mietvertrags. Es sind **Kündigungsfristen und -termine** einzuhalten. Für den Arbeitsvertrag (OR 335 ff.), für den Mietvertrag (OR 266 ff.).

→ Einzelarbeitsvertrag (EAV) → Kündigungsfrist → Kündigungstermin → Mietvertrag

P

Pachtvertrag
8.3

Gebrauchsüberlassungsvertrag. Der Verpächter verspricht dem Pächter eine Sache oder ein Recht zur Benutzung und Bewirtschaftung. Der Pächter verspricht einen Pachtzins (OR 275 ff.).

→ Gebrauchsüberlassungsverträge

Person

→ Juristische Person → Natürliche Person

Persönlichkeitsschutz
18.4

Im Arbeitsverhältnis hat der Arbeitgeber als Teil seiner **Fürsorgepflicht** die Persönlichkeit seiner Arbeitnehmer zu schützen (OR 328). Dazu gehören der Gesundheitsschutz und auch der Schutz von Ansehen und Ehre.

Wichtige Bereiche des Persönlichkeitsschutzes werden heute durch das Datenschutzgesetz (Geheimhaltung sensibler Personaldaten) und das Gleichstellungsgesetz (v. a. Diskriminierung, sexuelle Belästigung am Arbeitsplatz) geregelt.

→ Einzelarbeitsvertrag (EAV) → Fürsorgepflicht

Pfändung
26.4.1

Amtliche Beschlagnahmung von Vermögenswerten beim Schuldner im Rahmen des Betreibungsverfahrens (SchKG 89 ff.).

→ Betreibung auf Pfändung

Pfändungsverlustschein
26.4.2

Kommt ein Gläubiger nach Abschluss der Betreibung auf Pfändung zu Verlust, erhält er einen Pfändungsverlustschein (SchKG 149/149a).

→ Betreibung auf Pfändung

Pfandverwertung 26.2	**Zwangsverwertung eines Pfands** (bewegliche Sache, meistens Grundstück), dass zur Sicherung einer Forderung dient (SchKG 151 ff.). → Betreibung auf Pfandverwertung
Pflichtteil 28.2	Teil des gesetzlichen Erbanspruchs, den der Erblasser bestimmten gesetzlichen Erben nicht entziehen darf (ZGB 471). → Gesetzlicher Erbe → Verfügbare Quote
Privatkonkurs 26.6	**Insolvenzerklärung** einer Privatperson vor dem Konkursrichter (SchKG 191). → Konkurs
Privatrecht 2.2, 2.4	Normen, die die Rechtsverhältnisse unter **gleichgestellten Bürgern** regeln. Die wichtigsten Bereiche sind: das ZGB und das OR. → Öffentliches Recht
Produktehaftpflicht 11.2.2	Kausalhaftung für Mangelfolgeschäden von beweglichen Sachen. → Kausalhaftung → Mangelfolgeschaden → Produktehaftpflichtgesetz (PrHG)
Produktehaft- pflichtgesetz (PrHG) 11.2.2	Gesetz, in dem die Produktehaftpflicht geregelt ist. → Kausalhaftung → Mangelfolgeschaden → Produktehaftpflicht
Prokura 24	Normierte Stellvertretungsmacht im Geschäftsleben (OR 458). Prokuristen unterschreiben mit «ppa» oder «pp» (per procuram). → Handlungsvollmacht → Vertretung einer Gesellschaft
Prozessrecht 25	Verfahrensrecht vor Gericht → Strafprozess → Verwaltungsprozess → Zivilprozess
Publizitätswirkung 24	Das Handelsregister hat sogenannte Publizitätswirkung. Die Eintragungen sind unabhängig von ihrem Wahrheitsgehalt und unabhängig davon, ob jemand sie kennt, wirksam; fehlende Eintragungen sind unwirksam (OR 933). → Handelsregister

---

Q

Qualifizierte Schriftform 4.3	**Strengere Formvorschrift** als die einfache Schriftform. Je nach Ausgestaltung müssen die Vertragspartner nicht nur einen schriftlichen Vertrag aufsetzen und diesen unterschreiben, sondern sie müssen zusätzlich einen Mindestinhalt vereinbaren (z. B. beim Lehrvertrag, OR 344a) oder andere Voraussetzungen erfüllen (z. B. eigenschriftliche Angabe des zahlenmässig bestimmten Haftungsbetrags bei der Bürgschaft, OR 493 II). → Einfache Schriftform → Form → Öffentliche Beurkundung
Quittung 6.2	Schriftliche **Bestätigung** des Gläubigers, dass der Schuldner seine Geldschuld erfüllt hat. Die Quittung kann ein wichtiges Beweisstück sein. Der Schuldner hat das Recht, eine Quittung zu verlangen (OR 88 I). → Lieferschein → Rapport

R

Rapport
6.2

Schriftliche **Bestätigung** des Gläubigers, dass er die Arbeitsleistung des Schuldners empfangen hat. Der Rapport kann ein wichtiges Beweisstück sein. Der Schuldner hat ein Recht auf Unterschrift des Rapports durch den Gläubiger. Dieses Recht wird aus OR 88 abgeleitet, wo allerdings nur von der Quittung die Rede ist.

→ Lieferschein → Quittung

Rechtfertigungsgrund
3.2.2

Besonderer Umstand, der eine an sich widerrechtliche Schädigung von fremden Rechtsgütern erlaubt. Wichtigste Rechtfertigungsgründe sind: Einwilligung des «Geschädigten», Notwehr, öffentlich-rechtliche Erlaubnis (OR 52).

→ Unerlaubte Handlung → Widerrechtlichkeit

Rechtskraft
25

Gegen Verfügungen von Behörden und gegen Gerichtsurteile können innert einer bestimmten Frist Rechtsmittel erhoben werden. Ist diese Frist abgelaufen, wird die Verfügung/das Gerichtsurteil rechtskräftig, d. h. unumstösslich. Die Verfügung / das Gerichtsurteil kann nun **vollstreckt** werden.

→ Gerichtsurteil → Verfügung

Rechtsmittel
25

Instrument, um sich gegen die Verfügung einer Behörde oder ein Gerichtsurteil **zur Wehr zu setzen.**

Ein Rechtsmittel muss innert der vorgeschriebenen **Frist** ergriffen werden, sonst wird die Verfügung/das Urteil rechtskräftig. Welche Rechtsmittel innert welcher Frist ergriffen werden können, ist in der Rechtsmittelbelehrung am Schluss der Verfügung/des Urteils angegeben.

→ Gerichtsurteil → Rechtskraft → Rechtsmittelbelehrung → Verfügung

**Rechtsmittel-
belehrung**
25

Anhang zu einer Verfügung oder zu einem Gerichtsurteil, in dem die **Rechtsmittel und Rechtsmittelfristen** genannt sind.

→ Gerichtsurteil → Rechtskraft → Rechtsmittel → Verfügung

Rechtsöffnung
26.3.4

Abgekürztes Gerichtsverfahren zur Beseitigung eines Rechtsvorschlags im Betreibungsverfahren. Der Gläubiger kann die Rechtsöffnung verlangen, wenn er einen Rechtsöffnungstitel hat. Man unterscheidet:

- **Provisorische** Rechtsöffnung; der Gläubiger hat Schriftstücke, die das Bestehen seiner Geldforderung belegen (schriftliche Schuldanerkennung; SchKG 82);
- **Definitive** Rechtsöffnung; der Gläubiger hat ein rechtskräftiges Gerichtsurteil bzw. eine rechtskräftige Verfügung (SchKG 80).

Hat der Gläubiger keinen Rechtsöffnungstitel, bleibt ihm nur, einen ordentlichen Prozess gegen den Schuldner zu führen und sich so einen Rechtsöffnungstitel zu erstreiten (SchKG 79).

→ Gerichtsurteil → Rechtsvorschlag → Verfügung

Rechtsöffnungstitel

→ Rechtsöffnung

Rechtsvorschlag
26.3.3

Mit dem Rechtsvorschlag **wehrt sich der Betriebene** gegen den Zahlungsbefehl, den das Betreibungsamt ihm aufgrund des Betreibungsbegehrens zustellt. Der Rechtsvorschlag muss innert 10 Tagen seit Zustellung des Zahlungsbefehls erhoben werden (SchKG 74). Der Rechtsvorschlag blockiert das Betreibungsverfahren. Der Gläubiger muss diese Blockade nun beseitigen, indem er gestützt auf einen Rechtsöffnungstitel Rechtsöffnung erstreitet oder einen ordentlichen Prozess gegen den Schuldner einleitet und seinen Anspruch beweist (SchKG 79 ff.).

→ Betreibungsbegehren → Rechtsöffnung → Zahlungsbefehl

TEIL E FACHWÖRTERVERZEICHNIS

Relativ zwingende Bestimmung 17.2	Vor allem im Arbeitsrecht, zum Teil aber auch im Mietrecht stellt das OR Vorschriften auf, die die schwächere Partei (Mieter/Arbeitnehmer) schützen sollen. Solche Vorschriften sind dann relativ zwingend, weil die Vertragspartner frei sind, eine für den Geschützten günstigere Lösung zu vereinbaren. Ungültig wäre dagegen eine ungünstigere Lösung. → Dispositives Recht
Revisionsstelle 22.2, 23.2, 23.3	Kontrollorgan der AG, das prüft, ob der Verwaltungsrat die Geschäftsbücher ordentlich führt (OR 727 ff.). Bei der GmbH ist die Revisionsstelle fakultativ (OR 819). → Aktiengesellschaft (AG) → Gesellschaft mit beschränkter Haftung (GmbH)
Rückgabeprotokoll 13.1.2	Protokoll über den **Zustand eines Mietobjekts** anlässlich der Rückgabe bei Mietende. Das Rückgabeprotokoll ist die Grundlage für die Berechnung allfälliger Schadenersatzansprüche des Vermieters wegen Übernutzung, unsorgfältiger Benutzung oder unerlaubter Veränderung des Mietgegenstands durch den Mieter. → Mietvertrag → Übernahmeprotokoll
Rücktritt vom Vertrag 5.1, 7.2	Ein einseitiger Rücktritt vom Vertrag ist zulässig, wenn dies vereinbart wurde oder wenn ein gesetzliches Rücktrittsrecht besteht. Gesetzliche Rücktrittsrechte bei **Haustürgeschäften** (OR 40 c–f) und beim **Abzahlungsvertrag** (KKG 16). Ausserdem: eines der Wahlrechte des Gläubigers beim Schuldnerverzug (OR 107 II und OR 109). → Abzahlungsvertrag → Haustürgeschäft → Schuldnerverzug

---

S

Sachgewährleistung	→ Mangel der Kaufsache
Sachmängelhaftung	→ Mangel der Kaufsache
Schaden 3.2.2, 7.2	Schaden im Sinne des Zivilrechts ist ein **finanzieller Schaden,** eine Vermögenseinbusse. Nur wenn ein solcher Schaden vorliegt, kann aufgrund eines Vertrags oder einer unerlaubten Handlung Schadenersatz verlangt werden. Bei unerlaubten Handlungen können nichtfinanzielle Schädigungen eventuell durch eine **Genugtuung** entgolten werden. → Genugtuung → Schadenersatz → Unerlaubte Handlung → Vertrag
Schadenersatz 3.2.2, 7.2	Ausgleich für eine durch unerlaubte Handlung oder Vertragsverletzung entstandene finanzielle Einbusse. → Kausalhaftung → Unerlaubte Handlung
Scheidung	→ Ehescheidung
Scheidungsfolgen	→ Nebenfolgen der Scheidung
Schenkungsvertrag 8.3	**Eigentumsübertragungsvertrag** mit der Besonderheit, dass der Leistung des Schenkenden keine Gegenleistung des Beschenkten gegenübersteht (OR 239–252).
Schlechterfüllung 7.1	Schlechterfüllung eines Vertrags liegt immer vor, wenn ein Vertragspartner zwar die geschuldete Leistung erbringt, diese aber einen **Mangel** aufweist. → Erfüllungsfehler → Mangel der Kaufsache → Nichterfüllung
Schuld 3.1	Bezeichnung für die Obligation aus Sicht des Schuldners. Der Schuldner schuldet dem Gläubiger etwas, er hat eine Schuld beim Gläubiger. → Forderung → Obligation

Schuldner
3.1

Person, die einer anderen Person etwas schuldet. Da es bei Verträgen fast immer um wechselseitige Leistungsversprechen geht, sind Vertragspartner regelmässig Gläubiger der einen Leistung und Schuldner der anderen.

→ Gläubiger → Forderung → Obligation → Schuld → Solidarschuldner → Vertrag

Schuldnerverzug
7.2

Die wichtigste Form der Nichterfüllung einer Schuld. Der Schuldner verspätet sich mit der Leistung (OR 102 ff.).

→ Fälligkeit → Mahnung → Nichterfüllung → Verzug → Wahlrechte beim Schuldnerverzug

Schwarzarbeit

→ Nebenbeschäftigung

Schweizerisches Handelsamtsblatt
24

Offizielles Publikationsorgan des Handelsregisters. Abkürzung SHAB.

→ Handelsregister

Sitte
1.1

Gesellschaftliche Verhaltensregeln, bei deren Verletzung die Gesellschaftsmitglieder mit Abwehr oder Befremden reagieren.

→ Ethik → Moral

Sitz
24

Im Handelsregister eingetragenes Zentrum des Unternehmens. Ist **Betreibungsort und Gerichtsstand.**

→ Betreibungsort → Gerichtsstand → Handelsregister

Solidarschuldner
23.1

Schuldner, die gemeinsam für eine Verbindlichkeit haften, wobei der Gläubiger wahlweise einen oder mehrere von ihnen für die ganze Schuld in Anspruch nehmen kann (OR 143 ff.). Die Solidarschuldner müssen selbst dafür besorgt sein, dass die Schuld unter ihnen aufgeteilt wird.

→ Schuldner

Sorgfalt
18.2

Im Arbeitsrecht Massstab für die Frage, ob ein Arbeitnehmer seine Arbeitspflicht richtig erfüllt hat. Wer unsorgfältig arbeitet, erfüllt seinen Arbeitsvertrag schlecht und kann gestützt auf OR 321e schadenersatzpflichtig werden.

Spesen
18.4

Auslagen, die beim Arbeitnehmer in Verrichtung der Arbeit anfallen. Der Arbeitgeber muss diese Auslagen ersetzen (OR 327a–c).

Spezialexekution
26.2

Im Betreibungsverfahren wird nur so viel Vermögen beim Schuldner gepfändet wie für die Befriedigung des betreibenden Gläubigers nötig. Spezialexekution erfolgt bei der Betreibung auf Pfändung (SchKG 97 II).

→ Betreibung auf Pfändung → Generalexekution

Speziessache
6.2

Vertragsgegenstand, der als **individualisiertes Stück** definiert ist. Der Schuldner schuldet genau diesen Gegenstand und keinen anderen.

→ Gattungssache

Statuten
22.2, 23.2, 23.3

Grundordnung der Gesellschaften, die juristische Personen sind (AG, GmbH, Genossenschaft und Verein). Diese Ordnung äussert sich u. a. zum Gesellschaftsnamen, -sitz, -zweck und zur Höhe des Kapitals (OR 626 ff., 776 ff.).

→ Gesellschaftsvertrag

Strafprozess
25.2

Gerichtsverfahren in Strafsachen. Wird heute noch weitgehend durch die kantonalen Strafprozessordnungen geregelt.

→ Strafverfahren → Verfahrensrecht

Strafverfahren
25.2

Gesamtes Verfahren zur Ermittlung einer Straftat bis zur Verurteilung eines Täters. Der Strafprozess ist ein Teil des gesamten Strafverfahrens.

→ Strafprozess → Verfahrensrecht

T

Täuschung → Absichtliche Täuschung

Tauschvertrag
8.3

Eigentumsübertragungsvertrag. Die Vertragspartner versprechen sich je, das Eigentum an einem Gegenstand zu verschaffen (OR 237–238).

→ Eigentumsübertragungsverträge

Testament
28.2

Letztwillige Verfügung eines Erblassers über das Schicksal seines Vermögens nach seinem Tod. Das Testament muss entweder öffentlich beurkundet werden (öffentliches Testament, ZGB 499 ff.) oder vollständig eigenhändig aufgesetzt werden (eigenhändiges Testament, ZGB 505 und 520a).

→ Erbvertrag → Letztwillige Verfügung → Pflichtteil → Verfügbare Quote

Trauung
27.1

Abschluss der Ehe vor dem Zivilstandsbeamten (ZGB 101 ff.).

→ Ehe

Treuepflicht
18.2

Bündel von **Nebenpflichten des Arbeitnehmers** im Arbeitsvertrag. Die wichtigsten Fürsorgepflichten sind: Sorgfaltspflicht (OR 321a I und II), Verbot der Schwarzarbeit (OR 321a III), Geheimhaltungspflicht (OR 321a IV), Rechenschafts- und Herausgabepflicht (OR 321b), Pflicht zur Überstundenarbeit (OR 321c), Weisungsbefolgungspflicht (OR 321d).

→ Einzelarbeitsvertrag (EAV) → Überstunden

U

Übernahmeprotokoll
13.1.2

Protokoll, das in der Regel bei Mietantritt aufgestellt wird. Es hat wichtige Beweisfunktion über den Zustand des Mietobjekts bei Mietantritt. Der Mieter darf Einsicht in das Rückgabeprotokoll des Vormieters verlangen (OR 256a).

→ Mietvertrag → Rückgabeprotokoll

Überstunden
18.2

Aufgrund seiner Treuepflicht ist der Arbeitnehmer zur Leistung von Überstunden verpflichtet, sofern diese **betrieblich notwendig, für den Arbeitnehmer zumutbar und physisch/psychisch verkraftbar** sind (OR 321c).

Überstunden sind alle Arbeitsstunden, die über die vertraglich vereinbarte Arbeitszeit hinaus geleistet werden. Ihre Grenze finden Überstunden, sobald die wöchentliche Höchstarbeitszeit erreicht ist. Arbeit, die darüber hinaus geleistet wird, untersteht den Regeln des Arbeitsgesetzes zur **Überzeitarbeit.**

→ Höchstarbeitszeit → Treuepflicht → Überstundenvergütung → Überzeit

Überstunden-vergütung
18.2

Nach OR 321c III sind Überstunden mit dem normalen Stundensatz zuzüglich einem Zuschlag von 25 % zu vergüten. Anstelle der Überstundenvergütung können die Vertragspartner mündlich oder schriftlich Kompensation mit Freizeit von mindestens gleich langer Dauer vereinbaren.

Schriftlich oder durch GAV kann die Überstundenvergütung beliebig anders geregelt werden und insbesondere ganz aufgehoben werden. In diesem Fall hat der Arbeitnehmer weder Freizeitkompensation noch Entschädigung zugut.

→ Überstunden

Übervorteilung
5.2

Anfechtungsgrund für einen Vertrag. Übervorteilung liegt bei krassem Missverhältnis von Leistung und Gegenleistung vor, wobei der begünstigte Vertragspartner die Notlage, Unerfahrenheit oder den Leichtsinn des anderen ausnützt (OR 21).

→ Anfechtung eines Vertrags

Überzeit
18.2

Überzeit sind diejenigen Überstunden, die über die gesetzliche **Höchstarbeitszeit** hinaus geleistet werden. Überzeitarbeit ist nur in beschränktem Umfang zulässig. Die Entschädigung wird durch das Arbeitsgesetz geregelt.

→ Arbeitsgesetz (ArG) → Höchstarbeitszeit → Überstunden

Unbefristeter Arbeitsvertrag
17.1, 20.1

Arbeitsvertrag, der auf unbestimmte Zeit abgeschlossen wird. Er endet durch Kündigung einer Vertragspartei oder durch Tod des Arbeitnehmers.

→ Befristeter Arbeitsvertrag → Einzelarbeitsvertrag (EAV) → Fristlose Kündigung → Ordentliche Kündigung

Unbefristeter Mietvertrag
12.1, 15.3

Mietvertrag, der auf unbestimmte Zeit abgeschlossen ist. Er endet durch ordentliche Kündigung, durch ausserordentliche Kündigung oder durch ausserterminliche Kündigung des Mieters. Tod des Mieters/Vermieters sind keine Endigungsgründe; ebenso wenig der Verkauf des Mietobjekts.

→ Ausserordentliche Kündigung → Ausserterminliche Kündigung → Befristeter Mietvertrag → Mietvertrag → Ordentliche Kündigung

Unbewegliche Sache

→ Grundstück

Unerlaubte Handlung
3.2.2

Entstehungsgrund für eine Obligation (OR 41). Damit eine Obligation aus unerlaubter Handlung entsteht, müssen vier Voraussetzungen erfüllt sein: finanzieller Schaden beim Geschädigten, Widerrechtlichkeit der Schädigung, Verschulden des Schädigers, adäquater Kausalzusammenhang zwischen Handlung des Schädigers und Schaden. Für besondere Fälle sieht das Gesetz **Kausalhaftungen** vor. Hier ist das Verschulden nicht vorausgesetzt, damit der Schädiger haftet. In den meisten Fällen kann der Schädiger sich aber von der Haftung befreien, wenn er beweist, dass ihn keinerlei Verschulden trifft.

→ Genugtuung → Kausalhaftung → Kausalzusammenhang → Obligation → Schadenersatz → Verjährung → Verschulden → Widerrechtlichkeit

Ungerechtfertigte Bereicherung
3.2.3

Entstehungsgrund für eine Obligation (OR 62). Jemand **ist grundlos aus dem Vermögen** einer anderen Person bereichert. Grundlos kann heissen, dass nie ein Rechtsgrund bestanden hat, dass dieser nachträglich wieder dahingefallen ist oder dass dieser sich gar nie verwirklicht hat (OR 62 II). Der Bereicherte muss dem Entreicherten die Bereicherung zurückerstatten, der gutgläubige Bereicherte nur in dem Umfang, wie er im Zeitpunkt der Forderung noch bereichert ist.

→ Obligation → Verjährung

Unterhalt der Familie
27.2

Die Ehepartner sind gemeinsam zum Unterhalt der Familie verpflichtet. Jeder leistet seinen Beitrag in natura oder in Geld (ZGB 163). Nach Beendigung der Ehe hat ein Ehepartner Anspruch auf Unterhaltszahlungen des anderen, wenn er den eigenen Unterhalt nicht selbst bestreiten kann (ZGB 125). Wer nicht die elterliche Sorge über die Kinder hat, muss seinen Unterhalt an die Kinder mit Geld leisten (ZGB 133, 276 ff.).

Untervermietung
13.3

Will der Mieter das Mietobjekt untervermieten, muss er das **Einverständnis** des Vermieters einholen. Der Vermieter darf seine Zustimmung nur in den drei Fällen von OR 262 II lit. a–c verweigern.

→ Mietvertrag

Urteilsfähigkeit
4.2

Urteilsfähig ist, wer die Konsequenzen seiner Handlungen durchschauen und sich entsprechend verhalten kann (ZGB 16).

→ Beschränkte Handlungsunfähigkeit → Ehefähigkeit → Handlungsfähigkeit → Handlungsunfähigkeit

V

Verfahrensrecht
25

Rechtsnormen, die sich mit der Anwendung und Durchsetzung von materiellem Recht befassen.

→ Materielles Recht

Verfalltagsgeschäft
6.3, 7.2

Obligation, für die ein **bestimmter Erfüllungszeitpunkt** vereinbart ist. Die Obligation wird am vereinbarten Zeitpunkt fällig und der Schuldner kommt automatisch in Verzug, wenn er nicht zum Termin erfüllt (OR 102 II).

→ Fälligkeit → Fixgeschäft → Mahngeschäft → Verzug

Verfügbare Quote
28.2

Bruchteil des Vermögens, über den ein Erblasser in einem Testament oder in einem Erbvertrag verfügen kann. Die verfügbare Quote ergibt sich aus den Pflichtteilen, die den gesetzlichen Erben von Gesetzes wegen zustehen.

→ Gesetzlicher Erbe → Pflichtteil

Verfügung
25.1

Arbeitsinstrument der Behörden im öffentlichen Recht. Mit einer Verfügung **wenden die Behörden das Recht auf den konkreten Einzelfall an.** Wer mit einer Verfügung nicht einverstanden ist, muss sich innert der in der Rechtsmittelbelehrung vorgesehenen Frist mit dem angegebenen Rechtsmittel zur Wehr setzen. Nach Ablauf der Frist wird die Verfügung rechtskräftig und damit vollstreckbar.

→ Rechtskraft → Rechtsmittel → Rechtsmittelbelehrung

Vergleich
25.3

Vereinbarung zweier Parteien über die gütliche Beilegung eines Streits, ohne dass ein Prozess durchgeführt werden müsste.

Verjährung
7.4.1

Eine verjährte Forderung kann nicht mehr gegen den Willen des Schuldners durchgesetzt werden. Der Schuldner kann in einem allfälligen Prozess die **Einrede der Verjährung** geltend machen.

Die Verjährungsfristen von Vertragsforderungen dauern in der Regel 10 Jahre (ordentliche Verjährungsfrist OR 127) oder 5 Jahre (Verjährungsfrist für bestimmte aufgezählte Forderungen OR 128).

Das Gesetz regelt aber zahlreiche Spezialfälle. So dauert die Verjährung bei der Sachgewährleistung des Verkäufers 1 Jahr (OR 210 für bewegliche Sachen) bzw. 5 Jahre (OR 219 III für Grundstücke); Obligationen aus unerlaubter Handlung verjähren innert Jahresfrist (OR 60) und Obligationen aus ungerechtfertigter Bereicherung ebenfalls (OR 67).

Verlöbnis
27.1

Eheversprechen zweier Brautleute (ZGB 90 ff.).

→ Ehe → Trauung

Verlustschein

→ Konkursverlustschein → Pfändungsverlustschein

Verrechnung
7.4.2

Aufrechnung einer Forderung bei einem Geschäftspartner mit einer Schuld. Damit Forderungen verrechnet werden können, müssen sie gleichartig und fällig sein. Unter Umständen können auch verjährte Forderungen verrechnet werden (OR 120–126).

Verschulden
3.2.2

Vorwerfbarkeit einer Handlung oder Unterlassung. Verschulden setzt **Urteilsfähigkeit** voraus. Man unterscheidet im Privatrecht zwei **Verschuldensgrade:** Absicht (Vorsatz) und Fahrlässigkeit (pflichtwidrige Unsorgfalt – «Das hätte nicht passieren dürfen!»).

→ Absicht → Fahrlässigkeit → Unerlaubte Handlung → Vertrag

Versendungskauf
10.2

Kaufvertrag, bei dem der Verkäufer die Pflicht übernimmt, für den **Versand** des Kaufgegenstands an den Käufer zu sorgen. Sofern nichts anderes verabredet ist, gehen Transport- und Versicherungskosten zu Lasten des Käufers (OR 189).

→ Kaufvertrag

Verspätungsschaden
7.2

Schaden, der dem Gläubiger wegen verspäteter Erfüllung durch den Schuldner entsteht. Sofern der Schuldner die Verspätung verschuldet hat, kann der Gläubiger nach den Regeln des Schuldnerverzugs den Verspätungsschaden beim Schuldner einfordern.

→ Deckungskauf → Schuldnerverzug

Versteckter Mangel

→ Mangel der Kaufsache → Mängelrüge

Vertrag
3.2.1, 4

Entstehungsgrund für Obligationen. Der Vertrag entsteht unter vier Voraussetzungen: Übereinstimmende Willensäusserung (OR 1), Handlungsfähigkeit (ZGB 12 ff.), Einhaltung allfälliger Formvorschriften (OR 11), rechtlich zulässiger Inhalt (OR 19/20).

→ Obligation

Vertragsfähigkeit

→ Handlungsfähigkeit

Vertretung einer Gesellschaft
23, 24

Fähigkeit im Namen der Gesellschaft gegenüber Dritten rechtsverbindlich zu handeln.

→ Gesellschaft

Verwaltungsprozess
25.1

Gerichtsverfahren, bei dem es um die Beurteilung der Handlungen von Behörden gegenüber Privaten geht – vor allem Anfechtung von Verfügungen. Die meisten Kantone haben ein **Verwaltungsgericht.**

→ Verwaltungsverfahren

Verwaltungsrat
22.2, 23.2

Geschäftsführungsorgan der AG. Wird von der GV gewählt und vertritt die Gesellschaft nach aussen (OR 707 ff.).

→ Aktiengesellschaft (AG)

Verwaltungsverfahren
25.1

Verfahren zur Anwendung und Durchsetzung von Verwaltungsrecht. Das Verwaltungsverfahren umfasst auch die Abwehrmittel von Bürgern gegen Entscheide (Verfügungen) der Behörden.

→ Verfügung → Zwangsvollstreckung

Verwertung
26.4.2

Letzte Phase der Betreibung auf Pfändung. Der Gläubiger kann mit dem Verwertungsbegehren verlangen, dass das Betreibungsamt die gepfändeten Vermögenswerte versilbert, um daraus seine Forderung zu befriedigen (SchKG 116 ff.). Bei Ausfall erhält der Gläubiger einen **Pfändungsverlustschein.**

→ Betreibung → Betreibung auf Pfändung → Pfändungsverlustschein

Verzug
7.2

Verspätung des Schuldners mit seiner Leistung.

Beim Mahngeschäft tritt der Verzug durch Mahnung ein (OR 102 I), beim Verfalltagsgeschäft (inkl. Fixgeschäft) automatisch nach Ablauf der Erfüllungsfrist (OR 102 II).

Verzugsfolgen: Bei Verschulden haftet der Schuldner für den Verspätungsschaden des Gläubigers und für zufälligen Untergang der geschuldeten Leistung (OR 103).

Bei Geldschulden hat der Schuldner unabhängig vom Verschulden einen Verzugszins von in der Regel 5 % zu bezahlen (OR 104 I).

→ Fixgeschäft → Mahngeschäft → Mahnung → Schuldnerverzug → Verfalltagsgeschäft → Verschulden

Verzugszinsen

→ Verzug

Vorleistungspflicht
6.3

Nach OR 82 haben die Vertragspartner Zug um Zug zu erfüllen. Sie können aber vereinbaren, dass der eine Vertragspartner seine Leistung zuerst erbringen muss und die ihm zustehende Leistung erst später verlangen kann. Dieser Vertragspartner ist vorleistungspflichtig.

→ Erfüllungsreihenfolge

W

Wahlrechte bei Sachgewährleistung
11.2.2

Bei Vorliegen eines Sachmangels kann der Käufer wählen, ob er mit **Wandelung** den Vertrag auflösen, ob er mit **Minderung** den Kaufpreis herabsetzen oder ob er **Ersatzlieferung** (nur bei Gattungssachen) beanspruchen will (OR 205 und 206).

→ Mangel der Kaufsache → Mängelrüge

Wahlrechte beim Schuldnerverzug
7.2

Beim Schuldnerverzug kann der Gläubiger wählen:

- Festhalten am Vertrag, Beharren auf nachträglicher Erfüllung und Schadenersatz für Verspätung (OR 107 II erster Satzteil)
- Festhalten am Vertrag, Verzicht auf nachträgliche Erfüllung und Schadenersatz wegen Nichterfüllung (OR 107 II zweiter Satzteil)
- Rücktritt vom Vertrag und Schadenersatz wegen Dahinfallens des Vertrags (OR 107 II am Ende und OR 109)

→ Schuldnerverzug → Verspätungsschaden

Wandelung
11.2.2

Rücktritt des Käufers vom Vertrag bei Vorliegen eines Sachmangels (OR 205 I).

→ Mangel der Kaufsache → Mängelrüge → Wahlrechte bei Sachgewährleistung

Werkvertrag
8.3

Vertrag auf **Arbeitsleistung,** bei dem der Werkunternehmer dem Besteller die Erstellung eines Werks verspricht. Der Besteller schuldet Werklohn (OR 363 ff.).

Werke sind alle individualisierten Einzelanfertigungen, Reparaturen usw. Entscheidend ist, dass der Werkunternehmer einen Erfolg (das Werk) schuldet. Nur dann hat er seinen Vertrag erfüllt.

→ Arbeitsleistungsverträge

Widerrechtlichkeit
3.2.2

Unrechtmässige Verletzung eines geschützten Rechtsgutes eines Dritten (z. B. Persönlichkeit oder Eigentum). Eine Voraussetzung, damit eine Obligation aus unerlaubter Handlung entsteht (OR 41 ff.). An sich widerrechtliche Eingriffe sind zulässig, wenn es einen Rechtfertigungsgrund dafür gibt.

→ Kausalhaftung → Rechtfertigungsgrund → Unerlaubte Handlung

Widerruf
4.1

Widerruf eines Antrags oder einer Annahme. Ist nur gültig, wenn der Widerruf **vor** dem Antrag/der Annahme beim Geschäftspartner eintrifft (OR 9).

Wohnsitz
25.3, 26.2

Lebenszentrum einer Privatperson. Ist Betreibungsort und Gerichtsstand (ZGB 23 ff.).

→ Betreibungsort → Gerichtsstand → Sitz

Z

Zahlungsbefehl
26.3.2

Offizielle **Zahlungsaufforderung,** die die **Betreibungsbehörden** einem Schuldner aufgrund des Betreibungsbegehrens zustellen (SchKG 69).

→ Betreibung

Zahlungsverzug
11.3

Spezialbezeichnung für den **Schuldnerverzug** eines zu einer Geldleistung verpflichteten Schuldners. Wird vor allem im Kaufrecht verwendet, wo sich auch Spezialbestimmungen finden (OR 214 und 215).

→ Schuldnerverzug

Zeugnis

→ Arbeitszeugnis

Zivilprozess
25.3

Gerichtsverfahren bei privatrechtlichen Streitigkeiten.

→ Verfahrensrecht → Zivilverfahren

Zivilstandsamt 27.1	Behörde, die unter anderem für die Durchführung der Eheschliessung zuständig ist. → Trauung
Zivilverfahren 25.3	Verfahrensrecht für privatrechtliche Streitigkeiten. Besteht aus Zivilprozess und Zwangsvollstreckung.
Zwangsvollstreckung 25, 26	Hoheitliche Durchsetzung von Pflichten, z. B. Betreibungsverfahren für Geldforderung nach dem SchKG.
Zwingendes Recht 2.6, 17.2	Rechtsnormen, die durch die Parteien nicht abgeändert werden dürfen. → Absolut zwingende Bestimmung → Relativ zwingende Bestimmung

Lernwelt «Wirtschaft & Gesellschaft»

Im Rahmen der Lernwelt «Wirtschaft & Gesellschaft» sind bei Compendio Bildungsmedien u. a. folgende Titel erschienen:

Betriebskunde

Grundlagen mit Beispielen und Repetitionsfragen mit Lösungen

Aus dem Inhalt: Wirtschaft und Unternehmen; Das Unternehmen und seine Umwelt; Funktionsbereiche des Unternehmens; Marketing; Finanzierung und Kapitalanlagen; Versicherungen; Steuern; Zahlungsverkehr

300 Seiten, A4, broschiert, 3., überarbeitete Auflage 2006, ISBN 978-3-7155-9290-9, CHF 39.00

Toolbox: 152 Seiten, A4, broschiert, 2., überarbeitete Auflage 2004, ISBN 978-3-7155-9182-7, CHF 29.00

Aufgabenband: Aufgaben und kapitelübergreifende vernetzte Übungen
160 Seiten, A4, broschiert, 1. Auflage 2003, ISBN 978-3-7155-9110-0, CHF 29.00

Lösungen zum Aufgabenband
132 Seiten, A4, broschiert, 1. Auflage 2003, ISBN 978-3-7155-9111-7, CHF 29.00

Rechtskunde

Grundlagen mit Beispielen und Repetitionsfragen mit Lösungen

Aus dem Inhalt: Was ist Recht?; Vertrag, unerlaubte Handlung und ungerechtfertigte Bereicherung lassen Obligationen entstehen; Von der Entstehung von Verträgen; Die Erfüllung von Verträgen; Der Allgemeine und der Besondere Teil des OR – Ein Überblick; Der Kaufvertrag; Der Mietvertrag; Der Arbeitsvertrag; Das Unternehmens- und das Gesellschaftsrecht; Recht haben und Recht bekommen – Das Verfahrensrecht; Das Eherecht und das Erbrecht – zwei wichtige Themen aus dem ZGB

268 Seiten, A4, broschiert, 3., überarbeitete Auflage 2006, ISBN 978-3-7155-9265-7, CHF 39.00

Toolbox: Kurztheorie, Aufgabensammlung mit kommentierten Lösungen und Glossar
156 Seiten, A4, broschiert, 1. Auflage 2002, ISBN 978-3-7155-9032-5, CHF 29.00

Aufgabenband: Aufgaben und kapitelübergreifende vernetzte Übungen
156 Seiten, A4, broschiert, 1. Auflage 2003, ISBN 978-3-7155-9116-2, CHF 29.00

Lösungen zum Aufgabenband
138 Seiten, A4, broschiert, 1. Auflage 2003, ISBN 978-3-7155-9117-9, CHF 29.00

Rechnungswesen 1

Grundlagen (Theorie und Beispiele) und Repetitionsfragen mit Lösungen

Aus dem Inhalt: Buchhaltung und Rechnungswesen: Warum? Wozu?; Inventar und Inventur; Die Bilanz; Veränderung der Bilanz durch Geschäftsfälle; Bilanzkonten; Die Erfolgsrechnung; Erfolgskonten; Das System der doppelten Buchhaltung; Kontenplan und Kontenrahmen; Der Zahlungsverkehr; Der Kreditverkehr; Die Offenposten-Buchhaltung; Die Verbuchung des Warenverkehrs; Analyse der Warenkonten; Allgemeines zur Mehrwertsteuer (MWST); Die Mehrwertsteuer in der Buchhaltung

216 Seiten, A4, broschiert, 1. Auflage 2002, ISBN 978-3-7155-9033-2, CHF 45.00

Toolbox: 186 Seiten, A4, broschiert, 2. Auflage 2006, ISBN 978-3-7155-9303-6, CHF 39.00

Aufgabenband: Aufgaben und kapitelübergreifende vernetzte Übungen
184 Seiten, A4, broschiert, 1. Auflage 2003, ISBN 978-3-7155-9112-4, CHF 29.00

Lösungen zum Aufgabenband
188 Seiten, A4, broschiert, 1. Auflage 2003, ISBN 978-3-7155-9113-1, CHF 29.00

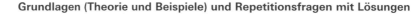

| **Rechnungswesen 2** | **Grundlagen (Theorie und Beispiele) und Repetitionsfragen mit Lösungen** |

Aus dem Inhalt: Personalaufwand; Wertschriftenverkehr; Fremdwährungen; Mobile Sachanlagen und Abschreibungen; Debitorenverluste und Delkredere; Rechnungsabgrenzungen mit transitorischen Posten; Bewertung; Stille Reserven; Rückstellungen; Abschluss der Einzelunternehmung; Abschluss der Aktiengesellschaft; Bilanz- und Erfolgsanalyse; Nutzschwellen-Analyse (Break-even-Analyse) im Warenhandel; Vorräte im Industrieunternehmen; Kostenrechnung; Kalkulation

232 Seiten, A4, broschiert, 1. Auflage 2002, ISBN 978-3-7155-9035-6, CHF 45.00

Toolbox: 188 Seiten, A4, broschiert, 1. Auflage 2002, ISBN 978-3-7155-9036-3, CHF 39.00

Aufgabenband: Aufgaben und kapitelübergreifende vernetzte Übungen
180 Seiten, A4, broschiert, 1. Auflage 2003, ISBN 978-3-7155-9114-8, CHF 29.00

Lösungen zum Aufgabenband
204 Seiten, A4, broschiert, 1. Auflage 2003, ISBN 978-3-7155-9115-5, CHF 29.00

Volkswirtschaftslehre

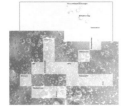

Grundlagen mit Beispielen und Repetitionsfragen mit Lösungen

Aus dem Inhalt: Wirtschaften heisst Knappheit überwinden; Märkte; Wirtschaftswachstum und Konjunkturschwankungen; Der Staat und das Gemeinwohl; Internationale Beziehungen

196 Seiten, A4, broschiert, 3., überarbeitete Auflage 2006, ISBN 978-3-7155-9266-4, CHF 34.00

Toolbox: 144 Seiten, A4, broschiert, 1. Auflage 2002, ISBN 978-3-7155-9038-7, CHF 22.00

Aufgabenband: Aufgaben und kapitelübergreifende vernetzte Übungen
168 Seiten, A4, broschiert, 1. Auflage 2003, ISBN 978-3-7155-9118-6, CHF 29.00

Lösungen zum Aufgabenband
102 Seiten, A4, broschiert, 1. Auflage 2003, ISBN 978-3-7155-9119-3, CHF 29.00

Wirtschaft & Gesellschaft vernetzt

18 fächerübergreifende Fälle aus Rechnungswesen, Betriebs- und Rechtskunde, Volkswirtschaftslehre, Staatskunde und Wirtschaftsgeografie

Fälle vernetzt
196 Seiten, A4, broschiert, 1. Auflage 2003, ISBN 978-3-7155-9120-9, CHF 23.00

Lösungen
144 Seiten, A4, broschiert, 1. Auflage 2003, ISBN 978-3-7155-9128-5, CHF 26.00

Wirtschaft & Gesellschaft vernetzt 2

14 fächerübergreifende Fälle aus Rechnungswesen, Betriebs- und Rechtskunde, Volkswirtschaftslehre, Staatskunde und Wirtschaftsgeografie

Fälle vernetzt
180 Seiten, A4, broschiert, 1. Auflage 2005, ISBN 978-3-7155-9240-4, CHF 23.00

Lösungen
164 Seiten, A4, broschiert, 1. Auflage 2005, ISBN 978-3-7155-9241-1, CHF 26.00

Lernkartei Wirtschaft & Gesellschaft

Die CD-ROM enthält knapp 1400 Repetitionsfragen zu Betriebskunde, Rechtskunde und Rechnungswesen, die vorwiegend Wissen und Verständnis prüfen, gegliedert nach den Niveaus Bürofach, Handelsschule, B-, E- und M-Profil.

CD-ROM, 1. Auflage 2006, ISBN 978-3-7155-9245-9, CHF 59.00

Version für Lehrpersonen: ISBN 978-3-7155-9260-2, CHF 150.00 (Einzellizenz)

Bestellung

Alle hier aufgeführten Lehrmittel können Sie per Post, E-Mail, Fax oder Telefon direkt bei uns bestellen:

Compendio Bildungsmedien AG, Hotzestrasse 33, 8042 Zürich
Telefon ++41 (0)44 368 21 14, Fax ++41 (0)44 368 21 70
E-Mail: bestellungen@compendio.ch, www.compendio.ch